货币政策
与公司营运资本政策研究

HUOBI ZHENGCE
YU GONGSI YINGYUN ZIBEN ZHENGCE YANJIU

货币政策
与公司营运资本政策研究

魏 刚／著

中国财经出版传媒集团

经济科学出版社
Economic Science Press

图书在版编目（CIP）数据

货币政策与公司营运资本政策研究/魏刚著. —北京：
经济科学出版社，2018.5
ISBN 978 - 7 - 5141 - 9436 - 4

Ⅰ.①货… Ⅱ.①魏… Ⅲ.①货币政策 - 关系 - 企业
管理 - 运营管理 - 研究 Ⅳ.①F820.1②F273

中国版本图书馆 CIP 数据核字（2018）第 132625 号

责任编辑：李 雪
责任校对：王苗苗
责任印制：邱 天

货币政策与公司营运资本政策研究

魏 刚 著

经济科学出版社出版、发行 新华书店经销

社址：北京市海淀区阜成路甲 28 号 邮编：100142

总编部电话：010 - 88191217 发行部电话：010 - 88191522

网址：www. esp. com. cn

电子邮件：esp@ esp. com. cn

天猫网店：经济科学出版社旗舰店

网址：http://jjkxcbs. tmall. com

固安华明印业有限公司印装

710 × 1000 16 开 21 印张 290000 字

2018 年 6 月第 1 版 2018 年 6 月第 1 次印刷

ISBN 978 - 7 - 5141 - 9436 - 4 定价：68.00 元

（图书出现印装问题，本社负责调换。电话：**010 - 88191510**）

（版权所有 侵权必究 打击盗版 举报热线：**010 - 88191661**

QQ：2242791300 营销中心电话：010 - 88191537

电子信箱：**dbts@ esp. com. cn**）

前　　言

货币政策是宏观流动性管理工具，而营运资本则是企业流动性管理的主要工具，货币政策调整对企业营运资本政策产生最直接的影响，是研究宏观经济政策影响微观企业行为机制的很好视角。本书以营运资本投资管理、融资管理和运营效率构建静态和动态结合的企业流动性分析框架，以货币政策作为影响企业理财活动的宏观环境为出发点，研究宏观流动性管理对企业流动性管理的影响。

首先通过文献研究和实践分析，对营运资本管理的理论研究现状和实践管理行为进行全面和深入的分析和总结，并与美国和欧盟国家公司营运资本管理行为进行比较研究。其次，以企业资源配置理论、流动性风险理论和嵌入宏观变量的公司财务理论为基础，对货币政策影响企业营运资本政策的机理和影响路径进行深入研究，构建基于流动性管理的货币政策影响企业营运资本政策的分析框架。再次，使用单变量差异检验、面板向量自回归模型（PVAR）、面板多元回归分析和 logit 回归等计量经济学分析方法对货币政策影响营运资本投资管理、融资管理和运营效率的理论假设进行检验和分析；将现金流稳定性和融资约束等变量纳入分析框架，研究不同特征的企业货币政策对营运资本政策的影响差异。最后，形成本书的研究结论和政策建议，并对本书研究的局限和进一步研究的问题进行分析。

中国公司流动资产配置比例高于其他国家公司，但执行"激进型"营运资本投资管理的公司比例比其他国家低；使用短期资金满足营运资本资金需求的比例高于其他国家，营运资本融资管理偏于激进；营运资本运营效率比其他国家公司要差，差距最大的体现在存货项目管理。

货币政策通过改变财务风险和价值创造的均衡状态，促使企业通过营运资本投资管理调整进行流动性管理。货币政策越宽松，企业的营运资本投资管理越倾向于激进；现金流稳定性比较差的企业，会选择更加激进的营运资本投资管理，降低价值创造能力较差的流动性资源配置比例；融资约束程度会抑制货币政策宽松带来的营运资本投资水平的降低；货币政策主要通过现金和存货对营运资本投资产生影响；在货币政策宽松期，企业重视营运资本价值创造能力的程度超过降低风险的能力，在货币政策紧缩期则相反。

货币政策通过改变企业的融资环境对企业融资的风险和成本产生影响，进而促使企业调整营运资本融资管理进行流动性管理。货币政策越宽松，企业越倾向于用短期融资来源满足营运资本资金需要，营运资本政策更倾向于激进；较差的现金流稳定性会促使企业在货币政策宽松期采用更加激进的营运资本融资管理，而较强的融资约束会抑制企业在货币政策宽松期采用更加激进的营运资本融资管理；在货币政策宽松期，营运资本中的短期借款性融资对营运资本融资的影响大于商业信用融资，而货币政策紧缩期则相反。

货币政策通过影响企业的融资约束和需求约束对企业营运资本运营效率产生影响，促使企业通过调整营运资本运营效率从动态上进行流动性管理。货币政策越宽松，企业营运资本运营效率越高，但是较差的现金流稳定性和较强的融资约束均会导致营运资本现金周转期提高；在营运资本不同项目的周转期中，货币政策主要通过具有替代融资功能的应付款项周转期影响现金周转期。

本书研究的创新体现在：从流动性管理视角将宏观货币政策与企业微观流动性管理紧密结合，为宏观经济政策与微观企业行为研究增加新的视角；从营运资本投资、融资和运营效率等三个方面构建企业新的流动性管理框架，丰富营运资本研究内容。

魏　刚

2018 年 5 月于浙江绍兴

目 录

第 1 章

绪　　论

1.1　选题背景和研究意义

1.1.1　选题背景

宏观经济政策与微观企业行为的关系研究成为近年来会计学研究和公司财务学研究关注的新领域，被认为是弥补宏观经济学研究和微观经济学研究之间割裂的重要途径之一。早在 20 世纪 90 年代初，斯蒂格利茨（Stiglitz，1991）就预言 21 世纪将是宏观经济学和微观经济学分久必合的世纪，宏观经济学和微观经济学相互关系的研究将更加深入[1]。会计学和公司财务学作为研究微观企业行为的重要学科，需要关注宏观经济变化对微观企业会计活动、财务决策等行为的影响。李心合（2015）倡导财务学研究应该从微观研究拓展至宏观，倡导在财务学研究中把宏观变量内生化，构建嵌入宏观影响因素的公司财务学研究体系。并提出将反映经济增长、通胀水平和就业等宏观经济运行变量，反映宏观经济政策的财政政策、货币政策、投资和产业政策等变量，以及反映宏观制度性改革的经济变量纳入财务学研究的范畴[2]。

货币政策是宏观经济政策的主要组成部分，是政府调控和干预经济运行的重要方式。中国货币政策体系不断完善发展，货币政策在中国的宏观调控手段中从辅助角色转变为发挥主要作用，货币政策调控经济的方式也从直接干预逐步转变为间接干预。公开市场业务、存款准备金等一般性的货币政策工具广泛应用于货币政策调控中，并根据中国经济发展特点使用具有显著效果的选择性货币政策工具。利率市场化改革是中国货币政策市场化改革中的重要组成部分，1993 年提出利率市场化改革的目标和基本构想，1996 年银行间同业拆解利率放开管制，由市场化机制竞争确定是利率市场化改革实质性的开始。2012~2014 年金融机构贷款利率经历浮动管制和取消管制，存款利率实行浮动管制标志着中国利率市场改革加速。至 2015 年底中国的利率市场改革取得"决定性的进展"并"已基本完成"（中国经济网，2016）[3]。人民币国际进程取得重要进展，2016 年 10 月被国际货币基金组织（IMF）纳入"特别提款权（SDR）"货币篮子，成为重要的贸易融资、国际支付和外汇交易货币。货币政策调控经济的重要性不断增强及人民币国际化对货币政策调整的影响日益复杂，对企业理财活动的影响越来越大。

营运资本政策属于公司理财活动中的短期理财内容，也是公司财务决策活动中决策频率最高和占用决策者时间最多的活动，但在公司财务理论研究中却没有享有应有的重视，理论研究滞后且与实践活动相脱节（王竹泉等，2007）[4]。营运资本管理本质上应该是企业流动性管理，现有研究仅仅把营运资本管理定位于流动资产对流动负债的偿付保障能力，视为企业财务安全性的防线或者底线。这种管理思维和管理方法的局限性较大，敏感性不足。从企业流动性管理的角度来说，企业流动性的获得除了依靠流动资产顺利转化为可用流动的能力，还包括企业能否以经济上合理的成本顺利从企业外部补充流动性（埃里克·班克斯，2011）[5]。企业的流动性风险也广泛存在于营运资本投资及其结构中，以及营运资本融资来源及其结构中。相比较来说，传统的流动比例指标所依赖的假设是：流动资产的变现能力对流动负债的偿还保障在企业发生财务危机或破产时才具有意义，对于企业日常的流动性风险管控的意义不大。从流动性管理的意义上来说，营运资本的管理不仅仅是财务安全性的保障，比维持这个底线同样重要的是良好的流动性对生产经营和加快企业创造的价值快速流入企业的作用。因此，企业营运资本管理的研究需要突破和进一步深化。

货币政策作为宏观流动性调控的重要手段，其政策体系主要包括货币政策目标、货币政策工具和货币政策传导机制等内容，其中货币政策目标和货币政策工具在宏观经济学理论和货币政策实践中具有明确的定义并形成了较为统一的规律性认识，但货币政策传导机制类似于"黑箱"在货币政策理论研究中广受关注。货币政策传导机制是中央银行使用货币政策工具，通过中介目标实现货币政策最终目标的过程和影响机制。货币政策传导机制的有效性不仅是货币政策当局十分关注的问题，也是研究货币政策理论的学者通过不同的研究方法想要证明的问题。现有文献将货币政策传导机制分为货币渠道传导机制和信用渠道传导机制。货币渠道传导机制的基本过程是货币当局使用货币政策工具通过调节货币供应量影响市场主体的资本成本、资产价格和真实财富，进而影响市场主体的投资行为导致最终的宏观总产出变化。货币渠道传导机制又可以分为利率传导机制、资产价格传导机制和汇率传导机制。信用渠道传导机制认为货币政策当局的货币政策通过银行系统对市场主体产生影响。货币政策调整影响银行放贷能力和企业的贷款能力，引发企业主体的投资行为变化导致最终的宏观总产出变化。信用传导机制又包括银行信贷传导机制和资产负债表传导机制。不同的传导机制需要满足的条件不同，就中国市场而言，存在利率非市场化管控、金融市场不发达等缺陷，信贷传导机制在中国货币政策调控中占据主导地位。而且中国资本市场欠发达，企业融资渠道单一，对银行贷款的间接融资渠道的依赖程度很高，银行是中国金融市场的主要主导力量，信贷传导是中国货币政策影响微观企业主体的主要机制（韦志华和郭海，2013）[6]。因此，中国货币政策的传导机制主要是信用传导机制，并且以银行信贷传导机制为主（盛松成和吴培新，2008；梁赛等，2015）[7,8]。中国的货币政策通过银行信贷渠道对企业行为产生影响，营运资本管理是企业流动性管理的手段，其投资决策、融资决策和管理效率将受到货币政策调整最快和最直接的影响。

中国资本市场建设不断发展和完善，但企业融资约束问题一直存在。提供直接融资渠道的资本市场规模偏小、市场准入条件高，大量的企业无法通过资本市场筹集所需资金；对间接银行体系融资依赖性强，中国特殊的制度环境，国有银行占据主要市场地位，对不同产权性质的企业实施不同的信贷配置政策，使得民营企业遭受信贷歧视。货币政策调整是影响银行体系流动性和信贷规模的主要因素，货币政策紧缩会导致银行信贷歧视现象更加严重（饶品贵和姜国华，2013）[9]。融资约束问题的存在是企业进行流动性管理的重要原因（连玉君等，2010）[10]。近年来，一些研究文献研究发现，在融资约束较为严重的企业中，营运资本成为平滑资本性投资、创新投资的重要资金来源（刘康兵，2012；鞠晓生等，2013；曾义，2015）[11~13]，这种极具风险性的营运资本管理操作对企业资金链安全构成严重威胁。

货币政策作为影响企业的重要环境因素，是公司财务管理理论框架的重要组成部分和逻辑起点，理应纳入研究企业营运资本决策的范畴。营运资本政策的差异对企业投资决策和融资决策均会产生重要影响，是研究公司财务政策不可或缺的重要内容。营运资本作为企业流动性管理的主要工具，应该从营运资本投资、融资和运营效率等方面构建企业全面和科学的流动性分析和管理框架。当企业流动性受到外部流动性冲击时，企业如何通过营运资本投资管理、融资管理和运营效率管理等营运资本政策进行流动性管理？货币政策影响营运资本政策的机制又是怎样的？具有不同特点的企业在货币政策调整过程中其营运资本政策又具有什么特点？2000年以来，中国经济快速发展，货币政策市场化改革加快，中国企业营运资本政策呈现怎样的变化特征？等等，这些问题的探索和研究成为学术研究和企业管理者十分关注的议题。

1.1.2 研究意义

正如姜国华和饶品贵（2011）所说，长期以来，财务学术研究注重微观企业行为研究，与以宏观经济政策为研究重点的经济学界出现割裂[14]；而宏观经济政策如利率、汇率和财政政策不可避免的对微观企业的财务管理、公司治理等活动产生影响，这种影响程度在日益复杂的经济环境中更加深远和增强。本书的研究正是在这一范畴内的积极探索，有助于拓展公司财务理论的研究内容和研究范式；有助于丰富公司财务理论的研究文献。

营运资本政策在已有的研究中虽然没有受到应有的重视，但是并不能否认其作为公司财务政策对企业价值创造和风险控制以及其他企业财务政策的影响作用，本书的研究正是基于这一考虑的积极探索。传统的经典公司财务理论基本上是基于资本需求视角的研究，其基本假设是外部资本供给可以无限的弹性获得。但在实际环境中，资金的供给对于企业财务政策行为的影响是不可忽视的。本书基于资金供给方影响企业营运资本的投资和融资行为的研究视角，有助于补充已有的理论研究。

本书的研究对于宏观政策决策者和微观企业经营者均具有很强的借鉴价值。有助于宏观经济政策尤其是货币政策的制定者更好的理解宏观经济政策影响微观企业行为机制和经济后果，帮助决策者更加科学的决策；作为微观企业经营者，公司财务决策不仅仅是适应外部环境的影响，而是要更加积极的基于企业实际做出协同调整。本书的理论与实证研究可以帮助企业决策者更好地分析宏观环境影响与企业公司财务政策调整的关系，科学决策，增强企业可持续发展能力。

1.2 主要概念界定

1.2.1 营运资本

营运资本研究视角的差异和营运资本研究的不断深入，对营运资本概念、内涵的确定也产生了不同界定。结合已有文献和本书研究的视角，对营运资本内涵及营运资本管理内容做如下的梳理和界定。

1.2.1.1 传统的营运资本概念和内容

大部分已有文献所使用的营运资本概念来源于布里格姆和休斯敦（Brigham & Houston1972）[15]，这一概念包括广义的营运资本和狭义的营运资本。

广义的营运资本概念认为营运资本是与长期资本相对的概念，是企业持有的所有流动资产。这一概念的实质是从企业资金的变现能力角度划分企业的资产，变现能力较强的资产被认为是营运资本。其基本内容包括经营性的营运资本（如货币资金、应收款项、存货等）和金融性的营运资本（如交易性金融资产、应收利息、应收股利等）。

狭义的营运资本概念也叫作净营运资本，即企业流动资产减去流动负债的剩余。这一概念将流动资产与流动负债纳入统一框架考虑，常常用来衡量企业的短期偿债能力和财务风险。其中，流动资产如广义的营运资本，流动负债包括经营性的流动负债（如应付款项、应付职工薪酬等）和金融性流动负债（如短期借款、应付利息、应付股利等）。

1.2.1.2 基于渠道的营运资本概念和内容

王竹泉等（2007）认为传统的营运资本管理研究对营运资本的界定和分类不能准确计算营运资本周转效率，没有重视营运资本管理与企业渠道关系管理的联系，不利于企业的供应链管理和客户管理[4]。基于以上原因，他们提出了基于渠道的营运资本分类方法，将营运资本划分为营销渠道的营运资本、生产渠道的营运资本和采购渠道的营运资本。这一新的营运资本内涵和类别的界定能够适应供应链管理和控制的趋势，满足企业流程优化、实时生产、质量管理和供应商关系管理的需要；同时兼顾企业营运资本管理的营利性和流动性双重目标，更好地促进营运资本管理质量的提升（王竹泉和张先敏，2012）[16]。

1.2.1.3 本书使用的营运资本概念和内容

综合以往文献和本书的研究目的，本书认为营运资本是以短期资产形式存在的资金，是企业资金的重要组成部分，这部分资金的管理包括运用管理和来源管理。

公司财务理论框架的核心内容是投资理论、融资理论和分配理论。格罗思（Groth，1992）指出营运资本是企业的一项投资，应该按照投资和融资的原则来关注融资成本和投资效益[17]。营运资本是企业资本的组成部分，表现为与长期资本相对应的各种短期形态的资金。公司财务理论视角下的营运资本应当包括营运资本的投资、融资和运营效率。营运资本的投资内容是企业的资金在流动资产各项目的不同配置，包括货币资金、存货、应收账款等内容（Besley & Brigham，2003）[18]；营运资本的融资内容是考察企业资金的短期来源渠道，包括应付账款、应付职工薪酬、应付利息等内容。尤其是应付账款作为商业信用的重要组成部分，已经成为企业融资的重要方式之一（王彦超，2014）[19]；而营运资本的运营效率则是营运资本投资效率和融资效率的结果，从动态的角度考察营运资本决策和管理的水平。根据本书的研究目的，选择基于公司财务理论分析视角的营运资本管理内容，即有关企业短期资金的使用、筹集和管理。具体来说是考察在外部宏观环境冲击下，企业的营运资本投资管理、融资管理及运营效率的调整和变化情况。

基于以上关于营运资本概念及其管理内容的分析，本书认为营运资本政策是企业有关营运资本投资管理、融资管理和运营效率管理的基本思路和主要原则，其基本内容包括营运资本投资管理、营运资本融资管理和营运资本运营效率管理。

1.2.2 流动性

之所以要对流动性概念进行界定，首先是因为流动性的概念和范围较为广泛，不仅有宏观意义上的流动性概念，而且也存在微观意义上的流动性概念；其次是因为流动性是本书研究宏观经济政策与微观企业行为关系的立足点和连接点。

1.2.2.1 宏观意义上流动性

《新帕尔格雷夫货币金融大辞典》从三个方面对流动性进行了定义：（1）基于微观视角的资产到期日角度，资产的剩余期限与流动性成反比关系；（2）基于变通性的视角，货币余额/产出的值越高，流动性越大；（3）基于金融力的视角，把流动性定义为人们持有的政府和企业部门的债券（纽曼，2000）[20]。

彭兴韵（2007）从宏观与微观更加具体的角度把流动性划分为：（1）市场流动性。即参与市场的主体在资产价格不发生非常显著变化的情况下，可以顺利进行的交易行为；（2）银行系统的流动性。即银行等金融机构在中央银行货币政策调控下持有和创造的货币数量；（3）宏观流动性。即全社会持有的较短期限资产规模，包括货币供应量和短期金融资产[21]。

中国人民银行（2006）在其货币政策执行报告中明确界定了市场流动性概念和宏观流动性概念。市场流动性的概念同样是指在价格不发生明显变化的情况下能够迅速实现交易的能力；而宏观流动性就是不同范围的货币供应量，包括基础货币、银行票据、短期国债等[22]。

1.2.2.2 微观意义上流动性

具体到微观企业的流动性包括两个方面的内容：企业资产的流动性和企业整体的流动性。资产流动性也即资产的变现能力，是指某项资产在最短时间内以最低的损失或者无损失转变为现金的能力。这一含义包括转换的速度和转换的成本，两个要素共同决定了资产的流动性大小，转换时间越短和转换成本损失的成本越小，资产的流动性就越大；企业流动性则是指企业能够及时履行应付义务的能力（Gryglewicz，2011）[23]。这种应付义务应该包括各种债务及日常经营性支出，而这种偿付的能力不仅包括企业持有的包括现金及现金等价物和其他能够充当流动性发挥支付能力的资产，还包括企业能否以经济上合理的成本获得新的流动性用于履行支付义务。这种界定也大量出现在有关流动性持有的研究文献中，如解释流动性持有的权衡理论、融资优序理论、代理理论等。

凯恩斯（Keynes）在其《就业、利息和货币通论》中对流动性的持有动机做出了精辟的论述，微观主体出于交易动机、预防动机和投机需求而持有流动性。这里的流动性更多的是指货币。在企业财务风险等评价研究中，流动性被定义为流动资产满足流动负债的比例。1953 年的美国注册会计师协会在其会计研究公告（43 号）指出营运资本是衡量企业流动性的重要工具（AICPA，1953）[24]。营运资本作为一种弹性资源，可以帮助企业有效地缓解流动性约束和外部流动性冲击（李秋茹，2010）[25]。

1.2.2.3 本书使用的流动性概念

基于本书的研究目的，宏观意义上的流动性使用中国人民银行有关流动性的定义和内容，即市场流动性的概念同样是指在价格不发生明显变化的情况下能够迅速实现交易的能力；其基本内容是不同范围的货币供应量，包括基础货币、银行票据、短期国债等。

本书研究的微观意义上的流动性是指企业的流动性，即企业能够及时履行应付义务的能力。这种能力一方面体现在企业持有的流动性资产，包括现金及现金等价物和其他流动性资产，它们的区别只是流动性的程度不一样，在应付流动性需求时可以通过各种市场实现各项目之间的互相转化和互补；另一方面体现在企业能够及时以经济上合理的成本获得的外部流动性，即企业从外部资本市场、银行体系和交易伙伴进行流动性融资的能力。同时，企业流动性管理能力还体现在企业持有和获得流动性的动态管理能力，即通过动态有效管理对持有的静态流动性资产和流动性来源产生重要影响。以上内容构成了企业营运资本政策内容。本书基于以上定义，把宏观经济政策与企业微观行为连接起来，探索宏观流动性变化对企业以营运资本政策为主要内容的流动性管理的影响。

1.2.3 货币政策

货币政策是中央银行等货币当局运用货币政策工具干预宏观经济运行，实现预定目标的各种方式和措施的总称。货币政策包括货币政策工具、货币政策传导机制和货币政策目标。

1.2.3.1 货币政策工具

货币政策工具是货币当局调控货币政策的直接手段，货币政策理论和实践中较为常用的货币政策工具有三个一般性的政策工具：存款准备金制度、公开市场业务和再贴现政策；除此之外还有包括道义劝告、窗口指导等各种信用控制为主要内容的选择性货币政策工具。货币政策工具的选择和使用与金融市场发展程度和经济发展阶段有着密切关系。中国的货币政策从直接调控逐步转变为间接调控，根据中国人民银行官方网站中"货币政策"栏目的介绍，中国目前的货币政策工具包括公开市场业务、存款准备金、中央银行贷款、利率政策、常备借贷便利、中期借贷便利和抵押补充贷款7种。

1.2.3.2 货币政策传导机制

货币政策传导机制是货币当局使用货币政策工具，通过中介目标实现货币政策最终目标的过程和影响机制。货币政策传导机制的研究一直是货币政策理论研究的热点和关键主题，拥有较长的研究历史和丰富的研究文献。货币政策传导机制的核心问题是货币当局所使用的货币政策工具通过什么样的途径对微观市场主体产生影响，进而导致宏观产出变化。这是本书研究货币政策影响企业营运资本政策机制的关键。现有文献一般将货币政策传导机制分为两大类：货币渠道传导机制和信用渠道传导机制，两种大类下又分为不同的小类。

（1）货币渠道传导机制。

货币渠道传导机制是凯恩斯学派和传统货币学派所主张的货币政策观点，其核心认为货币当局使用货币政策工具影响市场主体的资本成本、资产价格等，进而影响市场主体的投资行为导致最终的宏观总产出变化。货币渠道传导机制又可以分为利率传导机制、资产价格传导机制和汇率传导机制。

一是利率传导机制。其基本作用机理是货币当局通过调控货币供应量影响利率，利率的变化导致企业投资发生变化，进而影响总产出。例如，当货币当局使用货币工具紧缩货币政策时，货币供应量下降，利率上升，企业投资成本上升和投资支出下降，社会总产出下降。其基本传导过程如式（1-1）所示。

$$货币供应量↓→利率水平↑→投资支出↓→总产出↓ \quad (1-1)$$

二是资产价格传导机制。该机制把托宾 Q 理论引入分析框架，托宾 Q 用来表示企业资本的当前市场证券价格与重置价格的比值。资产价格传导机制的核心是货币政策通过影响资产价格和托宾 Q 值对企业的投资和社会总产出产生影响。例如，当货币当局使用货币工具紧缩货币政策时，利率上升，权益价格下降，托宾 Q 值小于 1，资产重置价格上升，企业投资减少，社会总产出下降。其基本传导过程如式（1-2）所示。

$$货币供应量↓→股票价格↓→托宾 Q↓→投资支出↓→总产出↓$$
$$(1-2)$$

三是汇率传导机制。这一机制是将分析的视角扩展到国际范围，认为货币政策工具变化会通过利率影响汇率，产生不同货币计价的资产相互替代，进而对总产出和总收入产生影响。其基本原理是：当货币当局使用货币工具紧缩货币政策时，利率上升，市场主体对本币的需求增加和本币升值，汇率上升，出口下降，社会总产出下降。其基本传导过程如式（1-3）所示。

$$货币供应量↓→利率↑→汇率↑→净出口↓→总产出↓ \quad (1-3)$$

（2）信用渠道传导机制。

信用渠道传导机制自 20 世纪 50 年代提出，直到 20 世纪 80 年代才被关注。其核心是假设市场主体之间存在信息不对称，银行信贷具有解决这一缺陷的特殊功能，银行贷款和其他债券融资不能相互替代。因此，货币政策对企业等非银行市场主体的影响需要通过银行系统进行传导。这一传导机制又可以分为银行信贷传导机制和资产负债表传导机制。

一是信贷传导机制。这一传导机制认为银行是从事货币借贷业务的专门机构，拥有比其他借贷者更强的获取信息的能力和优势，成为市场借贷关系的主要信贷提供者。当货币当局使用货币工具紧缩货币政策时，银行系统可用于贷款的资金下降，企业通过银行系统可获得的资金降低，投资下降和社会总产出下降。其基本传导过程如式（1-4）所示。

$$货币供应量↓→银行可贷资金↓→企业贷款↓→投资支出↓→总产出↓$$
$$(1-4)$$

二是资产负债表传导机制。这一机制突出信用渠道传导机制信息不对称假设的影响，认为企业获得银行贷款的可能性和规模取决于自身资产的净值，净值决定资产的抵押价值，抵押价值是银行贷款安全性的保障，资产净值越高，银行贷款的保障性越高，放贷的意愿和规模就越大。资产负债表传导机制的基本原理是：当货币当局使用货币工具紧缩货币政策时，利率上升，企业的资金使用成本上升和销售收入下降，净现金减少，同时也使得企业股票价格下降，资本价格和资产价值降低，企业资产的担保价值减少，银行贷款减少，投资支出降低，社会总产出降低。其基本传导过程如式（1-5）所示。

$$货币供应量↓→股票价格（现金流量）↓→企业贷款↓→投资支出↓→总产出↓$$
$$(1-5)$$

1.2.3.3 货币政策目标

货币政策目标是货币当局调整货币政策工具通过传导机制所想要达到的中间目标和最终目的。

货币政策作为宏观经济政策的重要组成部分，其最终目标也是宏观经济政策的目标。货币政策理论中形成的较为统一的货币政策目标有四个：物价稳定、就业充分、经济增长和平衡国际收支。在货币政策调控实践中，不同国家根据经济发展的不同时期和状况会选择重视不同货币政策最终调控目标。

从对货币政策工具的操作到实现货币政策最终目标需要一定的时间和过程，在这个过程中需要及时掌握市场对货币政策供给的短期反应，以便管理当局及时调整政策，防止调控方向发生偏差。因此就出现了发挥这一功能的货币政策中间目标。货币政策中间目标的设置是为了及时监测和评价货币政策工具的有效性，使货币政策最终目标实现的阶段性目标，在货币政策工具和货币政策最终目标之间发挥连接作用，是货币政策体系的重要组成部分，在各国货币政策调控中均受到重视。

货币政策中间目标的选择标准较为统一，即满足相关性、可控性和可测性。在满足上述三个条件的金融变量中，货币供应量在货币政策理论研究和货币政策调控实践中被认为是最合适的中介目标。货币供应量包括三个层次：流动中的现金（$M0$）、狭义的货币供应量（$M1$）和广义货币供应量（$M2$），其中 $M2$ 包括 $M0$ 和 $M1$（银行活期存款），以及银行定期存款、居民储蓄和证券机构客户担保金。

简单的货币政策体系描述如图 1 - 1 所示。

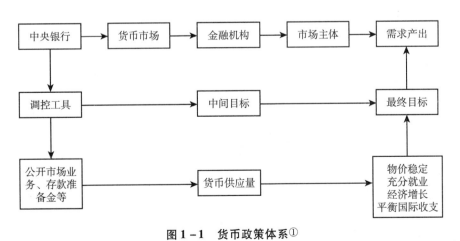

图 1 - 1 货币政策体系①

---

① 本章所有图形均是作者自行制作。

1.2.3.4 本书对货币政策的认识和相关指标的选择

中国的货币政策目标在《中华人民共和国中国人民银行法》中已有明确规定，即"保持货币币值的稳定，并以此促进经济增长"。

中国货币政策传导机制在中国货币政策改革中的有效性引起了许多学者的关注。比较上述不同传导机制可以发现，货币渠道传导机制中，利率和托宾 Q 是传导的关键变量，而中国并不具备完整的资本市场条件，利率市场化步伐刚刚迈开，对利率长期实施管制，因此货币政策不具备通过货币渠道传导的条件。而信用渠道传导机制中，银行信贷是传导的关键变量，并且成为大部分企业融资的依赖途径，这一关键特征符合中国的现实，银行是金融市场的主要主导力量，信贷传导是中国货币政策影响微观企业主体的主要机制（韦志华和郭海，2013）[6]。盛松成和吴培新（2008）、梁骞等（2015）研究认为中国货币政策主要是通过信贷传导机制实现[7,8]，尤其是盛松成和吴培新通过实证研究发现 $M2$ 作为货币政策的代理变量对经济变量变化的解释程度比其他的货币政策变量强。随着中国利率市场化改革的步伐不断加快，但实质性进展是 2014 年存贷款利率管制的取消，未来利率在中国货币政策传导机制中的作用将不断增强（钱雪松等，2015）[26]。因此，本书对货币政策影响企业经营行为的分析思路选择信贷传导机制，货币政策变量的选择使用广义货币供应量（$M2$）。为了体现调整效果，在具体计算时，使用 $M2$ 季度同比变化量百分比。

1.3 研究目的和研究内容

1.3.1 研究目的

中国货币政策改革不断推进，货币政策调控手段由直接逐步转变为间接，对企业经营行为的影响日益复杂；而作为企业内部流动性的营运资本在宏观流动性调控手段的影响下如何提高决策效率和质量需要理论研究者关注。本书的研究目的是：

（1）对中外营运资本本书文献进行了全面系统梳理和提炼，对营运资本、宏观经济政策影响微观企业行为等内容的研究现状和存在的问题形成系统和全面的认识。

（2）全面深入的分析 2000 年以来中国上市公司营运资本投资管理、融资管理和运营效率的基本情况，对营运资本管理行为形成较为系统的规律性认识；并通过对西方成熟经济体国家公司营运资本投资、融资和运营效率的比较和分析，对中国上市公司的营运资本决策形成了更加深入的认识并总结了有益的借鉴经验。

（3）以营运资本为基础构建企业流动性分析框架，明晰营运资本投资管理、融资管理和运营效率的变化在企业流动性管理和流动性风险管理中的作用；探索营运资本内部各项目之间的协同和互补机理。

（4）借助于资源配置理论和流动性风险理论等理论，以宏观经济政策影响微观企业行为分析框架为基础，构建完整的货币政策影响企业营运资本政策的框架体系；全面和系统的研究货币政策调整所导致的宏观流动性变化对企业内部流动性的影响机理和具体路径。探索企业特征差异对货币政策影响企业营运资本政策效果的差异。

（5）借助于计量经济学方法和工具，对货币政策影响企业营运资本政策的理论假设进行实证检验，为理论的深化、完善和应用提供支持和证据。

（6）根据本书的理论和实证研究结果，为企业进行营运资本决策和政府进行货币政策决策提供科学的政策和建议。

1.3.2 研究内容

根据以上研究目的，本书需要完成的研究内容如下：

（1）文献研究。广泛搜集和研读国内外文献，对影响营运资本管理政策的研究现状、影响因素进行梳理，尤其是实证文献的研究结果，为构建理论结构提供支持；对营运资本政策的类别和特征、营运资本管理的经济后果评价进行总结和评述，为后面的理论分析和实证变量与模型的构建提供基础；通过文献研究全面把握宏观经济政策影响企业微观行为的研究现状和货币政策影响微观企业行为的机理；全面和深入总结货币政策影响微观企业财务决策行为的不同机制的研究现状。在以上工作的基础上形成文献综述。

（2）现状研究。对 2000～2015 年中国上市公司营运资本融资管理、投资管理和运营效率的变化进行研究，尤其是结合中国货币政策的调整期进行研究，增强对现状的把握；同时采用比较研究方法，搜集西方成熟市场经济体公司同期的营运资本数据，与中国上市公司进行比较分析。

（3）理论分析。结合经济学、管理学、公司财务等学科理论，对货币政策影响营运资本政策的理论基础、理论逻辑、影响原因和影响机理等进行深入研究和总结；构建反映营运资本政策的指标；探索公司特征异质性对货币政策影响营运资本政策的效果差异。

（4）实证研究。根据理论分析构建的货币政策影响营运资本政策的研究假设，搜集中国货币政策资料、中国上市公司财务资料，构建测量指标和检验模型，对研究假设进行检验，为理论分析提供试验证据，为企业提供营运资本管理政策和政府制定货币政策提供政策建议奠定坚实基础。

（5）政策建议研究。根据研究结论，结合中国现实环境，微观上为企业管理者提供营运资本决策的建议；宏观上为政府提供货币政策影响企业微观行为的机制和经济后果提供政策支持，有助于优化政府政策的制定和执行。

1.4 研究思路和研究方法

1.4.1 研究思路

第一，进行文献的梳理、总结和综述，并确定本书的研究框架。通过文献研究准确把握国内外有关营运资本本书的现状、趋势和存在的不足；全面了解宏观经济政策影响微观企业行为的研究进展；通过文献研究和分析确定本书的研究方向和内容。

第二，对中国上市公司营运资本管理的现状研究。分析 2000～2015 年上市公司营运资本投资、融资和管理效率的现状，并采用与其他经济体国家公司比较分析和研究的方法，总结中国上市公司的营运资本政策的规律和特点。

第三，在以上理论现状和趋势、企业实践行为现状的分析和研究基础上，结合经济学、公司财务学等学科领域理论，构建本书的理论分析框架，研究货币政策影响企业营运资本政策的机制。

第四，在上述理论和实践研究的基础上，提出需要通过实证方法检验的理论假设，使用样本数据进行实证验证，为理论的深化、完善和应用提供试验证据。

第五，结合上述的理论研究和实证研究结果，对中国上市公司营运资本政策改进和优化提出政策建议；对货币政策调整与企业营运资本的影响机理和关系进行总结，形成本书的结论。

研究思路框架如图 1-2 所示。

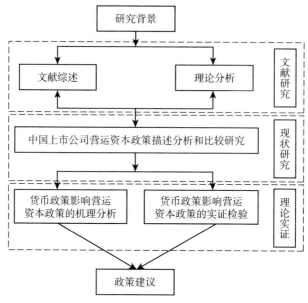

图 1-2　研究思路框架

1.4.2　研究方法

本书使用的研究方法主要包括：文献研究法、统计分析方法和计量经济学研究方法。

（1）理论研究方法。通过对文献分析和相关理论问题的归纳和演绎对货币政策、营运资本政策等问题的研究现状进行分析和总结并从四个方面对文献进行综述和评价，对货币政策影响营运资本政策的理论基础和影响机理进行研究。

（2）统计分析方法。统计描述分析是分析和认识经济现象的手段，本书使用统计描述分析方法对 2000 年以来中国上市公司营运资本政策进行年度特征分析和行业特征分析，并与美国公司和欧盟国家公司的营运资本政策进行比较分析；使用统计检验方法对不同行业、不同变量的差异进行差异检验。数据分析中合理的使用表格和图形，对问题的描述更加清晰和形象。

（3）计量经济学研究方法。计量经济学研究方法是从量的角度对经济问题进行研究的手段，也是本书的主要研究方法。本书通过构建理论检验模型、搜集相关数据，使用计量软件对货币政策与营运资本政策之间的关系进行验证。使用的具体方法包括：面板向量自回归模型（PVAR）、连续性变量的多元回归模型、分类变量的 logit 模型等。

1.5　本书结构

本书的逻辑结构首先是先充分认识和分析相关研究现状和营运资本管理实践行为，其次是理论研究和影响机理研究，最后是根据营运资本政策的基本内容和本书构建的企业流动性分析框架：投资管理、融资管理和运营效率三个方面进行实证研究。本书共包括 8 章，每章简要内容如下：

第 1 章，本书的绪论部分。主要阐述了本选题的研究背景和研究的理论与实践意义；对文中涉及的重要概念：营运资本、流动性和货币政策进行界定；说明了研究要达到的目的和需要研究的内容，以及研究的总体思路和使用的研究方法；最后交代了论文的框架结构和研究贡献。

第 2 章，本书的文献综述。分别从营运资本投资管理、营运资本融资管理、营运资本管理评价三个方面对中外有关营运资本书的现状和文献进行总结、分析和综述；对宏观经济政策影响微观企业行为的研究文献进行总结、分析和综述；对影响营运资本政策的因素研究文献进行总结、分析和综述；最后对上述三个方面的文献研究进行评述，发现研究的不足和空白。

第 3 章，中国上市公司营运资本政策描述分析和比较研究。本部分首先从营运资本投资管理、营运资本融资管理和营运资本运营效率三个方面对中国上市公司 2000～2015 年的营运资本政策状况进行详细和全面的描述性统计分析与规律性总结；然后计算欧盟经济体和美国公司的营运资本指标，比较研究和分析中国公司营运资本的突出特点和存在的问题。

第 4 章，货币政策影响营运资本政策的机制分析。本章首先论述了与文章研究主题密切相关的重要理论：首先资源配置理论、流动性风险理论、嵌入宏观变量的公司财务理论；其次对货币政策影响微观企业的传导机制进行分析；再次是结合宏观流动性管理和微观流动性管理阐述货币政策对营运资本的总体影响；最后分别从货币政策对营运资本投资管理、货币政策对营运资本融资管理、货币政策对营运资本运营效率三个方面的影响深入研究货币政策影响营运资本政策的机理。

第 5 章，货币政策影响营运资本投资政策的实证研究。本章的主要内容是实证研究货币政策对营运资本投资的影响。分别采用单变量差异分析、面板向量自回归模型（PVAR）和多元回归方法等实证分析方法研究了货币政策对营运资本投资比例、营运资本投资结构的影响。首先，采用描述统计分析和单变量差异检验，分析不同货币政策期营运资本投资的特点和差异；其次，采用面板向量自回归模型（PVAR）分析了货币政策与营运资本投资的关系与不同货币政策期营运资本短期融资比例投资结构的关系；最后，采用多元回归分析方法再次对货币政策与营运资本投资比例和投资结构的关系进行了验证，实证检验了现金流稳定性和融资约束对货币政策与营运资本投资关系的调节作用，分析了不同货币政策期间营运资本投资比例的调整方式和途径。

第 6 章，货币政策影响营运资本融资管理的实证研究。本章的主要内容是使用与第 5 章同样的实证研究方法研究货币政策对营运资本融资管理的影响。首先，采用描述统计分析和单变量差异检验，分析不同货币政策期营运资本融资的特点和差异；其次，采用面板向量自回归模型（PVAR）分析了货币政策与营运资本融资及其来源结构的关系；最后，采用多元回归方法再次对货币政策与营运资本短期融资比例和融资来源结构关系进行验证，实证检验了现金流稳定性和融资约束对货币政策与营运资本融资关系的调节作用，分析了不同货币政策期间营运资本融资来源的调整方式和途径。

第7章，货币政策影响营运资本运营效率的实证研究。本章的主要内容是使用与第5章同样的实证研究方法研究货币政策对营运资本运营效率的影响。首先，采用描述统计分析和单变量差异检验，分析不同货币政策期存货周转期、应收款项周转期、应付款项周转期和营运资本现金周转期的特点和差异；其次，采用面板向量自回归模型（PVAR）分析了货币政策与营运资本现金周转期及其结构的关系；最后，采用多元回归方法再次对货币政策对营运资本现金周转期进行检验，并验证不同货币政策期，存货周转期、应收款项周转期和应付款项周转期对营运资本现金周转期的影响差异；实证检验了现金流稳定性和融资约束对货币政策与营运资本现金周转期关系的调节作用。

第8章，是本书的结论与政策建议。

1.6 研究创新

本书的贡献主要体现在：

（1）本书选择公司财务决策中与货币政策调控关系最大和最直接的营运资本管理作为研究主题，探索宏观经济政策对微观企业行为的影响。丰富了宏观经济政策与微观企业行为关系这一新兴的研究领域文献，从营运资本管理视角提供了理解和认识货币政策影响微观企业的机制和丰富的实验证据。

（2）基于营运资本投资、融资和运营效率，以及营运资本投资、融资的结构及其运营效率，构建了企业流动性分析和管理框架，以流动性管理为立足点，分析了货币政策对营运资本政策的影响。对货币政策影响营运资本政策的机制和具体路径进行了全面深入的理论和实证研究，更加全面和清晰的认识了营运资本作为企业流动性管理工具的思路和机制。

第 2 章

文 献 综 述

2.1 引　　言

营运资本政策作为公司财务政策的组成部分对企业的财务风险控制和价值创造能力产生重要的影响。尤其是营运资本作为企业流动性管理的主要内容，对企业保持资金链安全和避免破产失败具有非常重要的价值。营运资本政策在企业实践中也成为企业管理者花费时间最多、决策频率最高的财务决策。但有关营运资本的研究却没有受到应有的重视，而且营运资本的研究内容和研究框架突破有限（王竹泉等，2007）[4]，与营运资本管理实践的发展产生了差距。营运资本政策是有关企业营运资本投资规模和结构、融资来源和结构，以及运营效率决策的基本思路和主要原则。虽然这一政策的研究在公司财务理论中重视不够，但长期营运资本管理实践和营运资本的理论研究使得营运资本管理形成了一些规律性的认识。

营运资本作为公司短期理财的内容，其资金的来源和使用区别于其他财务政策，形成具有自己特点的投资管理、融资管理和运营效率评价。在非完美的市场环境中，不同的营运资本投资管理、融资管理和运营效率决定了企业风险和收益水平的差异，对企业价值和股东利益产生重要影响。本章遵循公司财务理论框架，按照营运资本投资管理、营运资本融资管理和营运资本运营效率评价营运资本政策的三个主要内容构建营运资本研究分析框架，对营运资本研究的现状进行综述。

宏观经济政策与微观企业行为关系的研究日益受到学者们的重视，尤其是进入 21 世纪以来，此类主题的研究不断增多，但还没有达到足够重视的程度。作为宏观流动性管理的货币政策与微观企业流动性管理的营运资本管理，两者之间的联系和影响是不言而喻的，尤其是在中国市场化改革不断深入的大背景下，货币政策市场化改革对企业行为影响应该受到理论研究者的重视。因此，结合本书的研究主题，对宏观经济政策影响微观企业行为的研究文献进行分析和总结，尤其关注影响企业营运资本政策的宏观因素的研究现状。

本章的研究力求全面总结和分析中外有关营运资本研究、宏观经济政策影响微观企业行为研究、嵌入宏观变量的公司财务研究的文献，准确把握研究现状，发现研究问题，为本书研究视角的选择和研究思路的构建提供基础。

本章余下的内容包括：2.2 营运资本投资管理研究；2.3 营运资本融资管理研究；2.4 营运资本运营效率评价研究；2.5 影响营运资本政策的因素研究；2.6 宏观经济政策与微观企业行为研究；2.7 文献评述。

2.2　营运资本投资管理研究

营运资本投资管理是营运资本投资比例和投资结构决策的基本思路和主要原则。其研究的主要内容是企业的全部资本在资本性投资与营运资本投资中的权衡以及营运资本内部各项目之间的配置。营运资本投资决策的过程是在企业的价值创造能力和财务风险之间权衡的过程。因此，有关营运资本投资管理研究主要包括营运资本投资的价值研究、营运资本投资比例研究和营运资本投资管理类型研究。营运资本投资价值研究关注的是营运资本投资对企业财务风险的降低作用；合理的风险控制前提是尽量降低营运资本的投资，把更多的资源配置在资本性投资中，提升企业的价值创造能力也是营运资本投资的价值体现；营运资本投资比例研究则是在上述价值相关性研究的基础上解决到底该持有多少营运资本规模的问题；而营运资本投资管理研究则是围绕营运资本决策对降低风险和提升价值的不同权衡而形成的具有不同目标偏好的营运资本投资管理类型。

2.2.1　营运资本投资价值研究

关于营运资本投资价值的研究，关注最多的是营运资本作为企业偿债能力和资金链安全的保证具有降低财务风险的作用。但近年来营运资本作为平滑固定资本投资、创新投资的资金来源作用受到关注。

2.2.1.1　营运资本投资价值的理论研究

经典的公司财务理论关于企业价值创造关注的重点是资本性投资，即长期投资决策，因为他们才是企业价值创造的基础。而短期投资，即营运资本投资并不能创造价值。

营运资本投资的价值理论研究文献中，占据最多篇幅的是营运资本投资与企业财务风险的关系。营运资本投资比例是对企业短期偿债能力的保证，影响企业财务健康和可持续发展。营运资本甚至关系到企业的"生死存亡"，应该被置于企业"中心之中心"（干胜道，2011）[27]。因此，营运资本投资的规模及对短期债务的保证程度也成为评价企业财务风险和财务困境的重要指标。这种保障能力有助于帮助企业获得银行贷款和增强市场竞争能力。而汪平（2008）指出营运资本投资的价值所在是帮助企业价值目标的良好实现，通过日常的营运资本控制帮助企业合理规划长期的现金流，促进企业理财目标的实现。并提出营运资本投资管理的具体目标是满足长期投资的资金需求、维护企业的财务声誉、降低企业财务风险和节约财务资源、增加价值等。这些目标也可以看作营运资本投资的价值体现[28]。

近年来,一些新的研究发现营运资本具有平滑资本性投资的作用,尤其是在面临融资约束的企业中,这种支持资本性投资的作用更强。最先发现这一现象的学者是拉詹和津加莱斯(Rajan & Zingales,1996)[29];随后的研究者刘康兵(2012)研究发现营运资本投资具有可变性和资源性,其灵活性能够降低外部冲击对企业投资水平的影响[11];鞠晓生等(2013)发现在中国公司中营运资本具有降低企业创新投资波动性的作用,这种作用在融资约束程度越强的公司越大[12];曾义(2015)则发现营运资本可以用来支持固定资产等资本性投资支出,尤其是在融资约束较为明显的民营企业中更为显著[13]。

虽然营运资本投资具有帮助企业资本性投资更好地创造价值,但是过高的营运资本占用也使得企业承受较高的机会成本,使得企业有限的资源被价值创造能力较差的投资项目所占用,企业的回报能力下降;营运资本投资比例增加虽然可以降低财务风险,但低风险相应带来的是低收益(Sharpe,1964)[30]。

2.2.1.2 营运资本投资价值的实证研究

营运资本投资与企业盈利能力的实证研究中,马尔科德洛夫(Marc Deloof,2003)发现企业营运资本投资比例越大会带来经营业绩的降低[31];施韦茨勒和雷蒙(Schwetzler & Reimund2003)通过研究德国的企业同样发现营运资本投资比例越大会导致资金闲置,从而降低企业的价值创造能力[32];马图瓦(Mathuva,2010)研究了不同营运资本投资项目与企业价值创造能力的关系,发现应收账款转化为现金的能力与企业价值创造能力之间正相关,存货的降低有助于提高企业的价值创造能力[33];纳齐尔和阿法扎(Nazir & Afza,2009)研究发现营运资本投资管理的保守程度与企业的价值创造能力呈现正相关[34];卡杜米和拉马丹(Kaddumi & Ramadan,2012)实证研究发现保守的营运资本投资管理有助于增加股东价值[35]；但是瓦希德等（Vahid et al.，2012）的研究却发现了相反的结论，即保守的营运资本投资管理对企业的价值创造能力和价值创造产生了负面影响[36]；汪平和闫甜（2007）研究发现流动资产投资比例与企业的总资产报酬率不存在显著关系，但是与企业的经营性活动现金净流量呈现显著的负相关[37]；塔伊尔和阿努阿尔（Tahir & Anuar，2016）基于巴基斯坦上市公司的研究结果显示净营运资本水平、流动资产占营业收入比例、流动负债比例与总资产回报率负相关，而应付账款周转天数、存货周转天数、现金周转周期、净贸易周期、现金周转率等与价值创造能力成正相关[38]；阿克塔斯等（Aktas et al.，2016）对营运资本的价值相关性研究发现，营运资本管理的改善有助于增加企业的财务灵活性，释放更多的现金，提高公司投资效率，尤其是在较多投资机会的公司更为显著[39]。

2.2.2 营运资本投资比例研究

既然营运资本投资对企业价值创造和风险规避具有重要意义，那么该如何配置营运资本成为学者们关注的议题。

2.2.2.1 营运资本投资比例单项优化与整体最优

20 世纪 30 年代西方研究者研究营运资本就是从营运资本单个投资项目的优化研究开始的，包括奈特（Knight，1972）提出的最优的存货持有量模型[40]、最佳现金持有决策的成本模型（权衡持有成本与收益）、存量模型［Baumo 模型（Baumol，1952）][41]、BAT 模型（Tobin，1965）[42]、随机模型［Miller - Orr 模型（Miller & Orr，1966）[43]］和现金周转模型（考虑周转时间）等。

营运资本投资总体指标是流动资产，其投资规模虽然受企业价值创造能力和风险水平的约束，但在理论界和实务界的研究和应用中大多表现为对短期性债务的保障能力，也就是流动比率。流动比率越高，偿债能力越强，但流动比率保持在 2 的水平上被认为最合适。

然而，这种以测度和评价流动性与偿债能力的方式越来越受到质疑，对于财务失败和股票价格的预测能力较差（Beaver，1968）[44]。戴鹏（2001）认为企业的盈利能力是保证偿债能力的基础，而不是依靠流动资产的保证程度；流动资产投资项目的变现能力差异较大，有些项目在未来根本无法变现，不具有可偿债的作用；按照历史价值计算的流动比率用来保证未来债务的偿还，其效果有限；流动比率作为静态指标用来保证动态的债务偿还能力也不够准确[45]。因此，营运资本投资比例作为清偿能力和降低财务风险的保证在理论和实务中的作用逐步降低。

2.2.2.2 零营运资本投资研究

西方企业的营运资本管理实践中出现了"零营运资本"，其核心是强调尽量降低营运资本的投资额。而理论研究者对"零营运资本"给出的解释是一方面营运资本的价值创造能力差，企业有限的资源应该更多的配置在可以创造价值的资本性投资中；另一方面是信息技术企业生产、配送和仓储等生产经营环节的大量应用，企业有条件实现实时生产、快速配送，有效地降低了短期资本的占用和需求。这一营运资本管理方法在国外的通用、戴尔和国内的海尔、苏宁等公司均得到良好的实践（常叶青，2006）[46]。但"零营运资本"管理被认为是高风险和高收益的管理政策（王金梁，2004）[47]。

2.2.2.3 最优营运资本投资预测研究

围绕营运资本最佳持有量问题还出现了营运资本需求预测研究。如巴尼奥斯－卡巴雷罗等（Baños－Caballero et al.，2010）提出的目标营运资本预测模型，通过使用企业的资本性投资、现金、盈利能力、成长能力、规模和融资成本等变量预测营运资本的需求量[48]。

既然营运资本存在最佳持有规模，那么企业的营运资本投资决策应该会不断向最优值调整。佩莱斯和施内勒尔（Peles & Schneller，1989）研究发现，不同企业都有自己的最优营运资本投资比例值，这个最优值促使企业不断地进行营运资本投资调整[49]；吴娜（2013）在巴尼奥斯－卡巴雷罗等（2010）的研究基础上加入宏观经济变量，发展成包含宏观因素的营运资本需求预测模型并研究了中国企业营运资本调整行为，其研究结论发现中国企业的营运资本投资存在目标值并且不断向目标值调整，经济周期与其调整速度呈现负相关关系，融资约束在不同经济周期对调整速度产生的影响存在差异[50]。

2.2.3 营运资本投资管理类型研究

对企业营运资本投资行为的研究和描述除了使用流动比率、速动比例等指标外，在已有文献中还通过划分营运资本投资管理的方法进行描述。营运资本投资管理类型的划分是根据企业在收益性和风险性之间的权衡和偏好形成的流动资产比例。

营运资本投资策略的研究文献丰富并且形成了较为统一的研究结论。汉普顿和塞西莉亚（Hampton & Cecilia，1989）把营运资本配置水平的策略作为营运资本政策的重要组成部分，与融资政策相结合制定营运资本的总体政策[51]。范霍恩和瓦霍维奇（2009）在其著作中根据流动资产的水平把营运资本分成三类，最高水平的称为"保守型"，最低水平的称为"进取型"[52]。刘怀义（2010）把营运资本投资管理分为稳健型、激进型和适中型[53]。

稳健型营运资本投资管理是指企业持有较高的营运资本投资水平，即在企业总资产中配置较大比例的流动资产，使得企业流动性很高，能够更好地满足日常经营对流动性的需求和更好的债务清偿能力，降低企业财务风险。这种政策具有典型的保守特征，当主张企业的生存意义大于盈利时，这种营运资本投资管理会受到重视。这种政策虽然将大量资源配置在价值创造能力极低的营运资本投资中而造成资源浪费，但财务风险的降低也树立了企业良好的形象，并且有助于增强企业市场竞争力和降低企业资本成本水平（Modigliani & Miller，1958）[54]。

激进型营运资本投资管理主张尽量少的持有流动资产，将大量资源配置在资本性投资中。这种政策虽然有助于增加企业的价值创造能力，却增加了企业流动性管理的挑战性，如果企业不能实施有力的财务管理活动将加速潜在财务风险转化为显性的财务风险，即发生财务危机甚至是破产。随着管理理论和管理技术的创新和发展，营运资本投资结构中，存货资产的管理可以借助一些先进信息技术手段实现实时监控和快速流转，有助于投资规模的降低；应收款管理借助于供应链关系管理、商业保理方式（胡志刚，2016；陈晓红，2016）[55,56]实现快速转化为现金。这些技术和模式的出现有助于企业降低营运资本的投资，实施激进型的营运资本投资管理。

而适中型的投资政策则是很好的平衡风险与收益而持有适中规模的流动资产。其基本特点介于稳健性营运资本投资管理和激进型营运资本投资管理之间。

吴娜和韩传模（2010）对 2003～2006 年中国企业的营运资本政策进行了统计分析，发现中国不同行业的投资政策存在显著的差异并且趋于稳定，营运资本投资管理的激进程度要高于融资政策[57]。

2.3　营运资本融资管理研究

营运资本融资管理是营运资本融资来源选择和不同融资来源结构决策的基本方法与主要原则。营运资本的资金来源渠道有短期渠道和长期渠道，可以用股权融资，也可以用债务融资，来源渠道不同风险和成本均不同。但是，根据资产债务期限结构匹配理论（Morris，1976）[58]，相同期限的资产和债务匹配可以有效地降低财务风险和资金浪费，降低投资不足问题发生的可能性（Myers，1977）[59]，并且可以使得债务融资产生的代理成本最小化（Hart & Moore，1995）[60]。因此，流动负债作为企业负债的重要组成部分，应该是企业营运资本融资的主要来源渠道，其偿债期限短，灵活性小，是导致企业财务困境的主要因素之一。

营运资本投资对短期融资的依赖性不同形成了不同的融资政策，这是营运资本融资管理研究的主要内容。已有文献同时关注到流动负债结构中应付款作为营运资本的重要融资作用，并展开了深入研究。

2.3.1 营运资本融资管理类型研究

企业资金来源渠道有短期债务、长期债务和权益性融资等渠道，三者中短期债务性融资的成本最低，其他两种方式成本较高，但短期债务融资的期限短，清偿短期债务的交易成本高、资金使用的稳定性差，财务风险高（朱晓，2015）[61]。因此，营运资本融资渠道的选择即长期资金来源和短期资金来源的搭配形成了"激进型""配合型"和"保守型"等营运资本融资管理类型。

激进型营运资本融资管理的特点是选择短期资本作为全部营运资本的来源，并且还支持部分长期资本的需要。这种政策下，清偿短期债务的交易成本高、资金使用的稳定性差，财务风险提高，非常容易促使隐形财务风险转化为显性财务风险，发生财务危机。

保守型营运资本融资管理是指企业较少地依赖短期融资，较多地使用长期的、资本性的融资，人们称之为"稳健型"的营运资本融资管理。按照利率的期限理论，长期负债的利率水平要高于短期负债。企业实施保守型的融资政策，势必会增加长期负债融资，由此会带来资本成本提高的压力。投资者对这种现象的关注普遍存在（H. Kent Baker et al.，2011）[62]。

配合型营运资本融资管理是最好体现资产债务结构理论的政策类型，营运资本投资属于短期投资，其创造价值的能力低，甚至为零，从成本收益匹配的角度来说，应该主要使用资本成本最低的资金来源，否则就会承受高额的机会成本；从流动性角度来说，营运资本投资波动性较大，能够灵活的履行债务偿还义务，使用短期资金来源能够方便企业及时清偿债务，循环使用，降低成本，满足及时性需要。

在以上研究基础上，有些文献又进一步把营运资本需求划分为永久性资金需求和临时性资金需求。永久性营运资本只是维持企业正常经营不可或缺的最低限额，并且保持长期的稳定性，虽然其形态表现为短期资金但具有长期资本的特点；而临时性营运资本是指由于季节性需求影响而增加的资金，资金需求的波动性较大。在这一划分的基础上，使用长期资金来源满足永久性资金需求和临时性资金需求的称"稳健性"营运资本政策；使用短期资金来源满足临时性资金需求，长期资金来源满足永久性资金需求就被认为是"配合型"营运资本政策；而使用短期资金满足永久性资金需求和临时性资金需求就是"激进型"营运资本政策（刘怀义，2010）[53]。孙莹等（2015）对中国上市公司2014年的营运资本管理进行调查，结果显示大部分企业采用较为稳健的营运资本融资管理，但也有采矿业等6个行业使用"激进型"的营运资本融资管理，存在短债常用现象[63]；贝斯利和布里格姆（Besley & Brigham，2008）指出由于营运资本管理的"顶级化"趋势、更多地采用商业信用，以及信息化手段的广泛应用使得西方成熟经济国家营运资本的融资政策越来越偏向于激进[64]。

2.3.2　商业信用的融资功能研究

在营运资本融资的研究中，商业信用的融资功能越来越受到重视，相关文献不断增多，研究的深度不断增强。商业信用的使用和研究虽然历史较长，但只有到了1960年梅尔策研究发现商业信用在货币政策紧缩期可以为规模较小的企业提供融资支持（Meltzer，1960）[65]。随后，商业信用作为融资手段形成了比较优势理论（Petersen & Rajan，1997）[66]和信贷配给理论。比较优势理论认为商业信用作为融资手段具有信息充分优势、对客户有效控制优势及财产追回优势等（刘民权等，2004）[67]；而信贷配给理论解释商业信用的融资功能认为，商业信用虽然作为融资手段的成本较高，但是在信贷配给的环境下为企业提供了一种可行的资金来源。学者们通过大量的实证研究对商业信用的融资功能进行了验证（Fabbri & Menichini，2010；陆正飞等，2011；陈继勇和刘骐豪，2015）[68~70]。

商业信用之所以能够代替银行信贷融资主要取决于自身的一些特征（吴争程和陈金龙，2015）[71]。首先是商业信用作用是企业与供应商之间基于商品交易而存在的信用方式，较之于企业与银行，企业与供应商之间信息不对称的程度较低，能够及时获得对方的经营情况和信用信息，这有助于降低商业信用的逆向选择和道德风险；其次是商业信用的存在是基于企业与供应商之间的良好购销关系而存在的，如果商业信用不能够得到及时偿付将破坏这种购销关系，对企业生产经营产生影响并提升重新搜寻和确定新的供应商的成本；最后是如果发生违约情况，提供商业信用的企业可以收回所供应的产品并顺利的投放原有的销售渠道，以较低的成本调整客户和渠道，使得违约损失降到最低。

值得关注的是，流动资产与流动负债相结合产生的营运资本政策主要是从"安全性"的角度界定的。一般认为，当流动资产占比较高，流动负债占比较低的时候，企业会有足够的流动性储备，同时又没有很大的偿付压力，因此营运资本政策被认为是比较稳健的。相反，激进的营运资本政策则意味着较低的流动资产占比和较高的流动负债占比，一方面需要较强的偿付能力；另一方面又没有足够的流动性储备，极易出现财务困境。但是，除了"零营运资本"政策所透露出来的关于流动资产占用资金极少理念之外，营运资本政策的稳健或者激进之间并没有简单的优劣之分。同样的负债率，同样的流动负债比，在不同的企业里所带来的财务绩效可能完全不同。在一个现金流充裕、资金周转速度极快的企业里，负债经营不仅会带来足够多的抵税收益，而且会加快资本投资速度，创造更多的价值。而在另一个营销萎缩、资金链断裂的企业里，较高的负债率会将这家企业推向破产。

2.4　营运资本运营效率评价研究

营运资本投资管理与融资管理是从静态角度考察营运资本配置状态与筹资渠道状况，而营运资本运营评价则是从动态角度考察营运资本一段时期内运营情况和最终绩效，主要内容是企业通过加速收款、延期付款和降低占用等手段加速营运资本周转，促进价值以更快速度和更短周期转化为现金。营运资本运营效率评价研究一开始只是评价营运资本单个项目的管理效率，最终发展成将不同营运资本项目综合起来评价。受到供应链关系理论和实践的影响，学者们开始关注处在不同供应链地位上的企业营运资本管理的差异，尝试使用基于供应链关系的营运资本管理评价指标。

2.4.1　单项营运资本项目运营效率评价研究

早期的营运资本运营效率评价研究是从营运资本的各单项项目开始的，主要包括投资项目配置管理的存货周转率、应收账款周转率和融资渠道管理的应付账款周转率等。

存货周转率是用来评价和测度企业从原材料采购、加工到销售等整个环节的管理效率。其基本计算方法是销售成本除以平均存货余额，计算结果表明存货完成整个经营流程的销售成本次数，次数越大说明效率越高。还可以使用计算期间的天数除以周转次数计算存货的周转天数，该指标说明存货周转一次需要的天数，天数越小说明管理效率越好。存货周转指标不仅测度了存货管理的效率，也可以评价存货占用的营运资本投资比例和使用效率，周转率越快或周转天数越小，存货占用的资金就越小，其使用效率越高。

应收账款周转率是用来衡量应收账款转化为现金的能力。其基本计算公式是非现款销售收入余额除以平均应收账款余额，计算结果越大表明应收账款周转的速度越快。用计算期天数除以应收账款周转次数可以计算应收账款周转天数，天数越小说明应收账款回收的越快。应收账款作为企业的销售手段，是企业向客户提供的商业信用，这部分营运资本的投资虽然可以帮助企业扩大销售，但是要承担资金成本和坏账风险。因此，只有快速的回收才能降低营运资本投资风险和成本。这一指标在企业风险评价和绩效考核中备受关注。

应付账款周转率是用来评价应付账款从购买产品到偿还债务的速度和时间。其基本计算公式是主营业务成本除以应付账款余额。计算结果越小，说明企业归还供应商欠款的速度越慢。使用计算期天数除以应付账款周转率可以计算应付账款周转天数，天数越大表明企业占用供应商的欠款时间越长。应付账款作为企业一项短期资金来源，被很多企业视为重要的融资渠道，力图降低应付账款周转率和延长周转天数成为企业的营运资本融资策略。但这样一来也使得企业丧失了享受商业折扣的机会，使得利用应付账款进行营运资本融资的成本较高，而且破坏了与供应商的良好关系。因此，应付账款周转率也是企业诚信的体现，并能够反映企业财务状况和在价值链上所处的地位，应该受到重视（耿建新和谢清，2013）[72]。

2.4.2 基于企业内部的营运资本整体运营效率评价研究

单项的营运资本运营效率评价指标忽略了项目之间的相互影响关系，不能准确的评价营运资本的整体管理效率，应该从整体上计算和评价营运资本管理的评价指标。

吉特曼（Gitman，1974）、理查兹和劳克林（Richards & Laughlin 1980）等提出了现金周转期方法，其基本思路是将存货周转指标、应收账款周转指标和应付账款周转指标结合起来计算，从整体上考察企业从现金投入经过生产流程到现金收回的整个过程的速度或时间[73,74]。随后，金特里和李（Gentry & Lee，1990）根据每个过程占用的资金情况，将其设置为每个过程的权数计算出加权的现金周转期，更加准确地测度营运资本的周转绩效[75]；辛和索能（Shin & Soenen，1998）提出了净营运周期评价方法，使用存货、应收账款与应付账款三项合计除以营业收入计算周期指标[76]；著名的波士顿咨询公司使用营运资本生产效率评价营运资本运营效率；美国 REL 公司联合首席财务官杂志社开展的营运资本管理调查中使用营运资本周转期、变现效率两个指标进行加权平均计算企业的营运资本管理效率得分（王竹泉等，2007）[4]；拉马钱德兰和贾纳克拉曼（Ramachandran & Janakiraman，2009）使用绩效指标（performance index）、利用指标（utilization index）和效率指标（efficiency index）三个指标分别来评价营运资本投资水平、营运资本增加销售收入的作用及两者相乘计算的总的管理效率水平[77]；卡西兰等（Kasiran et al.，2016）采用同样指标对马来西亚公司营运资本运营效率进行评价[78]。

2.4.3 基于供应链和渠道管理的营运资本运营效率评价研究

李心合（2013）认为主流的财务学理论以经济人假设为前提将供应链设定为主流财务理论框架的外生变量，到了 20 世纪末期财务学界开始将供应链关系纳入营运资本管理研究的重点，因此也出现了以供应链管理为模式的营运资本管理模式[79]。供应链管理有助于强化企业与供应商、客户之间的合作，有利于企业降低营运资本投资在存货上的规模，并实现应收应付的快速周转，提升营运资本运营效率（张先敏，2013）[80]。

王秀华等（2013）基于供应链管理视角研究指出处于供应链上不同位置的企业，其绩效的考核重点不同。处于扩展性地位的公司其绩效重点体现在结算环节，而处于协调性位置的公司其绩效考核重点在于存货管理[81]。

王竹泉等（2007）提出营运资本管理要重视供应链管理和渠道与客户关系管理，不断提升营运资本管理水平。在基于渠道重新划分营运资本类别的基础上建立营运资本管理效率评价指标：营运资本周转期及不同渠道的营运资本周转期评价指标[4]。

基于供应链关系的营运资本运营效率评价指标不同于传统营运资本管理只是立足本企业、只注重本企业利益的指标，还扩展了营运资本管理的范围，使得企业之间的关系更加紧密。

2.5 影响营运资本政策的因素研究

微观企业特征因素、中观行业和供应链因素和宏观经济政策、制度性改革政策等内部因素和外部因素均会对营运资本投资管理、融资管理和管理效率产生影响，而且内部因素比外在因素的影响要大（孙莹等，2012）[82]。

2.5.1 影响营运资本政策的微观因素

影响营运资本政策的微观因素主要包括如企业规模、财务特征、经营绩效等企业个体特征、公司治理变量和企业战略因素。

基于企业个体特征因素的研究情况。豪沃思和韦斯赫德（Howorth & Westhead，2003）通过对影响英国小企业营运资本管理模式的因素进行了非常详细的研究，结果发现企业规模越大、成立时间越长、财务管理复杂程度越低、总资产回报率越高、现金销售比例越高、销售的季节性波动越大、扩张愿望强烈、外部融资比例越大、使用应付账款比例越高、生产周期与报告的生产周期越长、偿还货款的积极性越大等因素均会对营运资本管理模式产生积极的影响[83]；希尔等（Hill et al.，2010）研究结果表明销售增长率和波动性增加，面临信息不对称而承受较高的外部融资成本及面临财务困境的企业更容易采用激进的营运资本政策[84]；巴尼奥斯－卡巴雷罗等（Baños－Caballero et al.，2010）研究发现增长机会大、杠杆高和股东资产投资回报率高的公司更容易采用激进的营运资本政策[48]；哈伦和诺曼（Haron & Nomran，2016）以2008年经济危机为临界点，研究发现盈利能力、债务和销售增长，以及企业规模等因素对营运资本管理政策的影响无论是在危机前还是危机后均显著[85]；穆萨维等（Moussawi et al.，2006）实证研究发现外部董事比例、高管薪酬和高管持股比例等治理因素对企业营运资本政策和管理效率产生显著影响[86]；张敦力等（2012）基于公司治理视角，研究高管团队特征对营运资本政策的影响，结果显示高管的教育背景水平对营运资本投资管理产生积极影响，而高管的性别和年龄则与投资政策负相关[87]。

除了以上微观因素之外，有学者发现公司执行的不同战略也会对营运资本管理产生影响，如王和李（Wang & Li，2015）发现企业的不同战略对营运资本的价值相关性会产生不同的影响，战略对营运资本政策产生重要影响[88]；夏江英和汪丽（2015）研究发现中国建筑行业上市公司实施不同战略其营运资本激进程度存在差异[89]。

2.5.2 影响营运资本政策的中观因素

影响营运资本政策中观因素主要是基于行业的差异所导致的营运资本管理行为差异，以及近年来基于供应链管理的客户、供应商等因素对营运资本管理行为的影响研究。

菲尔比和克鲁格（Filbeck & Krueger，2005）研究发现营运资本管理表现出比较明显的行业差异[90]；刘翰林（2006）使用方差分析等统计分析方法研究发现中国上市公司营运资本政策存在显著的行业差异，不同行业的交易方式、产品生命周期、资本的有机构成，以及资本结构等因素会对营运资本政策产生显著影响[91]；周文琴等（2007）使用方差分析和多元回归方法研究了不同行业之间的营运资本政策差异，并指出企业营运资本政策制定应该考虑立足不同的行业[92]；王治安和吴娜（2007）更进一步的研究发现影响营运资本政策的企业特征因素在不同行业的影响程度存在差异[93]。

从 2002 年开始，美国 REL 公司联合首席财务官杂志社开展的营运资本管理调查开始关注供应链中供应商关系与客户关系对营运资本管理的影响；瓦德瓦等（Wadhwa et al.，2006）指出供应链关系管理作为一个商业战略，有助于降低企业的营运资本投资比例和资金需求[94]；隋敏（2013）指出基于供应关系的社会资本有助于企业更好的执行营运资本战略，提升营运资本管理水平[95]；克瑙尔和韦尔曼（Knauer & Wöhrmann，2013）指出，营运资金管理的成效与供应链的构建成熟度有着密切关系[96]。

2.5.3 影响营运资本政策的宏观因素

影响营运资本政策宏观因素主要包括经济发展周期和政策性因素，政策性因素包括财政政策、货币政策及其他的制度性政策等。已有文献研究宏观因素对营运资本政策的情况包括：

经济波动是宏观因素影响营运资本中最直接，影响程度最大的变量。首先影响营运资本投资比例和资金需求，进而使得企业主动调整营运资本持有政策和融资政策（吴娜，2013）[50]；洛夫等（Love et al.，2005）研究发现经济危机导致企业大量使用商业信用，经济危机之前大量提供商业信用的公司在危机后会大量削减提供而更多的依赖供应商提供商业信用[97]；张淑英（2015）更加详细地研究了经济增长率、企业景气指数、居民消费物价指数和失业率等宏观经济变量对营运资本调整的影响[98]。

货币政策作为宏观经济政策重要组成部分对营运资本产生重要影响，但现有文献更多的是研究货币政策对营运资本单个项目的影响，如货币政策对现金持有、商业信用等的影响，而研究货币政策影响营运资本整体政策的较少。于博和吴娜（2014）研究发现紧缩的货币政策会使得企业调整营运资本政策来平滑固定资产投资[99]；祝继高和陆正飞（2009）研究了货币政策对于企业现金持有的影响及两者关系在不同成长性公司的差异[100]；蔡卫星等（2015）研究企业集团对货币政策与现金持有关系的影响[101]；陆正飞和杨德明（2011）研究了不同货币政策影响下企业商业信用政策的功能，结果表明在货币政策紧缩期商业信用更多地发挥替代融资功能，货币政策宽松期商业信用更多的扮演着扩大销售的角色[69]。

影响营运资本政策的宏观因素还包括制度性有关的改革如银行体制改革、金融市场发展等。朱鸿伟等（2014）以银行市场改革为背景研究发现银行体制的市场化影响企业的融资环境，使得企业营运资本政策更加谨慎[102]；卡尔等（Cull et al.，2009）发现金融市场发展程度会影响企业商业信用政策[103]。

除了宏观经济政策影响营运资本管理以外，物流技术、信息技术、交通通信技术等的进一步发展，为企业改进生产经营，降低经营周期和现金周期提供了有力的支持；同时企业不断采用新的信息技术，使资金流和物流信息流保持同步，有效地提高营运效率。以上新的变化势必对营运资本政策产生重要影响，成为营运资本政策理论研究的新内容（李燕和刘志学，2006)[104]。

2.6 宏观经济政策与微观企业行为研究

宏观经济政策影响微观企业行为的研究日益受到研究者的重视，尤其是会计和财务研究者的重视。影响企业财务管理活动的环境是研究财务管理理论问题的出发点，是构成财务管理理论框架的重要因素。通过搜集文献可以发现，自2010年以后，研究宏观经济政策与企业微观行为的文献开始逐渐增加。姜国华和饶品贵（2011）把这种趋势称为正在萌芽的研究领域，从会计和财务研究的角度对宏观经济政策影响微观企业行为的研究框架进行了详细论述；并指出长期以来宏观经济政策研究者与微观企业会计和财务的研究者出现了天然的割裂行为，没有将宏观产出与微观企业产出有机结合，而宏观经济政策对企业会计和财务行为恰恰会产生非常大的影响，如果忽略这一重要因素，那么会计和财务研究出来的企业行为结果是不准确的[14]；李心合（2015）倡导财务学研究应该从微观研究拓展至宏观，倡导在财务学研究中把宏观变量内生化，构建嵌入宏观影响因素的公司财务学研究体系。并提出将反映经济增长、通胀水平和就业等宏观经济运行变量，反映宏观经济政策的财政政策、货币政策、投资和产业政策等变量以及反映宏观制度性改革的经济变量纳入财务学研究的范畴[2]。

2010 年以后，有关这一领域的研究文献不断增加，主要围绕宏观经济政策影响微观企业投资行为、融资约束、生产行为等。陈艳（2012）研究了经济危机与货币政策对企业投资的影响[105]；靳庆鲁等（2012）研究了货币政策对民营企业融资约束和投资效率的影响[106]；李虹含和朱新蓉（2013）以全球金融危机以来中国 A 股上市公司 13 个行业 2577家企业的货币资金和投资现金流净值面板数据为基础，分析了中国货币政策传导的企业资产负债表渠道是否有效的问题[107]；王先柱和金叶龙（2013）研究了货币政策调控对房地产企业"银根"的影响，并解释了我国货币政策不断出台和房价不断上涨并存的现象[108]；饶品贵和姜国华（2013）研究了货币政策紧缩期信贷资源配置及其经济后果[109]；黄志忠和谢军（2013）从区域金融发展的角度评估了宏观货币政策对企业融资约束的缓解效应，从企业投资层面考察了宏观货币政策的传导机制[110]；滑冬玲（2014）认为货币政策变化通过企业的融资成本变动影响企业生产效率，并利用非国有和国有企业一段时间序列数据建立SVAR 模型，验证货币政策对企业效率的影响，分析货币政策对国有和非国有企业效率影响的差异[111]。

货币政策是货币当局通过经济体中资金供给量与资金成本水平来干

预和调节宏观经济的重要手段，是宏观经济学中重要的研究课题。但是，经济学的研究更多的是直接关注货币政策波动与经济产出之间的关系，对货币政策波动是通过什么样的微观机制影响企业行为、企业产出并最终影响经济产出的研究较少；而会计与财务学研究中结合货币政策波动的会计政策、财务管理研究也较少。作为微观企业流动性的营运资本不可避免地受到宏观经济流动性调整措施的货币政策影响，应该受到理论界和实务界的高度重视。

2.7　文　献　评　述

通过对有关营运资本政策研究、影响营运资本政策因素研究和宏观经济政策与微观企业行为研究三个主要内容的文献整理和综述，对营运资本相关内容的理解更加深入和系统，对现状的把握也更加清楚；同时也看到了宏观经济政策与微观企业行为的研究，尤其是嵌入宏观经济变量的公司财务学研究的重要性。

（1）已有文献对营运资本的研究逐步深入和丰富，不乏具有创新意义的研究成果，如基于渠道的营运资本分类和评价研究使营运资本研究更加深入并与实践紧密结合。但是营运资本作为企业流动性管理的手段，其重要作用和意义没有受到应有的重视。虽然我们经常强调企业财务风险、流动性风险对企业生存发展的重要性，但是如何基于流动性管理视角对营运资本进行管理来保证企业财务安全和可持续发展需要进行探讨。已有研究主要从企业现金角度关注企业流动性，对流动性范畴的定义狭窄，需要将营运资本管理作为企业流动性管理的主要内容和手段，关注营运资本投资、营运资本融资和营运资本运营效率对企业流动性管理的影响，需要关注营运资本投资内部结构和营运资本融资来源结构在流动性管理中发挥的不同作用。

（2）已有文献对营运资本的研究主要关注基于营运资本的偿债能

力，强调通过营运资本管理保持适当的流动性来降低企业的财务风险。而营运资本作为企业资源配置的主要项目与资本性投资形成资源竞争效应，影响企业的价值创造能力。营运资本管理研究很早就关注到营运资本持有应该注意对企业价值创造能力和财务风险的影响，过多的营运资本持有虽然可以降低财务风险但也会降低企业价值创造能力。现有研究主要关注了营运资本对财务风险的影响，使人们产生营运资本管理就是为了降低风险的错觉和片面认识，忽视了营运资本对企业价值创造的影响。因此，需要将企业价值创造能力对营运资本管理的约束纳入研究范围，关注营运资本决策在保证流动性和提高企业价值创造能力两个目标中间的权衡及其对营运资本政策的影响。同时，关注这种权衡过程和均衡状态是如何受到企业内部和外部因素的冲击而发生变化的。

（3）已有文献对营运资本的研究较为丰富，但在新的历史条件下，信息技术尤其是互联网技术的发展、各种先进管理思想和管理工具的涌现，作为企业变化最快的资本形态，营运资本管理如何适应新环境需要认真探讨。从宏观角度来说，中国正处在快速的大变革过程中，市场经济发展和调控手段都发生了很大变化，对微观企业的影响不言而喻。已有文献对营运资本的研究更多注重企业需求层面，供应链理念的发展和宏观经济政策等供给层面的影响却没有受到重视。企业所处的环境是研究其理财活动的出发点，虽然已有的研究重视了这一点，但是具体的经济政策对企业财务活动影响的研究还没有深入（周守华等，2013）[112]。作为宏观流动性管理的货币政策在中国的市场化改革中被不断推进，调控的手段由直接逐步转向间接，尤其是利率市场化的步伐不断加快对微观企业决策者提出了挑战；而营运资本管理政策作为微观企业的流动性管理手段不可避免的最先和最直接的受到货币政策的影响。这两个不同层面的流动性之间的影响机理研究在已有文献中很少见到，应该受到研究者的关注和重视。已有文献研究货币政策影响微观企业行为的文献虽然关注到对企业投资、融资的影响，但是具体研究对营运资本影响的研究还很少。

（4）纵观国内外有关营运资本的研究，文献非常丰富，但主流和重要期刊刊出的营运资本管理相关的文献很少。现有文献将营运资本割裂开来进行研究，缺少将营运资本投资管理、营运资本融资管理和营运资本运营效率纳入统一框架进行综合研究。从企业流动管理角度来说，企业流动性状态不仅取决于拥有多少现金和多少转化为现金的流动性资产，而且也受到企业能够以合理成本及时获得的短期资金来源，即营运资本融资来源的影响，同时以加速收款、延期付款和降低占用为主要内容的企业营运资本运营效率更是从动态角度提供企业流动性的重要保证。因此，需要构建营运资本研究的统一框架，从整体上研究营运资本不同政策及其之间的关系。

第3章

中国上市公司营运资本政策
描述分析和比较研究

3.1 引　言

进入 21 世纪的中国，改革不断深入，尤其是经济领域的改革政策不断出台。这样一个不断变革和发展的市场经济环境对上市公司的影响是显而易见的。2000 年以来中国上市公司营运资本决策行为发生了什么变化？处在一个怎样的状况？需要有一个全面系统的分析和了解。

与企业投资政策和融资政策属于战略性财务政策相比，营运资本政策可以被界定为效率性的财务政策。通过营运资本政策，将企业的供应、生产、营销等各个环节、各个方面的运行集中到统一的资金链上来，并通过公司内部"货币政策"的制定比如短期贷款策略、现金持有量策略以及财务风险应对政策等对这一资金链予以合理调控，最大限度地提高资金运行的效率，为价值最大化目标的实现奠定基础。没有高效率的基于生产经营活动的资金运营，投融资等财务政策的实施将无所依托，难以实现战略规划。投资政策、融资政策与股利政策是高高在上的战略筹划，体现着董事会筹划未来发展的意志，而营运资本政策则是脚踏实地的运营型的财务规划，是公司战略筹划得以贯彻实施的通道或途径。

原则上讲，制定企业的营运资本政策，需要在"收益性"与"安全性"两个方面进行权衡。这里的收益性是指企业整体的资金运营绩效，其中既包括经营活动决定的资金周转绩效，也包括投融资等重大财务决策中所规划的现金流量的实现。这里的安全性主要是指维持企业必要的偿债能力，保持财务适度的灵活性和安全性。

传统上，人们习惯于将企业的营运资本政策划分为"激进型"和"稳健型"，甚至还有"适中型"。这里的激进或者稳健，主要是从"安全性"的角度界定的。一般认为，当流动资产占比较高，流动负债占比较低的时候，企业会有足够的流动性储备，同时又没有很大的偿付压力，因此营运资本政策被认为是比较稳健的。相反，激进的营运资本政策则意味着较低的流动资产占比和较高的流动负债占比，一方面需要较强的偿付能力；另一方面又没有足够的流动性储备，极易出现财务困境。但是，除了"零营运资本"政策所透露出来的关于流动资产占用资金极少理念之外，营运资本政策的稳健或者激进之间并没有简单的优劣之分。同样的负债率，同样的流动负债比，在不同的企业里所带来的财务绩效可能完全不同。在一个现金流充裕、资金周转速度极快的企业里，负债经营不仅会带来足够多的抵税收益，而且会加快资本投资速度，创造更多的价值。而在另一个营销萎缩、资金链断裂的企业里，较高的负债率会将这家企业推向破产。

实地调查研究（survey research）是开展公司财务研究的重要方法，通过实地调查了解企业实际的财务管理行为，进而判断其实施的财务政策；通过发现和了解实践中具体实施的财务行为，对这些实际的财务行为的特征进行系统的分析和研究，辨析其与财务理论的一致点和差异点。实地研究方法所发现的那些具有普遍性和稳定性的财务行为，即使与现代财务理论相悖，它们也具有了财务惯例的特征，不仅不需要按照理论假说进行调整，甚至会修正和补充财务理论，比较著名的理论如优序融资理论。数十年以来，人们运用实地研究方法对公司财务实践进行了全面、深入的分析和解剖，为财务政策研究和制定的理性化与科学化提供了扎实的事实基础。

本部分研究的具体目的是在收集 2000～2015 年共 16 年的中国上市公司相关的财务数据的基础上，通过能够合理反映公司营运资本政策的指标体系进行计算和评价，力求达到如下目标：首先，从整体上了解中国上市公司营运资本投资管理、营运资本融资管理和营运资本运营效率的现状及其发展变化趋势；其次，区分不同行业，分析行业之间营运资本政策特征的差别和发展变化情况；最后，将中国上市公司营运资本政策与美国、欧盟等国家和地区进行比较分析和研究，更加全面和深入的分析中国上市公司营运资本特点及存在的问题。

本章余下的内容包括：3.2 样本选择和数据来源；3.3 营运资本投资管理分析；3.4 营运资本融资管理分析；3.5 营运资本运营效率分析。

3.2　样本选择和数据来源

（1）本部分研究样本期为 2000～2015 年，中国公司研究对象为中国 A 股主板和创业板上市公司，并删除金融类公司、被 ST 等特别处理期间的样本公司；所有数据来自 CCER 经济金融数据库。

（2）本部分用于比较分析非中国企业数据样本期为 2000～2015 年，美国和欧盟国家或地区的公司财务数据来于 BVD（毕威迪）《全球上市公司分析库——Osiris》，并删除金融、保险类公司、数据缺失和数据异常的公司。最终样本量美国公司数为 7847 家，欧盟国家公司为 4711 家。

（3）数据使用 Stata14 软件和 Excel 进行处理。考虑到本研究样本期跨越的年度长，样本行业和企业差异大，为了减少极值的影响，对连续型变量采用 Winsorize 进行上下 5% 的缩尾处理，最终得到中国上市公司样本为 2539 个公司，25130 个年度公司观测值。

（4）行业分类。在中国证监会 2012 年版《上市公司行业分类指引》对中国上市公司 2015 年第四季度的行业分类结果的基础上，根据研究样本公司的主营业务将上述行业分类结果进行必要的合并，样本在不同行业之间的分布情况如表 3 - 1 所示，样本在不同年度的分布如表 3 - 2 所示。

表 3 - 1　　　　　　　　　中国公司样本行业分布①

行业	公司数（家）	公司比例（%）
农林牧副渔业	40	1.58
采掘业	72	2.84
食品饮料业	104	4.10
纺织服装业	70	2.76
木材家具业	14	0.55
造纸印刷与文体用品制造业	41	1.61
石油化工与橡胶塑料业	263	10.36
医药制造业	147	5.79
金属与非金属业	200	7.88
机械设备业	519	20.44
电子仪器业	247	9.73
其他制造业	17	0.67
电力、热力、燃气及水生产和供应业	89	3.51
建筑业	69	2.72
批发和零售业	147	5.79
交通运输、仓储和邮政业	80	3.15
文艺与新闻传播业	44	1.73

① 本章所有表格均是作者根据样本资料自行制作。

续表

行业	公司数（家）	公司比例（%）
房地产业	134	5.28
信息技术业	131	5.16
其他服务业	86	3.39
综合业	25	0.98
合计	2539	100

表 3-2 中国公司样本年度分布

项目	2000年	2001年	2002年	2003年	2004年	2005年	2006年	2007年	合计
观测值（家）	905	980	1032	1069	1153	1164	1198	1351	8852
比例（%）	3.60	3.90	4.11	4.25	4.59	4.63	4.77	5.38	35.22
项目	2008年	2009年	2010年	2011年	2012年	2013年	2014年	2015年	合计
观测值（家）	1396	1493	1819	2100	2261	2304	2451	2454	16278
比例（%）	5.56	5.94	7.24	8.36	9.00	9.17	9.75	9.77	64.78

3.3　中国上市公司营运资本投资管理分析

　　营运资本投资是企业资本投资的重要组成部分，虽然其价值创造能力较长期资本差，但却关乎企业的流动性安全和财务风险高低，是长期资本价值创造的微观基础。一定规模和比例的营运资本投资必不可少，但过多的营运资本占用会降低企业的价值创造能力。因此，风险规避和价值创造成为营运资本决策权衡的本质约束条件。在营运资本配置的总规模中，不同的配置项目其决策目的各异，对于营运资本决策的风险和价值也具有不同的意义。流动资产比例是反映公司理财水平的重要指标，在风险可控的条件下如何使用最少比例的流动资产促进资本性投资的顺利实施是考察营运资本管理能力的重要指标之一。

本部分分别计算反映以下指标对企业营运资本投资管理进行分析：反映营运资本投资比例的指标；反映营运资本投资结构的指标：经营性流动资产比例和金融性流动资产比例；反映营运资本投资主要项目的指标：现金比例、存货比例和应收款项比例。根据美国和欧盟国家企业可得数据，分别计算以上指标并与中国上市公司指标进行比较分析。

3.3.1　营运资本投资管理指标设计

3.3.1.1　营运资本投资比例

营运资本投资比例越大表明企业配置在营运资本上的规模越大。营运资本理论研究文献通常根据这一比例的大小来界定和划分营运资本投资管理。营运资本投资比例越高，企业的流动性风险越小，这种政策被称为"稳健型"营运资本投资管理；反之，如果将资本配置在营运资本上的比例很小，虽然增加企业的价值创造能力，但是却牺牲了流动性，增加了财务风险，被称之为"激进型"营运资本投资管理。营运资本投资比例指标计算方法如式（3-1）所示。

$$营运资本投资比例 = 流动资产合计 \div 资产合计 \qquad (3-1)$$

3.3.1.2　营运资本投资结构

为了更好地分析营运资本配置的结构，分别计算经营性流动资产比例和金融性流动资产比例。其中经营性流动资产是指企业日常经营活动使用的流动资产，主要包括：货币资金、应收票据、应收账款、存货、其他应收款、预付款项等；金融性流动资产是指与企业主要经营活动无关的流动资产，主要包括：交易性金融资产、应收股利、应收利息、一年内到期的非流动资产等。营运资本投资结构的上述划分意义在于能够更加清晰地分析营运资本配置的风险和价值。就经营性流动资产与金融性流动资产的比较来说，经营性流动资产的配置是服务和配合资本性投资进行价值创造的必要资本，所发挥的作用以及对价值创造的影响要比金融性流动资产大，但是其整体流动性要低；而金融性流动资产表现为一些变现能力非常强的短期金融资产和一些非战略性投资的利息或股息收入，具有广泛的交易市场，这个特征决定了其自身的流动性比非现金经营性流动资产要强很多，是补充经营性营运资本需求的重要渠道，但在企业价值创造中的作用有限。营运资本投资结构指标的计算方法如式（3-2）和式（3-3）所示。

经营性流动资产比例 = (货币资金 + 应收票据 + 应收账款 + 存货 +

其他应收款 + 预付款项) ÷ 流动资产合计

(3-2)

金融性流动资产比例 = (交易性金融资产 + 应收股利 + 应收利息

+ 一年内到期的非流动资产) ÷ 流动资产合计

(3-3)

3.3.1.3 营运资本主要投资项目

现金、存货和应收款项在营运资本投资项目中占据重要地位，也是营运资本投资中比例较高的内容。现金、存货和应收款项的配置和调整是营运资本投资管理的重要内容，对于保证企业流动性和价值创造能力具有重要意义。因此，本部分分别计算上述三个营运资本主要投资项目的规模指标，如式（3-4）、式（3-5）和式（3-6）所示。

现金比例 = (货币资金 + 交易性金融资产) ÷ 流动资产合计

(3-4)

存货比例 = (原材料存货 + 生产存货 + 产成品存货) ÷ 流动资产合计

(3-5)

应收款项比例 = (应收票据 + 应收账款 + 预付款项) ÷ 流动资产合计

(3-6)

以上公式中，非现金项目均为净值。

3.3.2 营运资本投资管理年度特征及比较分析

3.3.2.1 营运资本投资比例分析

表3－3是营运资本投资比例及不同国家的比较分析。

表3－3	营运资本投资比例比较分析		单位：%
年度	中国	美国	欧盟
2000	57.15	48.89	55.98
2001	54.75	47.81	54.52
2002	53.03	47.80	53.98
2003	53.23	49.49	54.08
2004	52.98	50.53	54.07
2005	51.44	50.88	53.35
2006	51.43	51.35	53.26
2007	53.08	51.99	52.37
2008	52.87	50.41	51.67
2009	54.80	49.72	50.14
2010	60.68	50.88	50.22
2011	61.41	50.73	50.34
2012	59.50	49.52	50.18
2013	57.67	49.62	49.74
2014	56.60	48.74	49.82
2015	54.79	47.06	49.65
平均	55.98	49.82	51.68

结果显示，2000～2015年中国上市公司流动资产配置比例平均为55.98%，高于长期资产比例，也高于同期美国公司投资水平（49.82%）和欧盟国家公司水平（51.68%）。

图 3 - 1 是营运资本投资比例年度趋势比较分析。

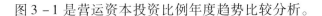

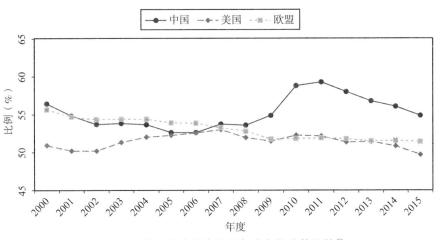

图 3 - 1　营运资本投资比例年度变化趋势比较①

　　结果显示，2000～2015 年中国上市公司营运资本投资比例呈现先下降后上升再下降的波动变化，长期趋势并不明显，2000～2006 年由 57.15% 下降至 51.43%，2007～2011 年开始由 53.23% 上升至 61.41%，2012 年开始不断下降，由 59.60% 下降至 55.98%。美国公司的营运资本投资比例呈现先上升后下降趋势，而欧盟国家企业营运资本投资比例则呈现明显的下降趋势。流动资产在企业总资产中的比例是反映企业理财能力的重要指标，流动资产占用的下降是企业管理水平提高的表现，但也受到投资机会和风险水平的影响。中国企业营运资本投资比例的年度变化特征可以发现 2000～2015 年的 16 年中，2007 年发生全球性经济危机对企业资产配置比例产生影响，导致营运资本投资比例自 2007 年开始上升，一直持续到 2011 年。这期间受到经济环境影响，企业缩减了资本性投资而持有更多的流动性资产以应对流动性风险。不同国家比较表明，中国公司融资渠道少、外部融资的便利性较差，企业营

---

　　① 本章所有图形均是作者根据样本资料自行制作。

运资本投资的流动性风险防范意识较强。

3.3.2.2　营运资本投资管理类型分析

为了便于对营运资本政策的稳健性或激进性进行比较，本部分尝试着将样本公司按照"三等分"法分成三组，即，小于 33% 为一组，33% ~ 66% 为一组，大于 66% 为一组。小于 33% 的定义为"激进型"营运资本投资管理，大于（等于）33% 和小于 66% 的为"适中型"营运资本投资管理，大于（等于）66% 的为"稳健型"营运资本融资管理。

不同国家公司营运资本投资管理分析结果如表 3 - 4 所示，"激进型"营运资本投资管理公司的变化趋势如图 3 - 2 所示。

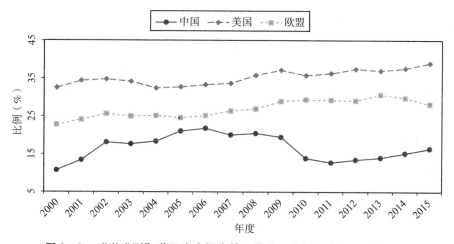

图 3 - 2　"激进型"营运资本投资管理的公司比例年度变化趋势比较

结果显示，2000 ~ 2015 年中国公司执行"激进型"营运资本投资管理的公司比例平均为 16.32%，低于美国公司（35.57%）和欧盟国家公司（27.45%）；其变化趋势为 2000 ~ 2006 年呈现上升趋势，2007 ~ 2010 年呈现快速下降趋势，2010 年以后呈现缓慢的上升趋势；而美国和欧盟国家执行"激进型"营运资本投资管理的公司比例均呈现波动上升趋势。

根据表3-4和图3-3可知，2000~2015年执行"适中型"营运资本投资管理的中国公司比例平均为48.80%，均比美国公司（28.85%）和欧盟国家公司（37.92%）高；从图3-3变化趋势来看，中国公司执行"适中型"营运资本投资管理的比例呈现先下降后上升的趋势，2000~2011年呈现波动下降趋势，2011年以后呈现快速上升；2011年之前美国公司执行"适中型"营运资本投资管理的比例呈现平缓下降趋势，之后则缓慢上升，而欧盟国家公司在2013年之前呈现缓慢上升趋势，之后快速上升。

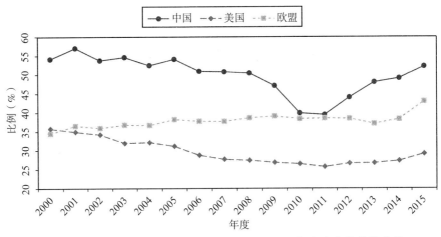

图3-3 "适中型"营运资本投资管理的公司比例年度变化趋势比较

根据表3-4和图3-4可知，2000~2015年执行"稳健型"营运资本投资管理的中国公司比例平均为34.89%，低于美国公司（35.58%），高于欧盟国家公司（34.63%）；从图3-4变化趋势来看，中国公司执行"适中型"营运资本投资管理的比例呈现下降—上升—下降的变化趋势，而美国公司呈现先上升后下降波动变化，长期趋势并不明显，欧盟国家公司则呈现缓慢下降趋势。

表3-4 营运资本投资管理类型比较分析

Panel A 中国公司营运资本投资管理类型分析

类型	2000年	2001年	2002年	2003年	2004年	2005年	2006年	2007年	2008年	2009年	2010年	2011年	2012年	2013年	2014年	2015年	合计
激进型	97	132	187	189	212	245	261	271	286	291	253	269	306	324	373	404	4100
	10.72	13.47	18.12	17.68	18.39	21.05	21.79	20.06	20.49	19.49	13.91	12.81	13.53	14.06	15.22	16.46	16.32
适中型	490	559	555	584	605	630	610	686	704	703	725	828	995	1106	1202	1281	12263
	54.14	57.04	53.78	54.63	52.47	54.12	50.92	50.78	50.43	47.09	39.86	39.43	44.01	48.00	49.04	52.20	48.80
稳健型	318	289	290	296	336	289	327	394	406	499	841	1003	960	874	876	769	8767
	35.14	29.49	28.10	27.69	29.14	24.83	27.30	29.16	29.08	33.42	46.23	47.76	42.46	37.93	35.74	31.34	34.89
合计	905	980	1032	1069	1153	1164	1198	1351	1396	1493	1819	2100	2261	2304	2451	2454	25130

Panel B 美国公司营运资本投资管理类型分析

类型	2000年	2001年	2002年	2003年	2004年	2005年	2006年	2007年	2008年	2009年	2010年	2011年	2012年	2013年	2014年	2015年	合计
激进型	1017	1094	1164	1209	1226	1327	1545	1768	1885	1996	2007	2129	2251	2173	2101	1816	26708
	32.54	34.41	34.79	34.18	32.43	32.72	33.33	33.71	35.86	37.20	35.83	36.37	37.49	37.05	37.65	39.03	35.57
适中型	1118	1111	1145	1129	1214	1263	1332	1451	1440	1439	1481	1503	1597	1565	1520	1354	21662
	35.78	34.95	34.22	31.92	32.11	31.14	28.73	27.66	27.40	26.82	26.44	25.67	26.59	26.68	27.24	29.10	28.85
稳健型	990	974	1037	1199	1341	1466	1759	2026	1931	1930	2114	2222	2157	2127	1960	1483	26716
	31.68	30.64	30.99	33.90	35.47	36.14	37.94	38.63	36.74	35.97	37.74	37.96	35.92	36.27	35.12	31.87	35.58
合计	3125	3179	3346	3537	3781	4056	4636	5245	5256	5365	5602	5854	6005	5865	5581	4653	75086

续表 3 - 4

营运资本投资管理类型比较分析

Panel C 欧盟国家公司营运资本投资管理类型分析

类型	2000年	2001年	2002年	2003年	2004年	2005年	2006年	2007年	2008年	2009年	2010年	2011年	2012年	2013年	2014年	2015年	合计
激进型	361	442	489	497	571	608	681	777	845	928	977	1025	1073	1144	1081	446	11945
	22.76	24.10	25.62	24.96	25.12	24.57	25.14	26.37	26.95	28.93	29.37	29.25	29.10	30.73	29.83	28.14	27.45
适中型	547	670	686	732	834	946	1022	1111	1211	1253	1276	1349	1417	1380	1387	681	16502
	34.49	36.53	35.94	36.77	36.69	38.22	37.73	37.70	38.63	39.06	38.35	38.50	38.43	37.07	38.27	42.97	37.92
稳健型	678	722	734	762	868	921	1006	1059	1079	1027	1074	1130	1197	1199	1156	458	15070
	42.75	39.37	38.45	38.27	38.19	37.21	37.14	35.93	34.42	32.01	32.28	32.25	32.47	32.21	31.90	28.90	34.63
合计	1586	1834	1909	1991	2273	2475	2709	2947	3135	3208	3327	3504	3687	3723	3624	1585	43517

注：每种投资类型包括两行数据，上面一行是执行该型的公司数（家），下面一行是执行该类型的公司占总公司的比例（%）。

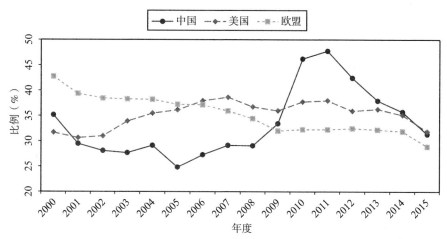

图3-4　"稳健型"营运资本投资管理的公司比例年度变化趋势比较

不同国家公司营运资本投资管理的比较分析表明近一半的中国公司营运资本投资管理在风险性和收益性之间实现较好的均衡；16.32%的公司受到融资约束影响，将大量资本配置在资本性投资中或者使用营运资本投资平滑资本性投资；34.89%的公司营运资本投资的风险意识很强，大量进行营运资本投资。不同国家的比较可以发现，美国和欧盟国家资本市场发达，企业融资便捷，能够很方便的获得不同期限资金，对于流动资产投资的态度更加激进。同时，这些发达经济体的公司拥有成熟的风险管理经验，流动性在企业风险管理中的作用较低，企业资金更多配置在能够创造价值的资本性投资中。

3.3.2.3　营运资本投资结构分析

表3-5是对中国公司营运资本投资结构的分析，图3-5是对中国公司营运资本投资结构年度变化趋势的分析。

表3-5　　　　　　　　中国公司营运资本投资结构分析　　　　　　单位：%

年度	经营性流动资产比例	金融性流动资产比例
2000	95.74	1.91
2001	96.96	1.41

续表

年度	经营性流动资产比例	金融性流动资产比例
2002	96.86	1.36
2003	97.19	1.17
2004	98.16	0.92
2005	98.66	0.68
2006	99.24	0.42
2007	99.06	0.47
2008	99.04	0.39
2009	98.97	0.37
2010	98.94	0.40
2011	98.62	0.42
2012	97.94	0.45
2013	95.99	0.52
2014	95.03	0.54
2015	94.14	0.64
平均	97.33	0.66

注：流动资产中还有极少部分不能明确划分为经营性或金融性，导致产生比例合计差别。

结果显示，2000～2015年中国公司营运资本投资于经营性流动资产比例平均为97.33%，投资于金融性流动资产的比例平均为0.66%；经营性流动资产比例以2006年和2010年为分界点呈现上升—平稳—下降的倒"U"形变化趋势，金融性流动资产比例则呈现正"U"形变化趋势。表明中国企业营运资本投资的经营性特点明显，受中国资本市场发展的影响，企业利用金融市场调节营运资本投资结构的机会少，投资比例偏小。

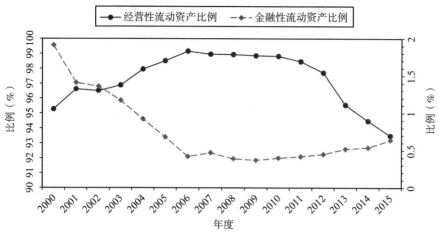

图 3 – 5　中国公司营运资本投资结构年度变化趋势比较

3.3.2.4　营运资本主要投资项目分析

表 3 – 6 对营运资本主要投资项目进行了分析。

表 3 – 6　　　　　　　　营运资本主要投资项目比较分析　　　　　　单位：%

年度	中国			美国			欧盟		
	现金	应收款项	存货	现金	应收款项	存货	现金	应收款项	存货
2000	35.26	26.26	23.02	24.89	31.86	29.16	14.65	25.59	18.95
2001	37.17	25.48	23.90	26.06	30.09	29.12	15.45	26.14	19.62
2002	36.06	26.54	24.58	26.54	30.06	28.61	15.28	25.90	19.27
2003	35.05	27.94	25.64	28.77	29.83	27.05	15.92	25.68	18.78
2004	33.65	27.91	27.41	30.39	29.44	26.41	16.57	26.37	18.72
2005	30.74	28.72	29.34	30.85	28.81	26.27	16.79	26.25	18.26
2006	31.55	29.86	30.30	30.77	28.54	26.19	17.09	25.98	17.53
2007	32.63	29.28	30.51	30.31	28.37	26.03	17.04	25.72	17.84
2008	33.27	27.78	32.09	28.84	27.61	27.26	16.42	24.60	18.42
2009	37.52	27.65	28.95	31.32	27.22	25.64	17.64	23.36	17.22
2010	41.23	26.53	26.91	32.07	27.18	25.39	17.78	23.46	17.21
2011	40.14	27.74	26.82	30.84	27.47	26.56	17.47	23.14	17.63
2012	38.45	28.85	26.72	30.18	27.70	26.58	17.44	22.80	17.59

续表

年度	中国			美国			欧盟		
	现金	应收款项	存货	现金	应收款项	存货	现金	应收款项	存货
2013	34.20	29.99	26.83	32.20	26.94	25.91	18.01	22.15	17.18
2014	32.54	29.99	26.72	32.19	26.58	26.10	18.56	21.80	17.04
2015	33.00	29.81	25.33	32.22	27.21	26.54	19.17	22.61	18.10
平均	35.32	28.43	27.20	30.09	28.29	26.71	17.09	24.26	17.94

根据表 3 – 6 和图 3 – 6 可知，2000～2015 年中国公司现金比例在营运资本投资项目中占比平均为 35.32%，高于美国公司（22.56%）和欧盟国家公司（13.36%）；从年度变化趋势上看中国公司呈现波动下降趋势，而美国公司与欧盟国家公司均呈现波动上升趋势。这一现象表明金融危机、欧债危机对市场投资机会和市场不确定性的影响深远，"现金为王"的管理理念在欧美等发达经济体公司管理者的心目中依然强烈。市场不确定性、税收规制的影响和研发创新投资高等因素被认为是导致美国公司不断增加现金持有比例的主要原因。①

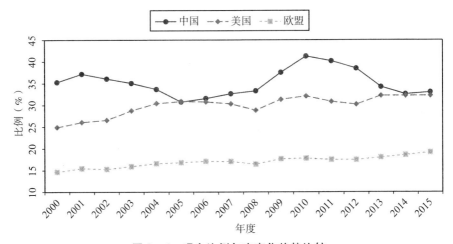

图 3 – 6　现金比例年度变化趋势比较

① http://finance.ifeng.com/a/20140117/11496208_0.shtml.

根据表3-6和图3-7可知，2000～2015年中国公司应收款项在营运资本投资项目中的比例平均为28.43%，比美国公司（27.17%）和欧盟国家公司（25.93%）都要高；从总体变化趋势看，中国公司应收款项比例呈现波动上升趋势，而美国公司和欧盟国际公司均呈现不断下降，特别是2010年之后中国公司则出现明显的上升趋势。这种现象表明，应收款项作为供应链融资的重要组成部分，在资本市场欠发达、融资约束较高的中国企业中发挥的融资作用不断增强，而在金融市场较为发达的成熟经济体中的企业较少的依赖供应链融资。

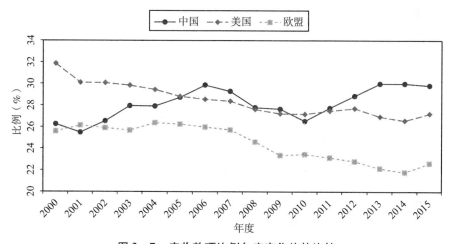

图3-7　应收款项比例年度变化趋势比较

根据表3-6和图3-8可知，2000～2015年中国公司存货在营运资本投资项目中的比例平均为（27.20%），要高于美国公司（23.66%）和欧盟国家公司（18.06%）；从年度变化来看，中国公司存货比例以2008年为分界点呈现先上升后下降趋势，而美国公司和欧洲公司均呈现缓慢下降趋势。企业存货投资是反映经济发展状况和企业预期的重要指标，从上述数据变化中可以看出，经济危机发生以前，中国经济快速发展，企业存活投资也呈现出非常显著的增长趋势，而经济危机后则明显回落。经济危机对美国和欧盟企业存货投资的影响程度没有中国高，并且在近期呈现积极的变化趋势。与美国和欧盟国家近年经济企稳回升的趋势一致。

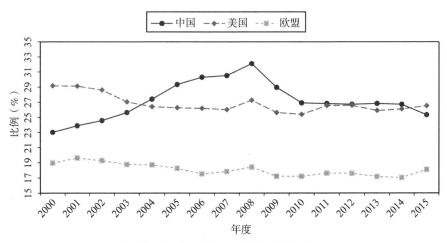

图3-8　存货比例年度变化趋势比较

3.3.3　营运资本投资管理行业特征及比较分析

3.3.3.1　营运资本投资比例分析

表3-7对不同行业营运资本投资比例进行了分析。

表3-7　　　　　不同行业营运资本投资比例及结构比较　　　　单位：%

行业	营运资本投资比例	经营性流动资产	金融性流动资产
农林牧副渔业	55.51	97.67	0.61
采掘业	43.28	97.64	0.50
食品饮料业	53.88	97.18	0.54
纺织服装业	57.26	96.72	0.61

续表

行业	营运资本投资比例	经营性流动资产	金融性流动资产
木材家具业	51.60	96.61	0.64
造纸印刷与文体用品制造业	47.75	97.82	0.43
石油化工与橡胶塑料业	47.35	97.52	0.51
医药制造业	56.56	97.39	0.66
金属与非金属业	50.02	97.69	0.51
机械设备业	64.90	97.38	0.60
电子仪器业	63.06	97.29	0.54
其他制造业	68.08	97.36	0.55
电力、热力、燃气及水生产和供应业	29.55	97.25	0.92
建筑业	71.04	98.13	0.70
批发和零售业	57.72	96.79	0.83
交通运输、仓储和邮政业	31.40	96.10	1.43
文艺与新闻传播业	52.62	96.86	0.72
房地产业	71.94	98.01	0.61
信息技术业	71.63	97.11	0.73
其他服务业	47.99	96.68	0.82
综合业	58.74	97.60	0.95

结果显示，2000~2015年中国21个行业中有15个行业企业的流动资产占总资产的比例超过50%，最高的行业为房地产业，这一比例达到71.94%；有6个行业的营运资本投资比例在50%以下，其中电力、热力、燃气及水生产和供应业最低，仅为29.55%。

不同行业之间的ANOVA（F值=551.55，P=0.00）分析显示营运资本投资比例在行业之间的差异显著；不同行业之间的两两配对检验显示210个行业组有175个行业组之间的均值差异显著，占总行业组的83%。除了理财能力差异的影响，行业性质的不同，对不同类型资产的依赖规模和依赖程度各异，营运资本投资比例在不同行业之间存在较为明显的差异。房地产行业是中国近年来发展最为快速的行业，房地产流动资产比例的高企也正好说明了这一点。

图3-9是不同行业2000~2015年营运资本投资比例变化趋势的比较分析。

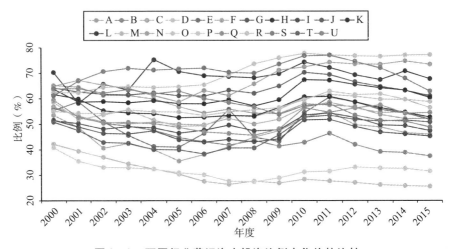

图3-9 不同行业营运资本投资比例变化趋势比较

注：A为农林牧副渔业；B为采掘业；C为食品饮料业；D为纺织服装业；E为木材家具业；F为造纸印刷与文体用品制造业；G为石油化工与橡胶塑料业；H为医药制造业；I为金属与非金属业；J为机械设备业；K为电子仪器业；L为其他制造业；M为电力、热力、燃气及水生产和供应业；N为建筑业；O为批发和零售业；P为交通运输、仓储和邮政业；Q为文艺与新闻传播业；R为房地产业；S为信息技术业；T为其他服务业；U为综合业。

结果显示，不同行业间营运资本投资比例的波动逐步扩大，大部分行业的营运资本投资比例在不同年度表现较为稳定，但个别行业如：纺织服装业（D）、木材家具业（E）、造纸印刷与文体用品制造业（F）三个行业不同年度营运资本投资比例波动较大。

3.3.3.2 营运资本投资管理类型分析

表3-8对不同行业营运资本投资管理进行了比较分析。

表3-8　　　　　　　　不同行业营运资本投资管理类型比较　　　　单位：%

行业	激进型	适中型	稳健型
农林牧副渔业	12.33	57.64	30.03
采掘业	37.13	49.38	13.49
食品饮料业	9.06	66.89	24.06
纺织服装业	6.69	61.07	32.24
木材家具业	14.81	64.44	20.74
造纸印刷与文体用品制造业	13.97	73.32	12.72
石油化工与橡胶塑料业	23.80	60.16	16.04
医药制造业	6.56	66.27	27.18
金属与非金属业	20.99	58.30	20.71
机械设备业	1.53	49.04	49.43
电子仪器业	5.05	48.58	46.37
其他制造业	0.00	45.38	54.62
电力、热力、燃气及水生产和供应业	68.55	29.11	2.35
建筑业	3.04	30.40	66.56
批发和零售业	13.77	47.25.	38.98
交通运输、仓储和邮政业	64.68	30.28	5.05
文艺与新闻传播业	15.83	56.65	27.52
房地产业	7.13	23.98	68.90
信息技术业	2.53	29.04	68.43
其他服务业	30.51	45.95	23.54
综合业	14.70	42.65	42.65

　　结果显示，2000～2015年电力、热力、燃气及水生产和供应业（M）、交通运输、仓储和邮政业（P）两个行业的企业使用激进型营运资本政策的公司比例最高，分别达到64.68%和68.55%；21个行业中电子仪器业（K）、房地产业（R）、纺织服装业（D）、机械设备业（J）、建筑业（N）、其他制造业（L）、食品饮料业（C）、信息技术业

（S）、医药制造业（H）9 个行业的公司执行"激进型"营运资本投资管理的比例在 10% 以下，其中其他制造业为 0。

2000～2015 年，21 个行业中有 9 个行业的企业"适中型"营运资本投资管理的比例超过 50%，最高的是造纸印刷与文体用品制造业（F）达到 73.32%；有房地产业（R）、信息技术业（S）、电力、热力、燃气及水生产和供应业（M）3 个行业的企业"适中型"营运资本投资管理的比例最低，均在 30% 以下。

2000～2015 年，房地产业（R）、信息技术业（S）和建筑业（N）3 个行业的企业执行"稳健型"营运资本投资管理的比例最高，均在 60% 以上；最低的行业是交通运输、仓储和邮政业（P）与电力、热力、燃气及水生产和供应业（M）2 个行业，分别为 5.05% 和 2.35%。

总体来说，各行业执行"适中型"营运资本投资管理的特征较为明显。不同行业营运资本投资管理的类型是行业特点和管理理念的总和影响结果，虽然行业特征在其中应该发挥主要影响作用，但管理者对风险的管控能力可能成为决定一个企业执行什么样营运资本投资管理的重要因素。

3.3.3.3　营运资本投资结构分析

表 3-7 对营运资本投资结构进行分析。结果显示不同行业的经营性流动资产比例均值差异并不大，最高的行业是建筑业（N）为 98.13%，最低行业是交通运输、仓储和邮政业（P）为 96.10%。不同行业之间的 ANOVA（F 值 =9.94，P=0.00）分析显示经营性流动资产比例在行业之间的差异显著；不同行业之间的两两配对检验显示 210 个行业组有 40 个行业组之间的均值差异显著，占总行业组的 19%，大部分行业组之间差异并不明显。持有金融性流动资产比例最高的行业是交通运输、仓储和邮政业（P）为 1.43%，最低行业是造纸印刷与文体用品制造业（F）仅为 0.43%，其他行业之间均值差异并不大。不同行业之间的 ANOVA（F 值 =20.22，P=0.00）分析显示经营性流动资产比例在行业之间的差异显著；不同行业之间的两两配对检验显示 210 个行

业组有 50 个行业组之间的均值差异显著，占总行业组的 24%，大部分
行业组之间的差异并不明显。

　　图 3-10 对不同行业 2000~2015 年经营性流动资产比例变化趋势
进行比较分析。

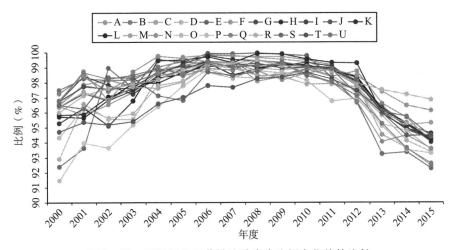

图 3-10　不同行业经营性流动资产比例变化趋势比较

注：行业代码与行业名称同图 3-9。

　　结果显示，经营性流动资产比例在不同行业之间的波动差距并不明
显；行业不同年度的营运资本投资比例波动特征为：2005~2010 年不同
行业的经营性流动资产比例较为稳定，但 2000~2004 年、2012~2015
年两个时间段内呈现出较为明显的波动。2005~2010 年的时间段内发生
了全球性的经济危机，对全行业的影响较为普遍，导致企业的生产性流
动资产周转降低。

　　图 3-11 对不同行业 2000~2015 年金融性流动资产比例变化趋势
进行了比较分析。

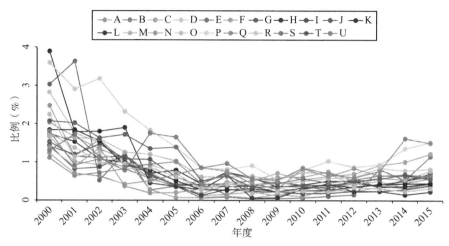

图 3 - 11　不同行业金融性流动资产比例变化趋势比较

注：行业代码与行业名称同图 3 - 9。

结果显示，2007 年之前大部分行业的金融性流动资产比例呈现不断下降趋势，行业之间的波动差异程度较大；但 2007 年之后波动趋势较为平稳，而且行业之间的波动差异缩小，持有政策更趋于一致。表明金融性流动资产作为企业流动性调节的重要手段，在经济危机发生以来受到企业重视，保持较为稳定的持有比例。

3.3.3.4　营运资本主要投资项目分析

表 3 - 9 是不同行业企业营运资本主要投资项目的比较分析。

表 3 - 9　　　　　　不同行业营运资本主要投资项目比较　　　　　单位：%

行业	现金	应收款项	存货
农林牧副渔业	33.00	16.70	40.19
采掘业	36.19	30.87	21.62
食品饮料业	35.48	19.26	36.02
纺织服装业	32.52	24.24	33.87
木材家具业	32.97	20.73	36.24

续表

行业	现金	应收款项	存货
造纸印刷与文体用品制造业	33.55	31.86	28.48
石油化工与橡胶塑料业	33.63	33.07	26.09
医药制造业	36.80	30.99	22.99
金属与非金属业	30.34	30.75	32.29
机械设备业	32.25	35.34	25.83
电子仪器业	38.42	33.65	21.03
其他制造业	26.33	22.60	41.66
电力、热力、燃气及水生产和供应业	42.28	31.76	15.00
建筑业	25.79	29.98	33.63
批发和零售业	37.36	22.60	28.51
交通运输、仓储和邮政业	53.93	22.48	11.45
文艺与新闻传播业	44.39	25.99	16.35
房地产业	23.13	13.95	49.89
信息技术业	48.97	28.42	14.38
其他服务业	45.31	22.91	18.36
综合业	29.16	20.86	36.09

结果显示，电力、热力、燃气及水生产和供应业（M）等5个行业的现金持有比例大于40%，最高的是交通运输、仓储和邮政业（P）达到53.93%；房地产业（R）等4个行业持有比例在30%以下，最低的是房地产业（R）只有23.13%；其余行业的现金持有比例处在30%～40%。不同行业之间的ANOVA（F值＝168.31，P＝0.00）分析显示行业之间的现金持有比例差异显著；不同行业之间的两两配对检验显示210个行业组有149个行业组之间的均值差异显著，占总行业组的71%，大部分行业之间现金比例的差异明显。

图3-12是不同行业现金比例变化趋势的比较分析。2000～2006年现金比例在不同行业之间的波动程度较为平稳，波动的趋势大致相同，

但2006年之后不同行业之间的波动差异程度不断增加。

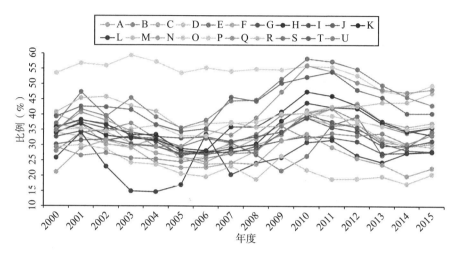

图3－12　不同行业现金比例变化趋势比较

注：行业代码与行业名称同图3－9。

企业现金持有的行业差异受到已有文献的关注，不同行业的竞争程度、风险程度和盈利能力是影响行业中企业现金持有的主要因素。本研究的样本中，持有现金最低的是房地产业，房地产的高速发展和较高的盈利能力使得其持有较少的现金，而持有最高的交通运输、仓储和邮政业则具有较强的竞争特征和较高的风险水平，持有较高的现金是支持流动性管理的需要。

表3－9应收款项持有情况分析结果显示，2000～2015年房地产业（R）、农林牧副渔业（A）、食品饮料业（C）的企业应收款项持有比例在20%以下，最低的行业为房地产业（R）仅为13.95%；有金属与非金属业（I）等8个行业持有比例在30%以上，最高的是机械设备业（J），达到35.34%；其他行业均在20%～30%之间。不同行业之间的ANOVA（F值＝258.49，P＝0.00）分析显示行业之间的现金持有比例差异显著；不同行业之间的两两配对检验显示210个行业组有157个行

业组之间的均值差异显著，占总行业组的75%，大部分行业之间应收款项比例的差异明显。

图3-13不同行业2000~2015年应收款项比例变化趋势的比较分析显示，2001年之后应收款项比例在大部分行业的波动程度较大，并且呈现不断扩大趋势。

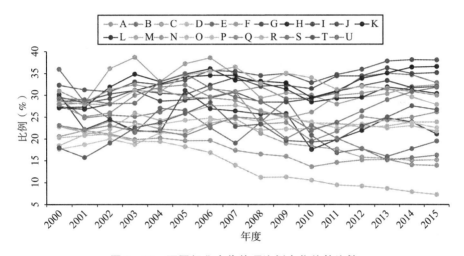

图3-13　不同行业应收款项比例变化趋势比较

注：行业代码与行业名称同图3-9。

应收款项的高低主要受到企业市场竞争地位和行业供应链周转特征影响。样本中持有应收账款20%以下的行业中，房地产业销售的客户大部分是现销，而食品饮料业属于快消行业，产品的周转速度快，占用在应收上的资金较少，农林牧副渔业的产品生产具有季节性特征，产品生产周期长，对于供应链风险的管控意识较强，应收款资金占用的可能性较低。

表3-9不同行业存货持有情况分析结果显示，2000~2015年，存货持有比例在40%以上的行业有农林牧副渔业（A）、其他制造业（L）与房地产业（R），其中房地产业（R）最高，达49.89%；交通运输、

仓储和邮政业（P）、信息技术业（S）、电力、热力、燃气及水生产和供应业（M）、文艺与新闻传播业（Q）与其他服务业（T）5 个行业持有比例在 20% 以下；其他行业均在 20% ~ 40% 之间。不同行业之间的 ANOVA（F 值 = 424.38，P = 0.00）分析显示行业之间的现金持有比例差异显著；不同行业之间的两两配对检验显示 210 个行业组有 183 个行业组之间的均值差异显著，占总行业组的 87%，大部分行业之间存货比例的差异明显。

图 3 - 14 是不同行业存货比例变化趋势的分析结果显示，存货比例在大部分行业的波动程度较为明显，2005 年之后农林牧副渔业（A）、木材家具业（E）、其他制造业（L）和房地产业（R）4 个行业与其他行业差异扩大，并且在不同年度之间的波动较大。

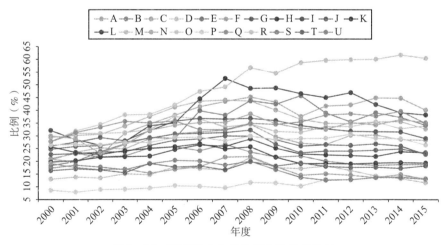

图 3 - 14 不同行业存货比例变化趋势比较

注：行业代码与行业名称同图 3 - 9。

存货在企业中的表现形式大部分处于供应链阶段的实物形态，生产经营特征的差异使得行业存货持有差异显著。持有存货较高的行业，其典型的生产特征是实物产品的生产制造，而持有较低行业则是提供服务、劳务等非实务产品。当然，存货投资的多少也会受到企业对经济前景的预期影响，或者是过于预期的结果。例如房地产业持有存货最高，这是该行业繁荣发展、投资机会丰富的结果，成为去库存较为典型的行业。

3.4　中国上市公司营运资本融资管理分析

营运资本融资管理的内容主要包括满足营运资本投资资金需求所进行的融资来源及其资金来源结构决策。如果企业不能以合理的成本水平获得资金来源以满足债务支付需要同样会带来流动性风险，稳定可靠的融资来源是流动性管理的首要防线（埃里克·班克斯，2011）[113]。营运资本融资决策的约束条件是资本成本与财务风险的权衡。流动负债是企业负债的重要组成部分，是企业营运资本融资的主要来源渠道，其偿债期限短，灵活性小，是导致企业财务困境的重要因素之一，但是其资本成本较低。如果企业较少地依赖短期融资，较多地使用长期的、资本性的融资，人们称之为"稳健型"的营运资本融资管理，其财务风险小，资本成本高。与之相反，"激进型"的营运资本融资管理会使用较多的短期融资来满足短期投资需要，甚至出现短期融资供长期投资需要的"短债常用"现象。这种情况下，虽然资本成本低，但清偿短期债务的交易成本高、资金使用的稳定性差，财务风险高，短期资金来源容易受到金融市场政策调整和利率变化的影响。营运资本融资来源中不同项目的成本和风险存在差异，通过不同项目的调整可以实现营运资本融资决策的优化。本部分通过计算反映营运资本短期融资来源比例指标、营运资本短期融资来源结构指标和营运资本融资的主要项目指标，对企业营运资本融资管理进行了分析。

3.4.1 营运资本融资管理指标设计

3.4.1.1 营运资本融资渠道

满足营运资本投资的资金来源可以有内部资金来源和外部资金来源，有长期资金来源和短期资金来源。其中使用短期资金的比例体现了企业营运资本融资管理对于成本和风险的态度。

流动负债比例用来测度企业的总负债中通过短期资金方式融资的规模，也是企业财务风险的重要衡量指标，该指标越大对企业流动性管理能力的要求越高。其计算方法如式（3-7）所示。

$$流动负债比例=流动负债合计÷负债合计 \qquad (3-7)$$

营运资本短期融资比例说明企业营运资本短期来源的比例，指标数值越大，说明使用长期资金来源满足营运资本需要的比例越小，是划分营运资本政策的重要指标。其计算方法如式（3-8）所示。

$$营运资本短期融资比例=流动负债合计÷流动资产合计 \qquad (3-8)$$

3.4.1.2 营运资本融资结构

为了更好地反映流动负债的结构，根据流动负债的来源性质分别计算：经营性流动负债比例、金融性流动负债比例，其中经营性流动负债是由于日常经营活动形成的流动负债，具体包括：应付账款、应付票据、预收款项、应付职工薪酬、应交税费、其他应交款、其他应付款等；金融性流动负债是由于非经营活动形成的流动负债，主要包括：短期借款、应付股利、应付利息、交易性金融负债、一年内到期的非流动负债等。经营性流动负债是企业经营过程中自然形成的短期负债，大部分项目的使用成本较低和不具有刚性偿还特征，其风险性相对较小。而金融性流动负债大多表现为银行借款为主的短期债务，其刚性支付特征强，往往成为企业破产的重要原因，具有非常大的财务风险，在企业的营运资本资金来源中只能处于补充地位，是企业流动性管理的重要挑战。两个指标的计算方法如式（3-9）和式（3-10）所示。

经营性流动负债比例 =（应付票据 + 应付账款 + 应付职工薪酬 + 预收款项 +

应交税费 + 其他应付款）÷ 流动负债合计　（3 − 9）

金融性流动负债比例 =（短期借款 + 交易性金融负债 + 应付股利 + 应付利息

+ 一年内到期的非流动负债）÷ 流动负债合计

（3 − 10）

3.4.1.3　营运资本主要融资项目

短期借款和应付款项是营运资本融资来源中的主要项目，在营运资本融资项目中占据重要比例。短期借款是企业经营性债务之外补充营运资本资金需求的重要渠道，也是企业财务风险的重要引发因素，成为企业融资决策的重要内容，很容易受到公司特征、行业、治理水平以及宏观政策的影响（王汀汀等，2015）[114]。应付款项是企业经营过程中自然形成的债务，也是企业利用商业信用进行短期融资的方式，是商业信用理论研究关注的热点。商业信用在企业中不仅发挥替代融资的作用（余明桂和潘红波，2008）[115]，而且提供商业信用融资可以成为企业扩大销售、保持与顾客良好关系的手段（Giannetti et al.，2010）[116]。两个指标的计算方法如式（3 − 11）和式（3 − 12）所示。

短期借款比例 =（短期借款 + 交易性金融负债）÷ 流动负债合计

（3 − 11）

应付款项比例 =（应付票据 + 应付账款 + 预收款项）÷ 流动负债合计

（3 − 12）

3.4.2　营运资本融资管理年度特征及比较分析

3.4.2.1　营运资本融资规模分析

表 3 − 10 对不同国家公司流动负债比例及其满足营运资本资金需求程度进行了分析。

表 3 - 10 营运资本融资来源比较分析 单位：%

年度	中国		美国		欧盟	
	流动负债比例	短期融资比例	流动负债比例	短期融资比例	流动负债比例	短期融资比例
2000	86.50	68.17	62.14	59.59	64.95	56.37
2001	86.62	73.19	62.21	61.63	64.55	57.87
2002	86.48	77.07	63.16	63.67	63.62	57.97
2003	86.24	81.77	63.50	62.59	64.23	58.60
2004	85.76	85.57	64.16	61.26	64.82	57.75
2005	86.30	94.29	65.07	61.60	64.82	57.46
2006	86.03	94.91	67.13	62.16	65.16	56.46
2007	85.11	90.89	68.79	63.66	64.98	56.19
2008	85.17	89.44	67.65	65.84	64.68	57.72
2009	82.80	82.73	66.56	65.93	63.19	56.04
2010	83.84	69.77	66.43	65.49	63.99	55.72
2011	84.75	65.95	65.72	65.97	64.27	56.35
2012	83.55	67.08	64.39	66.43	64.59	56.60
2013	82.34	69.71	62.97	65.01	64.23	56.36
2014	82.24	71.35	60.55	63.58	63.46	55.02
2015	81.64	72.34	55.48	61.16	60.68	54.87
平均	84.18	76.55	64.31	63.82	64.20	56.61

　　结果显示，2000～2015 年，中国公司营运资本融资中流动负债比例平均为84.18%，比美国公司流动负债比例（64.31%）高出 19.87 个百分点，比欧盟国家公司（64.20%）高出 19.98 个百分点，处在比较高的水平。这一现象存在的原因是中国资本市场欠发达，企业直接融资渠道有限，只能依靠大量的以银行贷款为主要方式的间接融资方式。从发展趋势上看，中国公司流动负债融资除了 2009～2011 年出现明显上升趋势以外，整体上呈现缓慢下降趋势，与中国不断完善和发展的资本

市场有着紧密的联系。而美国公司以 2007 年为界限呈现先上升后下降的趋势，欧盟国家公司则呈现缓慢下降趋势。

2000～2015 年，中国公司流动负债融资满足营运资本资金需求程度的平均值为 76.55%，高于美国公司（63.82%）和欧盟国家公司（56.61%）。

图 3 - 15 和图 3 - 16 分别是流动负债比例的变化趋势和比较、营运资本短期融资比例的年度变化趋势和比较。

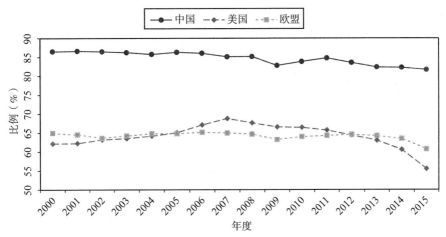

图 3 - 15　流动负债比例年度变化趋势比较

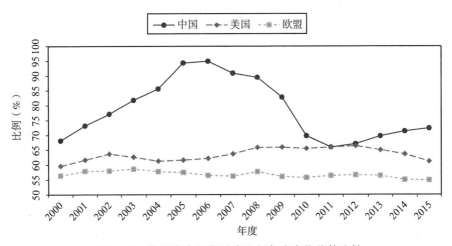

图 3 - 16　营运资本短期融资比例年度变化趋势比较

从结果可以看出，中国公司营运资本短期融资比例在 2000～2006 年呈现明显上升趋势，2006～2011 年呈现明显下降趋势，2011 年之后呈现缓慢下降趋势。这一现象表明 2006～2011 年受经济危机影响，宏观经济流动性下降，企业风险防范意识增强，中国公司营运资本短期融资来源比例下降。美国公司呈现波动变化，但长期趋势并不明显，欧盟国家公司则呈现缓慢下降趋势。

3.4.2.2 营运资本融资管理类型分析

为了比较营运资本融资管理类型，根据营运资本短期融资比例按照"三等分"法将样本分成三组：小于 33% 为一组，33%～66% 为一组，大于 66% 为一组。营运资本短期融资比例小于 33% 的为"稳健型"营运资本融资管理，大于（等于）33% 和小于 66% 的为"适中型"营运资本融资管理，大于（等于）66% 的为"激进型"营运资本融资管理。

表 3-11 对营运资本融资管理类型进行了比较分析。

不同国家公司营运资本融资管理类型分析结果如表 3-11 所示。图 3-17 是不同国家"稳健型"营运资本融资管理公司比例年度变化趋势比较。

结果显示，2000～2015 年中国公司执行"稳健型"营运资本融资管理的比例平均为 17.07%，低于同期美国公司（24.45%）7.38 个百分点和欧盟国家公司（23.19%）6.12 个百分点。从发展趋势可以看出，中国公司比例 2000～2006 年不断下降，2007～2011 年快速上升，之后呈现下降趋势。而美国公司和欧盟国家公司呈现波动变化，长期趋势不是十分明显。

根据表 3-11 和图 3-18 可知，2000～2015 年中国公司"适中型"营运资本融资管理的比例平均为 30.22%，高于美国公司（25.80%）4.42 百分点，但低于欧盟国家公司（39.71%）9.49 个百分点。变化趋势特征显示中国公司 2000～2006 年显著下降，之后波动上升。而美国公司 2000～2009 年呈现小幅波动下降，之后呈现小幅波动上升趋势，欧盟国家公司 2000～2012 年呈现波动下降趋势，之后呈现上升趋势。

图 3-18 是不同国家"适中型"营运资本融资管理公司比例年度变化趋势比较分析。

表3-11 营运资本融资管理类型比较分析

Panel A 中国公司营运资本融资管理类型分析

类型	2000年	2001年	2002年	2003年	2004年	2005年	2006年	2007年	2008年	2009年	2010年	2011年	2012年	2013年	2014年	2015年	合计
稳健型	116	118	112	95	103	89	88	106	133	202	468	583	609	515	502	450	4289
	12.82	12.04	10.85	8.89	8.93	7.65	7.35	7.85	9.53	13.53	25.73	27.76	26.93	22.35	20.48	18.34	17.07
适中型	381	362	334	318	305	247	239	349	378	420	497	628	696	751	830	859	7594
	42.10	36.94	32.36	29.75	26.45	21.22	19.95	25.83	27.08	28.13	27.32	29.90	30.78	32.60	33.86	35.00	30.22
激进型	408	500	586	656	745	828	871	896	885	871	854	889	956	1038	1119	1145	13247
	45.08	51.02	56.78	61.37	64.61	71.13	72.70	66.32	63.40	58.34	46.95	42.33	42.28	45.05	45.65	46.66	52.71
合计	905	980	1032	1069	1153	1164	1198	1351	1396	1493	1819	2100	2261	2304	2451	2454	25130

Panel B 美国公司营运资本融资管理类型分析

类型	2000年	2001年	2002年	2003年	2004年	2005年	2006年	2007年	2008年	2009年	2010年	2011年	2012年	2013年	2014年	2015年	合计
稳健型	861	823	778	873	958	1056	1210	1303	1178	1223	1272	1313	1323	1356	1375	1164	18066
	27.62	25.98	23.35	24.82	25.49	26.22	26.41	25.37	22.76	23.15	23.25	22.91	22.51	23.64	25.20	25.68	24.45
适中型	892	866	914	971	1072	1089	1180	1263	1270	1272	1371	1388	1412	1427	1389	1292	19068
	28.62	27.34	27.43	27.60	28.53	27.04	25.76	24.60	24.54	24.08	25.06	24.22	24.03	24.87	25.46	28.50	25.80
激进型	1364	1479	1640	1674	1728	1882	2191	2569	2727	2787	2827	3030	3142	2954	2692	2077	36763
	43.76	46.69	49.22	47.58	45.98	46.73	47.83	50.03	52.70	52.76	51.68	52.87	53.46	51.49	49.34	45.82	49.75
合计	3117	3168	3332	3518	3758	4027	4581	5135	5175	5282	5470	5731	5877	5737	5456	4533	73897

续表 3 - 11

营运资本融资管理类型比较分析

Panel C 欧盟国家公司营运资本融资管理类型分析

类型		2000 年	2001 年	2002 年	2003 年	2004 年	2005 年	2006 年	2007 年	2008 年	2009 年	2010 年	2011 年	2012 年	2013 年	2014 年	2015 年	合计
稳健型		337	354	381	375	452	531	613	691	696	803	832	865	919	898	922	381	10050
		21.30	19.34	20.00	18.89	19.96	21.53	22.72	23.49	22.24	25.06	25.08	24.83	25.10	24.36	25.62	24.08	23.19
适中型		715	801	818	850	952	994	1093	1177	1172	1218	1290	1297	1333	1405	1426	668	17209
		45.20	43.77	42.94	42.82	42.05	40.31	40.51	40.01	37.46	38.01	38.88	37.23	36.40	38.12	39.62	42.23	39.71
激进型		530	675	706	760	860	941	992	1074	1261	1183	1196	1322	1410	1383	1251	533	16077
		33.50	36.89	37.06	38.29	37.99	38.16	36.77	36.51	40.30	36.92	36.05	37.94	38.50	37.52	34.76	33.69	37.10
合计		1582	1830	1905	1985	2264	2466	2698	2942	3129	3204	3318	3484	3662	3686	3599	1582	43336

注：每种投资类型类型包括两行数据，上面一行是执行该类型的公司数（家），下面一行是执行该类型的公司占总公司的比例（%）。

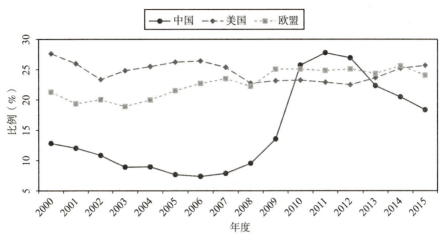

图 3 - 17 不同国家"稳健型"营运资本融资管理公司比例年度变化趋势比较

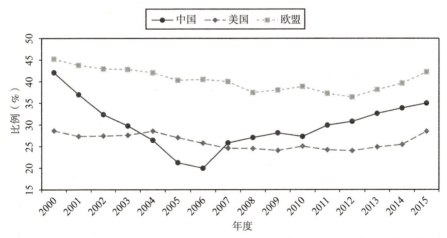

图 3 - 18 不同国家"适中型"营运资本融资管理公司比例年度变化趋势比较

图 3 - 19 是不同国家"激进型"营运资本融资管理公司比例年度变化趋势比较分析。

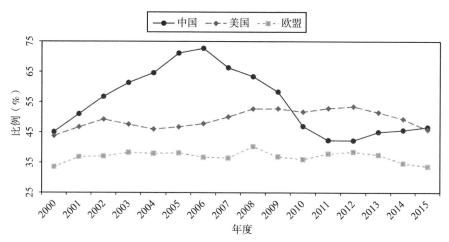

图 3 - 19　不同国家"激进型"营运资本融资管理公司比例年度变化趋势比较

根据表 3 - 11 和图 3 - 19 可知，2000~2015 年中国公司执行"激进型"营运资本融资管理的比例平均为 52.71%，高于美国公司（49.75%）2.96 个百分点，高于欧盟国家公司（37.10%）15.61 个百分点。变化趋势特征显示，中国公司执行这一政策的比例以 2006 年和 2011 年为分界点呈现快速上升—快速下降—缓慢上升的变化趋势。而美国公司呈现反复的上升和下降的变化，长期趋势不够明显，欧盟国家公司则呈现小幅波动，长期趋势并不显著。

以上分析表明，受中国资本市场发展影响，企业长期融资来源受限，使用短期资金满足营运资本资金需求的比例比其他国家都要高，但是金融危机对中国企业短期资金融资比例产生显著影响，从 2008年这一比例呈现近似于直线下滑，一直延续到 2011 年才出现上升趋势。

3.4.2.3　营运资本融资结构分析

表 3 - 12 对中国公司营运资本融资结构进行了分析。

表 3 – 12   中国公司营运资本融资结构分析   单位：%

年度	经营性流动负债比例	金融性流动负债比例
2000	47.38	51.22
2001	45.70	52.84
2002	50.51	48.00
2003	52.07	46.47
2004	53.47	45.21
2005	54.81	43.40
2006	57.90	40.25
2007	58.54	39.90
2008	59.01	39.47
2009	62.58	35.59
2010	67.19	30.60
2011	66.03	31.84
2012	66.97	30.90
2013	66.48	31.60
2014	66.62	31.43
2015	65.63	32.01
平均	61.08	37.05

注：流动负债中还有极少部分不能明确划分为经营性或金融性，导致产生比例合计差别。

结果显示，2000～2015 年中国公司营运资本融资来源中经营性流动负债平均占比为 61.08%，而金融性流动负债占比平均为 37.05%。

图 3 – 20 是中国公司营运资本融资结构年度变化趋势。

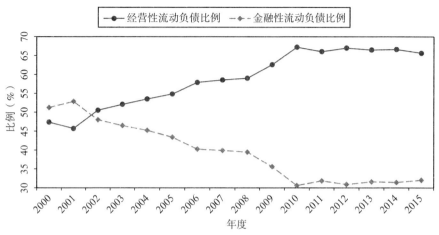

图 3 – 20　中国公司营运资本融资结构年度变化趋势

结果显示，16 年来中国公司使用经营性流动负债进行营运资本融资的比例在 2002～2010 年快速上升，2010 年之后呈现平稳变化趋势，而金融性流动负债比例则呈现相反的变化趋势。以上现象表明，中国金融市场发展滞后，企业短期资金来源依赖资本市场的比例较低，仅有的金融性短期负债中，大部分表现为银行短期借款。企业短期头寸的调剂主要依靠供应链融资，这一问题的存在将会导致企业供应链管理的压力增加、供应链关系恶化，对企业之间的商业交易和整个市场的商业活动繁荣产生负面影响。

3.4.2.4　营运资本主要融资项目分析

表 3 – 13 对不同国家营运资本主要融资项目进行了比较分析。

表 3 – 13　　　　　　　营运资本主要融资项目比较分析　　　　　　单位：%

年度	中国		美国		欧盟	
	短期借款	应付款项	短期借款	应付款项	短期借款	应付款项
2000	38.91	28.21	21.84	36.27	24.77	34.65
2001	41.21	28.90	22.18	34.02	26.33	32.90

续表

年度	中国		美国		欧盟	
	短期借款	应付款项	短期借款	应付款项	短期借款	应付款项
2002	42.03	33.45	22.14	33.75	26.08	32.16
2003	41.69	35.53	20.61	34.16	25.80	31.67
2004	40.36	36.65	18.96	35.03	25.22	32.56
2005	38.45	37.54	18.06	34.69	24.56	32.60
2006	35.84	39.56	18.60	35.22	24.33	32.69
2007	34.91	39.64	18.85	35.06	24.51	32.49
2008	34.27	40.98	19.63	34.74	26.43	31.13
2009	30.78	44.73	19.57	33.60	25.15	30.52
2010	25.85	48.57	18.83	33.59	24.49	31.54
2011	26.27	48.32	18.75	33.81	24.49	31.78
2012	25.93	49.27	19.63	33.35	24.82	31.50
2013	26.16	48.67	18.47	32.72	23.97	31.36
2014	25.21	47.35	17.99	32.53	22.66	31.97
2015	25.83	45.95	16.68	32.20	18.95	35.47
平均	31.24	42.95	19.24	33.95	24.57	32.08

　　结果显示，2000～2015 年中国公司营运资本融资来源中，依靠短期借款的比例平均为 31.24%，高于美国公司（19.24%）12 个百分点，比欧盟国家公司（24.57%）高 6.67 个百分点。图 3－21 是不同国家公司使用短期借款进行营运资本融资比例的年度变化趋势。中国公司在2000～2010 年呈现快速下降趋势，之后呈现平稳变化。美国公司和欧盟国家公司均呈现小幅变化和下降趋势。

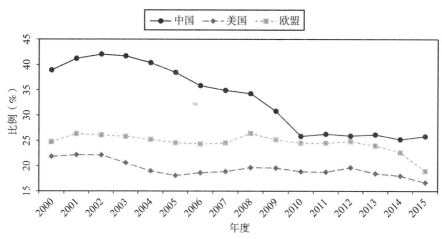

图 3 - 21   短期借款营运资本比例年度变化趋势比较

图 3 - 22 对不同国家公司使用应付款项进行营运资本融资的比例年度变化趋势。

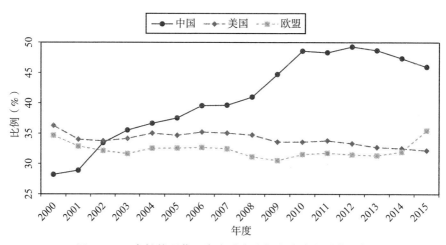

图 3 - 22   应付款项营运资本融资比例年度变化趋势比较

根据表 3 - 13 和图 3 - 22 可知, 2000 ~ 2015 年中国公司依靠应付款项进行营运资本融资的比例平均为 42.95% , 比美国公司 (33.95%)

高出 9 个百分点，比欧盟国家公司（32.08%）高出 10.87 个百分点。图 3–22 的发展趋势显示中国公司使用应付款项进行营运资本融资的比例呈现持续上升趋势，而美国公司和欧盟国家公司则呈现小幅波动变化。这一现象表明中国企业在快速的经济发展中成长速度不断加快。

以上现象可以看出，中国企业短期资金来源有两个主要途径，其比例均高于其他国家公司，表明中国企业短期资金来源除了依赖银行和供应链之外，其他短期融资可能性很低。在银行与供应链的融资中，利率市场化发展，银行之间竞争加剧，利差幅度收窄，对企业贷款的积极性降低，企业更多的转向依靠以供应链融资为主要形式的短期资金来源。这恰恰会加剧供应链管理的压力，可能导致供应链关系恶化，破坏商业环境。这就要求必须大力发展满足企业不同形式资金需要的金融市场和资本市场，促进企业融资形式的健康发展。

3.4.3　营运资本融资管理行业特征及比较分析

3.4.3.1　营运资本融资规模分析

表 3–14 对不同行业营运资本融资规模及其结构进行了比较分析。

表 3–14　　　　　　　不同行业流动负债比例及结构比较　　　　单位：%

行业	流动负债比例	经营性流动负债	金融性流动负债
农林牧副渔业	85.95	97.67	0.61
采掘业	77.64	97.64	0.50
食品饮料业	89.32	97.18	0.54
纺织服装业	87.85	96.72	0.61
木材家具业	81.40	96.61	0.64
造纸印刷与文体用品制造业	81.15	97.82	0.43
石油化工与橡胶塑料业	83.29	97.52	0.51

行业	流动负债比例	经营性流动负债	金融性流动负债
医药制造业	85.16	97.39	0.66
金属与非金属业	82.08	97.69	0.51
机械设备业	89.43	97.38	0.60
电子仪器业	87.17	97.29	0.54
其他制造业	88.18	97.36	0.55
电力、热力、燃气及水生产和供应业	64.12	97.25	0.92
建筑业	86.25	98.13	0.70
批发和零售业	90.60	96.79	0.83
交通运输、仓储和邮政业	68.40	96.10	1.43
文艺与新闻传播业	85.82	96.86	0.72
房地产业	79.79	98.01	0.61
信息技术业	91.68	97.11	0.73
其他服务业	83.37	96.68	0.82
综合业	84.43	97.60	0.95

结果显示，2000～2015 年批发和零售业（O）；信息技术业（S）的平均流动负债比例超过 90%；电力、热力、燃气及水生产和供应业（M）；交通运输、仓储和邮政业（P）；采掘业（B）；房地产业（R）的流动负债比例在 80% 以下；其他行业均在 80%～90%。不同行业之间的 ANOVA（F 值 =40.65，P =0.00）分析显示流动负债比例在行业之间的差异显著；不同行业之间的两两配对检验显示 210 个行业组有 140 个行业组之间的均值差异显著，占总行业组的 67%，大部分行业组之间流动负债比例的差异不明显。

图 3-23 是不同行业 2000～2015 年流动负债比例变化趋势的比较分析。

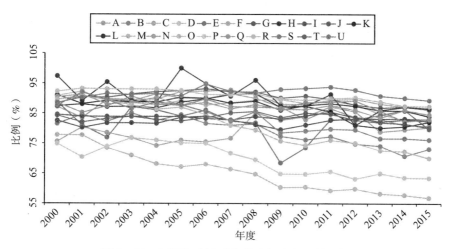

图3-23　不同行业流动负债比例变化趋势比较

注：行业代码与行业名称同图3-9。

结果显示，流动负债比例在大部分行业之间的波动呈现趋同现象，大部分年度行业之间的波动程度较小；采掘业（B）、木材家具业（E）、其他制造业（L）、电力、热力、燃气及水生产和供应业（M）、交通运输、仓储和邮政业（P）、房地产业（R）、综合业（U）7个行业不同年度流动资产比例波动较大。

以上现象表明，高杠杆是中国绝大部分行业面临的问题，企业高额杠杆中，大部分表现为短期债务，这是体现不同行业风险的重要指标。高比例的短期债务在一些生产制造型行业中表现得较为突出，这可能受到这些行业的生产特点决定，占用供应链前段资金较为突出。短期债务具有偿还刚性强，容易引发财务危机的特点，去杠杆因此成为广泛关注的理论和实务问题。

3.4.3.2　营运资本融资管理类型分析

表3-15对不同行业的营运资本短期融资比例进行了分析。

表 3 - 15 不同行业营运资本融资管理比较 单位：%

行业	短期融资比例	稳健型	适中型	激进型
农林牧副渔业	68.69	21.18	28.95	49.87
采掘业	90.92	11.01	21.29	67.70
食品饮料业	72.30	16.42	35.28	48.30
纺织服装业	65.92	20.36	33.14	46.51
木材家具业	74.32	20.74	23.70	55.56
造纸印刷与文体用品制造业	83.45	12.72	27.43	59.85
石油化工与橡胶塑料业	87.10	15.26	24.27	60.47
医药制造业	60.12	29.72	30.46	39.83
金属与非金属业	90.50	9.41	26.15	64.44
机械设备业	63.02	19.52	36.55	43.94
电子仪器业	55.79	31.67	35.10	33.24
其他制造业	61.45	18.46	39.23	42.31
电力、热力、燃气及水生产和供应业	123.65	4.08	14.25	81.67
建筑业	79.45	4.96	21.12	73.92
批发和零售业	93.20	4.66	21.61	73.73
交通运输、仓储和邮政业	102.15	14.73	17.51	67.77
文艺与新闻传播业	77.19	21.56	32.80	45.64
房地产业	66.58	11.33	48.95	39.72
信息技术业	42.15	43.78	39.71	16.50
其他服务业	86.74	16.71	24.94	58.35
综合业	77.92	8.36	31.12	60.52

结果显示，2000～2015 年有金属与非金属业（I）；采掘业（B）；批发和零售业（O）；交通运输、仓储和邮政业（P）；电力、热力、燃

气及水生产和供应业 5 个行业的公司使用短期资金来源满足营运资本资金需求的比例高达 90% 以上，其中交通运输、仓储和邮政业（P）；电力、热力、燃气及水生产和供应业（M）分别达到 102.15% 和 123.65%，这 2 个行业甚至出现了"短债长用"的现象，后一个行业出现这一问题的原因应该是该行业的大多数企业属于政府举办的公共事业类企业，其获得短期融资的便利性程度高、风险的可控和政府的担保，所以可以将短期资金长期使用。而前一种行业出于相对竞争较高的程度，这一短期资金使用方式加大了企业的风险，可能由于该行业中部分企业的国有性质对整个行业的均值产生了主导性影响。不同行业之间的 ANOVA（F 值 = 230.66，P = 0.00）分析显示营运资本短期融资比例在行业之间的差异显著；不同行业之间的两两配对检验显示 210 个行业组有 153 个行业组之间的均值差异显著，占总行业组的 73%，大部分行业组之间营运资本政策差异明显。

根据营运资本短期融资比例将营运资本融资管理分成"稳健型""适中型"和"激进型"，分析结果如表 3 – 15 所示。2000 ~ 2015 年电力、热力、燃气及水生产和供应业（M）、批发和零售业（O）、建筑业（N）、综合业（U）与金属与非金属业（I）5 个行业中执行"稳健型"营运资本融资管理的公司比例最少，均在 10% 以下；高于 30% 的只有电子仪器业（K）和信息技术业（S），分别为 31.67% 和 43.78%；其他行业均在 10% ~ 30%。

2000 ~ 2015 年 21 个行业有 10 个行业中执行"适中型"营运资本融资管理的公司比例在 30% 以上，最高的是房地产业（R），其比例达 48.95%；最低的行业是交通运输、仓储和邮政业（P）与电力、热力、燃气及水生产和供应业（M），其比例分别为 14.25% 和 17.51%；其余行业均在 20% ~ 30%。

2000 ~ 2015 年 21 个行业中有一半行业执行"激进型"营运资本融资管理的公司比例超过 50%，最高的行业是电力、热力、燃气及水生产和供应业（M），其比例高达 81.67%；其余行业中有 10 个行业执行

"激进型"营运资本融资管理的公司比例在30%～50%；执行"激进型"营运资本融资管理的公司比例最低的行业是信息技术业（S），只有16.5%。

图3-24对不同行业2000～2015年营运资本短期融资比例变化趋势进行了比较分析。

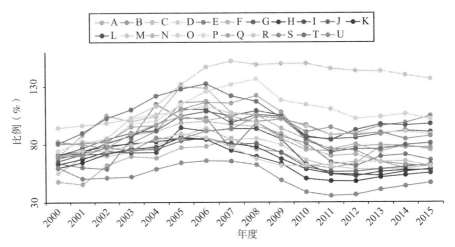

图3-24　不同行业营运资本短期融资比例变化趋势比较

注：行业代码与行业名称同图3-9。

结果显示，各年度短期融资比例在大部分行业之间的波动较为平稳，只有个别行业显著区别于其他行业。如批发和零售业（O）、房地产业（R）和综合业（U）3个行业的波动较小，电力、热力、燃气及水生产和供应业（M）的个别年度波动较大。以上现象可以看出，执行"激进型"政策比例较高的行业大部分是一些国有性质企业占主导地位的行业，但其中的批发和零售业则可能是由于经营特点所决定的，其行业中的企业所从事的主要业务是销售，因此占用的供应商资金成为短期资金的主要构成部分。

3.4.3.3　营运资本融资结构分析

表3-14是不同行业营运资本融资来源结构的分析。2000～2015年

21 个行业的企业使用经营性流动负债进行营运资本融资的比例平均都在
90% 以上，最高的行业是建筑业（N）达到 98.13%，最低的行业是交
通运输、仓储和邮政业（P）其比例为 96.10%；不同行业之间的 ANO-
VA（F 值 =9.94，P=0.00）分析显示流动负债比例在行业之间的差异
显著；不同行业之间的两两配对检验显示 210 个行业组有 41 个行业组
之间的均值差异显著，占总行业组的 20%，大部分行业组之间经营性流
动负债比例的差异并不明显。

　　图 3－25 对不同行业 2000～2015 年经营性流动负债比例变化趋势
进行了比较分析。

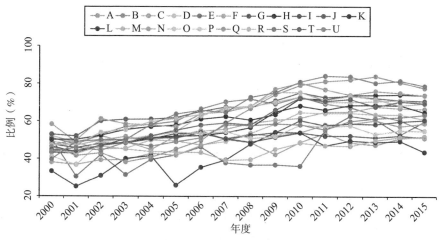

图 3－25　不同行业经营性流动负债比例变化趋势比较

注：行业代码与行业名称同图 3－9。

　　结果显示，大部分行业的经营性流动负债比例呈现上升趋势，2002
年以后行业之间的波动差异呈现不断变大趋势。

　　图 3－26 对不同行业 2000～2015 年金融性流动负债比例变化趋势
进行了比较分析。

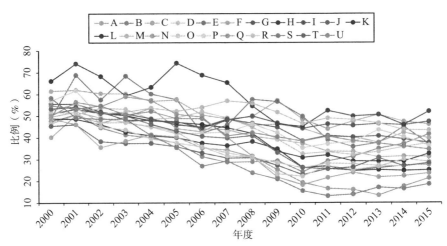

图 3 – 26   不同行业金融性流动负债比例变化趋势比较

注：行业代码与行业名称同图 3 – 9。

根据表 3 – 14 和图 3 – 26 可知，使用金融性流动负债进行营运资本融资比例最高的行业是交通运输、仓储和邮政业（P），其比例是 1.43%，其他 20 个行业均在 1% 以下。不同行业之间的 ANOVA（F值 = 20.22，P = 0.00）分析显示流动负债比例在行业之间的差异显著；不同行业之间的两两配对检验显示 210 个行业组有 52 个行业组之间的均值差异显著，占总行业组的 25%，大部分行业组之间的差异并不明显。大部分年度行业之间的金融性流动负债比例波动平稳，而且整体呈现下降趋势，只有个别在一些年度波动较大。

以上现象表明，经营性流动负债是所有行业短期资金来源的主要方式和典型特征，短期资金对供应链融资的依赖很强，而政策支持、产权性质等可能影响企业资金融通形式的因素在不同行业的金融性流动负债来源中并没有体现出较大的差别，金融性流动负债在所有行业中反而表现出一直以来的下降趋势，再次说明发展多样的服务对企业短期资金融通的金融和资本市场的重要性。

3.4.3.4   营运资本主要融资项目分析

表 3 – 16 对中国公司营运资本主要融资项目进行了比较分析。

表 3 – 16　　　　　　不同行业营运资本主要融资项目比较

行业	短期借款（%）	应付款项（%）
农林牧副渔业	42.75	28.53
采掘业	27.57	37.19
食品饮料业	34.26	36.23
纺织服装业	36.81	39.50
木材家具业	44.15	32.92
造纸印刷与文体用品制造业	41.58	37.82
石油化工与橡胶塑料业	37.91	41.77
医药制造业	32.95	34.89
金属与非金属业	40.84	38.86
机械设备业	25.89	55.92
电子仪器业	26.81	52.15
其他制造业	47.45	32.01
电力、热力、燃气及水生产和供应业	38.15	26.89
建筑业	22.96	55.49
批发和零售业	30.14	47.84
交通运输、仓储和邮政业	29.45	26.67
文艺与新闻传播业	27.83	44.63
房地产业	25.90	37.31
信息技术业	18.51	50.54
其他服务业	27.78	37.23
综合业	38.54	33.87

结果显示，2000~2015 年有金属与非金属业（I）、造纸印刷与文体用品制造业（F）、农林牧副渔业（A）、木材家具业（E）与其他制造业（L）5 个行业的短期借款比例均超过 40%，最高的行业是其他制造业（L），其比例达到 47.45%；短期借款比例最低的行业是信息技术业（S），只有 18.51%；其余行业均在 20%~40%。不同行业之间的

ANOVA（F 值 =97. 96，P = 0. 00）分析显示短期借款比例在行业之间
的差异显著；不同行业之间的两两配对检验显示 210 个行业组有 152 个
行业组之间的均值差异显著，占总行业组的 72%，大部分行业组之间营
运资本短期借款比例的差异明显。

图 3 - 27 对不同行业 2000 ~ 2015 年使用短期借款进行营运资本融
资变化趋势进行了分析。

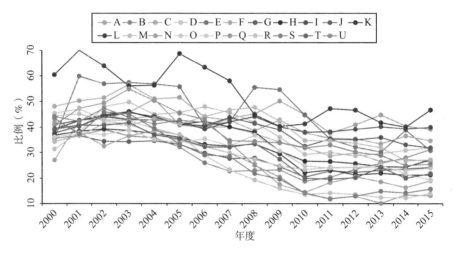

图 3 - 27　不同行业短期借款比例变化趋势比较

注：行业代码与行业名称同图 3 - 9。

结果显示，大部分行业的短期借款比例呈现不断下降趋势，行业之
间的波动程度差异呈现增加趋势，个别行业的波动差异较大。短期借款
比例在不同行业的表现说明，借款最多的行业并没有出现在一些国有企
业之中，政府重点支持的行业。恰恰相反的是近年来政府大力鼓励发展
的信息技术业获得短期借款比例最低，其原因可能是行业中的企业具有
轻资产特征，缺少有效的资产抵押，企业风险大。短期借款比例表现出
的全行业整体下降趋势再次说明银行贷款积极性的下降，促使企业使用
供应链融资的程度增加。

表 3 – 16 对不同行业的企业使用应付款项进行营运资本融资的分析显示，2000 ~ 2015 年有信息技术业（S）、电子仪器业（K）、建筑业（N）与机械设备业（J）4 个行业使用应付款项融资的比例较高，均超过 50%；有交通运输、仓储和邮政业（P）、电力、热力、燃气及水生产和供应业（M）与农林牧副渔业（A）3 个行业使用应付款项融资的比例低于 30%；其余行业均在 30% ~ 50%。不同行业之间的 ANO-VA（F 值 = 239.09，P = 0.00）分析显示应付款项比例在行业之间的差异显著；不同行业之间的两两配对检验显示 210 个行业组有 141 个行业组之间的均值差异显著，占总行业组的 67%，大部分行业组之间营运资本资金需求的比例差异明显。

图 3 – 28 对不同行业 2000 ~ 2015 年使用应付款项进行营运资本融资变化趋势进行了比较分析。

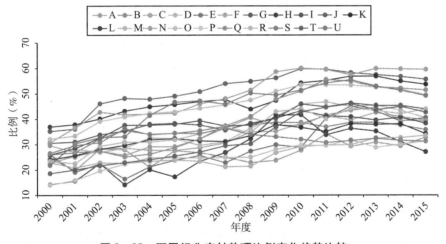

图 3 – 28　不同行业应付款项比例变化趋势比较

注：行业代码与行业名称同图 3 – 9。

结果显示，大部分行业的应付款项比例呈现上升趋势，行业之间波动的差异小幅上升，一些行业的波动趋势相对集中。应付款项比例在大部分行业表现出一致的增加趋势表明大部分行业的企业使用供应链融资的典型特征，而应付款项的竞争作用表现可能不是太明显。

3.5 中国上市公司营运资本运营效率分析

营运资本运营效率的评价一直是企业营运资本研究的热点，也是企业短期理财关注的重点。营运资本投资管理和营运资本融资管理是从静态角度评价营运资本配置和资金来源的状态，而营运资本运营效率是从动态角度评价营运资本管理的水平。更形象的来说，如果营运资本是企业的血液，那么营运资本管理水平的高低就是企业血液流动的速度，以加速收款、延迟付款和降低库存为目标评价营运资本运营效率。营运资本运营效率的高低不仅影响营运资本投资管理和融资管理，更是企业价值目标实现和风险控制的重要影响因素。

3.5.1 营运资本运营效率评价指标设计

营运资本运营效率的评价方法从单项指标发展为综合指标。综合评价指标有效地克服了单项指标的片面性，注重营运资本不同项目之间的影响和联系，能够更加准确的评价营运资本整体管理效率。综合评价指标的研究先后出现现金周期评价方法（Gitman，1974）[73]、加权现金周期评价方法（Gentry & Lee，1990）[75]、净营业周期评价方法（Shin & Soenen，1998）[76]，以及营运资本周转期评价方法（美国 REL 公司和首席财务官杂志）等。国内学者王竹泉和马广林（2005）提出了基于渠道管理的营运资本运营效率评价方法，随后进行了大量和深入的研究[117]。

本研究使用营运资本周转期评价方法，分别计算存货周转期指标、应收款项周转期指标、应付款项周转期指标，以及基于以上三个指标计算的营运资本现金周转期指标评价企业营运资本运营效率。三个指标的计算方法如式（3－13）、式（3－14）、式（3－15）和式（3－16）所示。

$$存货周转期 = 存货平均余额 \div (营业收入 \div 365) \quad (3－13)$$

$$\begin{aligned} 应收款项周转期 = &(应收账款平均余额 + 应收票据平均余额 \\ &+ 预付款项平均余额) \div 营业收入 \div 365 \quad (3－14) \end{aligned}$$

$$\begin{aligned} 应付款项周转期 = &(应付账款平均余额 + 应付票据平均余额 \\ &+ 预收款项平均余额) \div 营业收入 \div 365 \quad (3－15) \end{aligned}$$

$$现金周转期 = 存货周转期 + 应收款项周转期 - 应付款项周转期$$
$$(3－16)$$

3.5.2 营运资本运营效率年度特征与比较分析

3.5.2.1 存货周转期分析

表3－17对不同国家公司存货周转期进行了比较分析，图3－29对不同国家公司存货周转期变化趋势进行了比较分析。

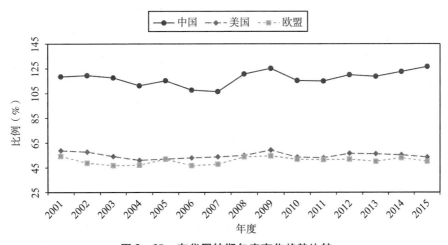

图3－29 存货周转期年度变化趋势比较

结果显示，2001～2015 年中国公司存货周转期平均为 118.28 天，是美国公司（54.82 天）和欧盟国家公司（50.84 天）的两倍。变化趋势显示中国公司的存货周转期大部分时间在 105～125 天内波动变化，2011 年后呈现缓慢的上升趋势，而美国公司和欧盟国家公司则呈现平稳波动变化，长期趋势并不明显。以上现象可以看出，相对于发达市场经济体公司，中国企业存货资金占用时间较长，管理绩效有待提高。而美国和欧盟国家公司不仅存货的管理效率高，而且这一水平具有很好的稳定性，足见市场和企业管理的成熟度。

3.5.2.2 应收款项周转期分析

表 3－17 对不同国家公司应收款项周转期分析结果显示，2001～2015 年中国公司应收款项周转期平均为 108.11 天，高于美国公司（53.18 天）54.93 天，比欧盟国家公司高（68.14 天）39.97 天。

图 3－30 对不同国家公司应收款项周转期变化趋势进行了比较分析。

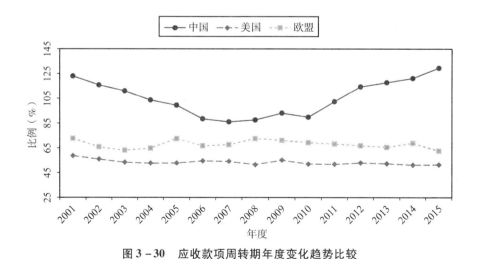

图 3－30　应收款项周转期年度变化趋势比较

结果显示，中国公司应收款项周转期以 2008 年为分界点呈现先下降后上升的趋势。美国公司和欧盟国家公司则呈现平稳波动和小幅下降趋势。上述现象表明，中国企业应收款项管理效率受到经济危机的影响较为显著，经济危机之前企业之间拥有良好的供应链合作关系，无论是经济发展还是金融市场对企业生产经营和资金融通均产生积极的影响，促使企业账款回收速度加快。经济危机的发生对企业生产经营、资金运营产生重要的影响，使得企业增加向供应链提供资金，进而增加竞争力。相对来说，经济危机对发达经济体企业的应收款项管理并没有产生显著影响，其信用管理和供应链管理长期呈现较为稳定的变化。

3.5.2.3　应付款项周转期分析

表 3 - 17 对不同国家公司应付款项周转期分析结果显示，2001 ~ 2015 年中国公司应付款项周转期平均为 105.30 天，仅比美国公司（93.10 天）高 12.20 天，但比欧盟国家公司（53.44 天）高出 2 倍。

图 3 - 31 对不同国家公司应付款项周转期变化趋势显示，中国公司应付款项周转期呈现较为明显的上升趋势。美国公司在 2012 年之前波动上升，之后呈现下降趋势，欧盟国家公司则呈现平稳波动，但长期趋势不明显。中国企业应付账款管理效率在经济危机后呈现出明显的上升趋势，可能的原因是经济危机导致经营环境和金融环境恶化，使得本来

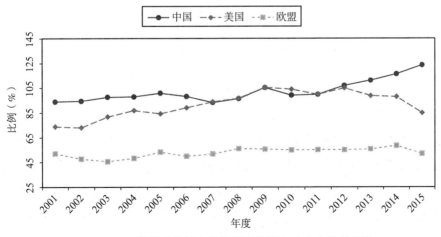

图 3 - 31　不同国家公司应付款项周转期年度变化趋势比较

依赖银行贷款为主的短期资金融资来源更多的转向依赖供应链融资。与中国企业相反的是经济危机后美国公司一直上升的应付账款周转期呈现下降趋势，这可能说明美国公司对于供应链融资的依赖很低，经济危机导致供应链企业实施更加谨慎的收款政策，企业积极降低对供应商资金的占用以维护良好的供应链关系。

3.5.2.4 现金周转期分析

表 3 - 17 对不同国家公司现金周转期分析结果显示，2001～2015 年中国公司现金周转期平均为 99.81 天，比美国公司（62.23 天）高了 37.58 天，比欧盟国家公司（70.83 天）高 28.98 天。

图 3 - 32 对不同国家公司现金周转期变化趋势进行了比较分析。

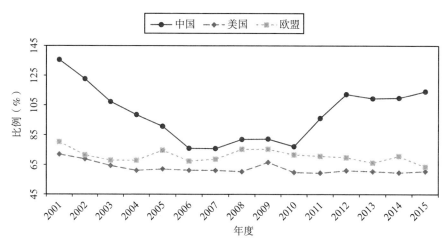

图 3 - 32 现金周转期年度变化趋势比较

结果显示，中国公司现金周转期呈现"W"形变化趋势。美国公司和欧盟国家公司则呈现平稳波动和小幅下降趋势。结合现金周转期不同项目的分析，可以看出中国企业面临的经营环境和金融环境受到经济危机的影响较大，稳定性较差。尤其是企业短期资金融资来源渠道狭窄，对供应链融资的依赖增加了现金周转期的不稳定性。

表3－17　　营运资本运营效率比较分析

单位：天

年度	中国				美国				欧盟			
	存货周转期	应收款项周转期	应付款项周转期	现金周转期	存货周转期	应收款项周转期	应付款项周转期	现金周转期	存货周转期	应收款项周转期	应付款项周转期	现金周转期
2001	118.48	123.01	93.97	135.54	58.78	58.72	73.86	71.93	54.27	72.69	52.05	80.26
2002	119.47	115.83	94.50	122.63	57.70	55.99	73.11	68.74	48.77	65.84	47.73	71.47
2003	117.59	111.00	97.66	107.27	54.09	53.44	81.82	64.32	46.74	63.09	45.65	67.96
2004	111.19	103.60	97.97	98.44	50.98	52.71	86.88	61.03	47.03	64.80	48.27	67.85
2005	115.19	99.44	100.87	90.67	51.97	52.83	84.27	61.97	51.88	72.48	53.27	74.63
2006	107.66	88.45	98.22	75.94	52.92	54.61	89.09	61.09	46.63	66.76	49.92	67.40
2007	106.45	86.11	93.35	75.82	53.69	54.20	93.87	61.03	47.82	67.72	51.76	68.69
2008	120.59	87.59	96.40	81.97	54.83	51.46	96.71	60.17	53.71	72.57	56.02	75.33
2009	125.11	93.12	105.29	82.22	59.20	55.24	105.51	66.56	54.50	71.18	55.59	75.39
2010	115.37	89.87	99.18	77.19	53.51	51.96	103.93	59.72	51.78	69.37	54.95	71.64
2011	114.90	102.37	99.83	96.14	53.00	51.78	99.85	59.28	51.38	68.29	55.15	70.72
2012	119.94	114.34	106.98	112.33	56.48	52.85	104.91	60.91	51.79	66.85	55.11	69.80
2013	118.66	117.83	111.18	109.42	56.14	52.24	98.73	60.31	50.04	65.55	55.64	66.22
2014	122.56	121.22	116.41	109.75	55.30	51.12	97.91	59.50	52.93	68.88	58.58	70.69
2015	126.49	129.55	123.59	114.23	53.48	51.39	84.89	60.40	50.04	62.66	51.86	63.51
平均	118.28	108.11	105.30	99.81	54.82	53.18	93.10	62.23	50.84	68.14	53.44	70.83

3.5.3 营运资本运营效率行业特征及比较分析

3.5.3.1 存货周转期分析

表3-18对不同行业的营运资本运营效率进行了比较分析。

表3-18 不同行业营运资本运营效率比较 单位：天

行业	存货周转期	应收款项周转期	应付款项周转期	现金周转期
农林牧副渔业	186.56	90.18	89.42	173.08
采掘业	76.02	97.25	94.97	62.96
食品饮料业	138.29	64.00	77.98	105.56
纺织服装业	124.16	77.73	81.31	113.72
木材家具业	144.75	67.41	98.93	92.85
造纸印刷与文体用品制造业	91.76	97.47	91.61	100.13
石油化工与橡胶塑料业	65.51	86.19	83.72	68.87
医药制造业	92.63	114.67	75.00	110.13
金属与非金属业	97.76	92.05	93.56	93.77
机械设备业	109.98	144.13	131.31	120.89
电子仪器业	88.67	136.13	101.01	120.10
其他制造业	168.47	97.54	63.08	112.91
电力、热力、燃气及水生产和供应业	52.54	91.96	97.81	56.40
建筑业	160.44	128.23	167.85	104.43
批发和零售业	78.58	59.81	83.29	40.03
交通运输、仓储和邮政业	50.37	68.39	80.54	28.12
文艺与新闻传播业	69.58	104.99	112.85	61.71
房地产业	417.05	104.17	169.27	201.25
信息技术业	65.73	137.82	110.25	114.34
其他服务业	85.22	107.86	124.97	77.53
综合业	235.40	112.66	140.90	166.11

结果显示，2001~2015 年中国 21 行业的公司中，有 9 个行业的公司存货周转期超过 100 天，最高的是房地产业（R），高达 417.05 天；其他行业均在 50~100 天，最低的是交通运输、仓储和邮政业（P），其周转期为 50.37 天。不同行业之间的 ANOVA（F 值 = 768.84，P = 0.00）分析显示流动负债比例在行业之间的差异显著；不同行业之间的两两配对检验显示 210 个行业组有 161 个行业组之间的均值差异显著，占总行业组的 77%，大部分行业组之间存货周转期的差异明显。

图 3-33 对不同行业存货周转期变化趋势进行了比较分析。

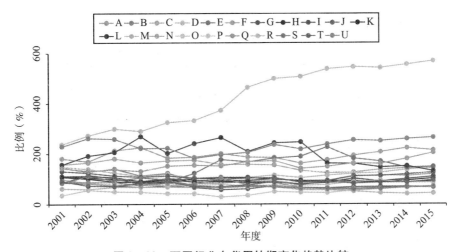

图 3-33　不同行业存货周转期变化趋势比较

注：行业代码与行业名称同图 3-9。

结果显示，除了个别行业的波动显著大于其他行业外，不同年度大部分行业的存货周转期波动较为稳定。

以上现象表明，存货周转期的大小符合企业所在行业的生产经营特点。那些产品生产制造周期比较长的行业其存货周转期较长，而文化、信息技术、服务业等行业的存货周转期相对较短。

3.5.3.2　应收款项周转期分析

表 3-18 对不同行业应收款项周转期进行的分析表明，2001~2015

年中国 21 个行业中同样有 9 个行业的应收款项的周转期超过 100 天，最高的行业机械设备业（J）达到 144.13 天；在 90 ~ 100 天的有 6 个行业；其他行业均在 50 ~ 90 天，最低的行业批发和零售业（O）周转期为 59.81 天。不同行业之间的 ANOVA（F 值 = 152.13，P = 0.00）分析显示流动负债比例在行业之间的差异显著；不同行业之间的两两配对检验显示 210 个行业组有 129 个行业组之间的均值差异显著，占总行业组的 61%，大部分行业组之间应收款项周转期的差异明显。

图 3 – 34 对不同行业应收款项周转期在不同年度的变化进行了比较分析。不同年度应收款项周转期在大部分行业的波动差异不大，但 2006 年以后呈现分化趋势，波动差异程度增加，大部分行业波动变化呈现一致趋势。

以上现象表明，企业应收款项管理效率与行业特点关系不大，取决于企业的市场竞争地位和信用管理政策。但是所有行业的应收款项管理均受到经济环境的影响，使得本来处于下降趋势的周转期在经济危机后呈现普遍的上升趋势。

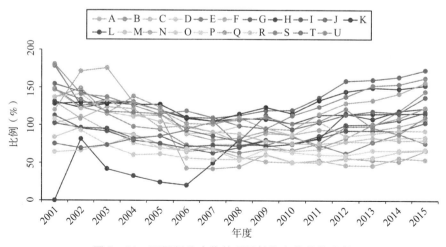

图 3 – 34　不同行业应收款项周转期变化趋势比较

注：行业代码与行业名称同图 3 – 9。

3.5.3.3　应付款项周转期分析

表 3 - 18 对不同行业应付款项周转期进行了比较分析，其变化趋势如图 3 - 35 所示。

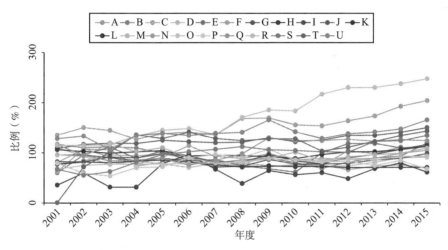

图 3 - 35　不同行业应付款项周转期变化趋势比较

注：行业代码与行业名称同图 3 - 9。

结果显示，2001 ~ 2015 年中国 21 个行业中有 8 个行业的应付款项周转期超过 100 天，最高的是房地产业（R），达到 169.27 天；其余行业均在 60 ~ 100 天，最低的行业是其他制造业（L），其周转期是 63.08 天。不同行业之间的 ANOVA（F 值 = 146.97，P = 0.00）分析显示流动负债比例在行业之间的差异显著；不同行业之间的两两配对检验显示 210 个行业组有 125 个行业组之间的均值差异显著，占总行业组的 60%，大部分行业组之间应付款项周转期的差异明显。不同年度部分行业应付款项周转期波动差异较小，并且波动趋势较为平稳，只有个别行业呈现增长趋势。机械设备业（J）、其他制造业（L）、建筑业（N）和房地产业（R）4 个行业的应付款项周转期明显高于其他行业；建筑业（N）和房地产业（R）2 个行业的应付款项周转期在不同年度的波动最大。

从以上现象可以看出，房地产业和建筑业应付款项周转期最大，这两个特殊行业占用供应商资金最多，说明房地产市场的繁荣并带动了建筑业市场发展，两个行业除了吸纳来自金融市场的资金，还大量使用了供应链资金，对于加速房地产行业发展发挥了积极的推动作用。经济危机的影响，原本应付款项周转期在不同行业所变现出来的较小幅度的波动差异变大，个别行业出现大幅度波动。

3.5.3.4 现金周转期分析

表 3 - 18 对不同行业应付款项周转期的分析结果显示，2001 ~ 2015 年中国 21 个行业有 12 个行业的现金周转期超过了 100 天，最高的行业房地产业（R）其周转期达到 201.25 天；50 ~ 100 天的有 7 个行业；较低的行业是交通运输、仓储和邮政业（P）与批发和零售业（O），其周转期分别是 28.12 天和 40.03 天。不同行业之间的 ANOVA（F 值 = 82.00，P = 0.00）分析显示流动负债比例在行业之间的差异显著；不同行业之间的两两配对检验显示 210 个行业组有 125 个行业组之间的均值差异显著，占总行业组的 60%，部分行业组之间现金周转期的差异不明显。

图 3 - 36 对不同行业营运资本现金周转期在不同年度的变化进行了分析。结果显示，2007 年之前大部分行业营运资本现金周转期呈现小幅下降趋势，之后则逐步上升，各年度大部分行业间的波动较小，只有少数行业波动明显区别于其他行业；造纸印刷与文体用品制造业（F）、石油化工与橡胶塑料业（G）、医药制造业（H）、批发和零售业（O）和交通运输、仓储和邮政业（P）5 个行业营运资本现金周转期在不同年度的变化较为稳定。

总体而言，不同行业现金周转期受到行业生产经营特点的影响最大，产品生产制造周期较长的房地产、农业等行业的企业现金周转期相对较长。现金周转期同样受到经济危机的影响，使得本来下降的趋势止步，个别行业出现大幅增加，经济危机影响最为严重的几年，大部分行业的现金周转期呈现出较为一致的变化，行业之间波动缩小。

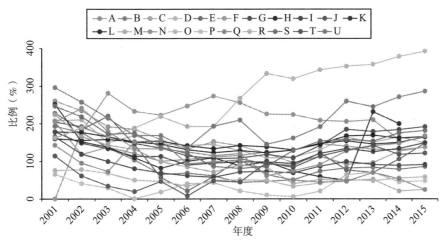

图3－36 不同行业现金周转期变化趋势比较

注：行业代码与行业名称同图3－9。

第 4 章

货币政策影响营运资本政策的机理分析

4.1 引　　言

本章对货币政策影响营运资本政策的理论基础、影响机理，以及货币政策影响营运资本投资管理、融资管理和运营效率的具体路径进行了研究，探索在货币政策调整影响下企业如何通过营运资本政策调整进行流动性管理。本章的研究内容是构建货币政策影响营运资本政策框架的基础，也是第 5 章、第 6 章和第 7 章实证研究货币政策与营运资本政策关系的前提。

营运资本政策是公司财务决策的重要组成部分，在公司财务理论中的地位虽然没有受到应有的重视，但并不能否认其本身的重要性。营运资本管理决策作为企业短期理财的内容，根据公司财务基本理论框架，可以将营运资本决策分为投资管理、融资管理和运营效率评价。要探索营运资本在企业财务管理中的重要作用就必须立足于企业的目标，企业目标理论是公司财务理论首先需要明确的问题。企业到底是谁的？企业的经营和公司理财是为了谁？这些问题的讨论在公司财务理论中虽然经历了较长的时间，也形成了不同的结论，但目前被普遍接受的结果是企业是股东的，企业的经营是为了股东，企业所有风险和收益应该为股东承担和享有，因此股东利益最大化应该是企业的终极和核心目标。但另一个也被普遍接受的结论是，企业作为独立的个体，虽然接受了来自股东的资本，但自从资本离开股东以后就成为企业这个独立个体所拥有，只是企业要对股东负有保证资本收益和安全的权利。从这个意义上来说，企业经营和公司理财除了履行对股东的义务之外，还拥有自己的独享权利，把实现股东价值最大化和企业价值最大化的统一形成了比股东价值最大化更广泛的公司财务目标。

上述企业经营和公司理财目标无论是股东价值最大化还是企业价值最大化，其实现的保证和基础是企业能够创造价值的同时降低风险。企业价值创造依赖于企业资本性投资实现，这是公司财务理论的核心。没有资本性投资的顺利实施，就无法获得稳定的经营现金流，更谈不上股东价值和企业价值的实现。资本性投资除了依靠科学的资本预算技术，还需要足够的资源才能实现对投资机会的把握。企业有多少资源可以配置在资本性投资，以及如何权衡资本性投资与营运资本投资是企业需要解决的重要问题，即形成企业资源配置决策。基于以上考虑，本章首先对影响营运资本政策的重要理论基础：资源配置理论进行论述。

企业在创造价值、获得盈利的过程中总是伴随着风险的存在，对于风险的识别和规避同样对于股东价值和企业价值的保证具有重要意义。企业的风险主要由经营风险和财务风险构成。经营风险与企业的生产经营有关，来源于企业固定资本投资的规模，表现为企业投资收益的不确定性。财务风险与企业的融资决策有关，来源于企业使用债务融资的规模，表现为无法偿还债务可能发生的财务危机和破产。与营运资本管理紧密相关的是财务风险，是营运资本是否具有足够的流动性和及时满足偿付的能力。因此，本章选择流动性风险理论作为第二个基础理论进行研究。

本书涉及的第三个基础理论是近年来受到关注的宏观经济政策与微观企业行为研究主题，少数学者开始探索建立嵌入宏观变量的公司财务理论，以扩大公司财务理论研究的范畴，更好地解释公司财务理论研究和实践中遇到的新问题，更好地完善和发展极为流行和影响深远的欧美公司财务理论体系和研究范式。这方面的研究正处在不断发展中，本章只是做初步的探讨。

在以上基本理论研究的基础上，围绕本书的研究主题，从更加微观的角度分析了货币政策对营运资本投资管理、营运资本融资管理和营运资本运营效率的影响机理，作为指导以后章节研究的理论前提和基础。

本章的贡献体现在：现有文献对营运资本的研究主要基于"安全性"考虑分析营运资本的偿债能力，分析方法上也是从静态角度以营运资本为基础计算流动性比例评价营运资本决策行为，这种研究和认识形成了较为严格的定式，忽略了营运资本投资决策、营运资本融资决策和营运资本运营效率对企业流动管理的作用和对流动性影响的差异。本章尝试将营运资本不同决策纳入统一的流动性分析框架，然后分析外部流动性冲击对企业流动性管理的影响机理。使我们更加全面和清晰的认识货币政策与营运资本政策的关系，把财务风险管控提前深入到营运资本投资决策、营运资本融资决策和营运资本运营效率管理行为中。本章同时从资源配置视角研究营运资本管理对企业战略管理决策的影响，有助于提升对营运资本管理的重要性认识。

本章余下的内容包括：4.2 货币政策影响营运资本政策的基本理论；4.3 货币政策与企业流动性管理；4.4 货币政策与营运资本投资管理；4.5 货币政策与营运资本融资管理；4.6 货币政策与营运资本运营效率。

4.2 货币政策影响营运资本政策的基本理论

4.2.1 资源配置理论

4.2.1.1 经济学的经典资源配置理论

资源配置理论是经济学研究的核心主题，资源的稀缺性是产生资源配置问题的根本动因。资源配置理论认为稀缺的资源通过价格手段，以效率和公平为基本原则实现在不同市场主体之间的流动和配置，以实现帕累托最优的均衡状态，更好地满足社会成员的需求。经济学探讨的资源配置的资源主要是指人力资源、自然资源和资本资源，其实现最优状态的决策方法是实现资源使用的成本和收益的均衡。然而在并非纯粹的市场条件下，如何通过非市场行为的干预实现资源配置的最优又是经济学围绕资源配置衍生出来的内容，成为经济学者们不断努力研究的主题。

4.2.1.2　微观企业的资源配置

着眼于微观企业的资源配置问题是经济学资源配置理论在企业经营中的应用，所涉及的问题更加具体。

企业的资源在形态上可以表现为有形资源、无形资源；在内容上可以表现为机器设备、土地厂房、人才和品牌商标等；在期限上表现为长期资产和短期资产。资源配置是企业战略决策的重要内容，是形成企业核心竞争力的关键因素。企业资源配置内容包括企业拥有什么样的资源和企业以怎样的方式将资源配置在能够获得最大价值的不同项目上。

（1）企业资源配置的意义。

企业不同形态的资源具有不同价值创造能力和风险防范能力，对企业价值的贡献各有不同，科学合理的组织和管理这些资源对企业生存发展和构建竞争优势，实现股东利益和企业价值最大化具有至关重要的意义。

企业资源配置能力是企业战略理论的重要组成部分和核心思想，企业实现生存、发展和不断争取市场的过程就是企业对拥有的有限资源进行的有效配置。基于企业资源基础分析企业竞争力的"企业资源基础论"学派认为企业的竞争优势来源企业所拥有的资源及其组织过程，这种竞争使得企业具有竞争力和差异的盈利和收益（Wernerfelt，1984）[118]。

财务竞争力理论更是把企业对资源的组织、整合作为形成企业财务竞争力的关键，只有将资源进行合理的配置，才能充分发挥资源的作用，促进企业竞争优势的形成（欧谨豪和刘雪辉，2006）[119]。杨轶（2009）构建的三维财务竞争力评价指数中，将资源配置能力作为指数的重要组成部分，通过考察企业资源配置收益、配置效率、配置规模等考察企业资源的配置竞争力[120]。阎俊（2014）根据 Michael E. Porter 的《国家竞争力》中提出的钻石国家竞争力模型构建企业的竞争力模型，把资源配置能力作为形成企业竞争力的三大核心要素之一[121]。

（2）公司财务理论中的资源配置问题。

企业资源的取得和配置是公司理财活动的重要内容，企业内部资源的配置和资本结构理论一样对企业价值创造有着同样重要的作用，然而传统公司财务理论对于公司内部资源配置的研究缺乏，重视程度不够（张俊瑞，2012）[122]。

企业的资源来自于外部的股权投资者和债务投资者，形成企业的资本结构。股权资本和债务资本具有不同风险和收益特点，在企业治理机制中所发挥的作用也不同，从而形成了早期资本结构理论、传统资本结构理论和现代资本结构理论。其中早期资本结构理论包括：净收益理论、净营业理论和均衡理论；传统资本结构理论包括：MM 理论、税差理论、破产理论、均衡理论和后均衡理论；现在资本结构理论包括：信号理论、代理理论、金融契约理论、财务契约理论和公司控制理论等。资本结构理论关注的是企业外部与企业之间的资源配置问题。

企业获得的资源如何实现有效的配置并实现最大价值是公司理财活动追求的基本目标。理财活动中的资源配置表现为资产结构问题，包括长期资产、短期资产及短期资产的内部结构。

长期资产通常是指企业通过资本预算决策将资源配置在那些长期持有项目上的资产，其回收的期限较长，具有很差的流动性和专用性。长期资产是企业价值创造的源泉，是企业价值和股东利益最大化的保证。资源一旦配置在长期资产上，其流动性就会丧失，具有较大的经营风险，资产的专用性越强，其经营风险越大。企业资源配置在长期资产的比例越大，短期资产占用的比例就越小，将提升企业的财务风险。长期资产配置是公司财务活动中的重大决策，是融资决策、分配决策等其他财务决策的先导决策。

资源在短期资产上的配置通常是企业流动性的保证。短期资产不仅是企业日常经营的需要，也是保证偿还能力，降低财务风险的保障。短期资产的盈利能力很差，但却是企业长期资源配置决策目标实现的保障，资源的长期配置决策和短期配置决策的科学结合才能真正促进财务目标的实现。

近年来，短期资源与长期资源的竞争效应受到公司财务研究的关注。营运资本的流动性强、调整成本低，被一些融资约束企业用来平滑企业的固定资本投资、创新投资（刘康兵，2012；鞠晓生等，2013；Fazzari & Petersen，1993）[11,12,123]。但营运资本作为企业流动性的代表，是企业进行流动管理的重要项目，对企业降低财务风险、防范流动性危机具有重要的价值。如何权衡企业的价值创造和风险防范，合理的配置以营运资本为代表的短期资本和以资本性投资为代表的长期资本之间的比例是企业决策者需要慎重考虑的问题。

4.2.1.3　企业短期资源配置结构

企业短期资源的配置即是营运资本投资，同样是企业资源配置重要内容，对企业价值创造能力和风险防范能力产生直接影响，这也是本书的研究主题。

短期资源配置除了从整体角度考虑其配置规模大小对企业盈利和风险的影响，其内部结果的配置也要考虑不同性质的短期资源项目的成本和收益，以及对企业价值的影响。王秀华和王竹泉（2012）从资源的冗余视角将营运资本分为非沉淀性冗余资源和沉淀性冗余资源，分析不同类型营运资本的特点及其对企业价值的影响，采用实证方法对不同资源的价值相关性进行证明。得出的基本结论说明营运资本的配置结构会形成不同冗余特点的资源，不同类型的资源在不同宏观经济环境和不同管理能力的企业中发挥不同的作用[124]。因此，企业营运资本配置不仅要重视规模，更要关注其配置结构的合理性。

短期资产的基本特点和功能在其内部各构成项目上存在差异。短期资产按照其功能可以划分为生产性流动资产和金融性流动资产。生产性流动资产是配置在企业生产经营过程，与生产经营紧密相关的资源。而金融性流动资产使企业配置短期金融资产上的资源，与企业的生产经营活动没有直接的关系。比较而言，金融流动资产的变现能力强、灵活性大，持有成本和风险低，是企业补充日常经营流动性需要的重要来源。而生产性流动资产是企业生产经营中自然形成的，有些生产性流动资产的持有成本较高，流动性较差，其持有风险比金融性流动资产大。

生产性流动资产包括货币资金、应收款项和存货等。上述三个类别中，货币资金的流动性最强、持有成本最低，但是营利性最差，存货的流动性最差，持有成本最高，但是价值创造能力最好，而应收款项介于两者之间。金融性流动资产包括交易性金融资产、应收利息、应收股利等，交易性金融资产的持有风险要比其他项目小。

4.2.1.4 影响企业资源配置的因素

企业资源配置的核心约束条件是风险和收益的权衡，但企业的自身特征和存在的外部条件影响企业对风险和收益的选择偏好和调整行为。影响企业资源配置的因素主要有宏观因素、中观因素和微观因素。宏观因素主要包括外部的宏观经济形势和宏观经济政策，中观因素主要包括企业所在行业及产业价值链上的位置，微观因素主要是指企业自身的特征变量。

（1）宏观因素。

影响企业资源配置的宏观因素主要包括宏观经济形势和宏观经济政策。其中宏观经济形势主要是指经济发展的周期，即经济繁荣和衰退等不同周期的影响；宏观经济政策虽然与经济周期紧密相关，但是却对企业产生最直接的影响，主要包括宏观财政政策、货币政策和产业政策。

宏观经济处在繁荣周期，企业对未来需求充满信心，投资的积极性增加，会将更多的资源投资在新长期项目或增加已有项目的更新改造；经济形势良好也使得企业流动性充足，资源配置的灵活性增加。当宏观经济形势衰退时，企业会采用收缩战略，更多的持有流动性，降低长期项目投资或更新改造，等待未来更好的投资机会。

宏观经济政策对企业资源配置产生最为直接的影响。财政政策中政府支出的增加会创造需求，直接拉动企业投资，引导企业将资源配置在能够满足需求的生产上；而与企业相关的税务政策调整如固定资产购置、折旧相关的纳税政策、研发费用扣除抵税政策等都会引导企业改变资源配置方向。货币政策紧缩导致企业外部融资受限，企业会收缩长期资产配置，增加流动性持有，以降低发生财务危机。货币政策紧缩同样会导致资产重置价格上升，企业进行固定资产等长期投资的积极性下降。而宏观产业政策对企业资源配置的影响更为直接，政府的产业支持和淘汰政策是企业产能增减的风向标。货币政策通过利率水平、信贷配给、资产价格等方式影响企业的长期和短期资金获得、资产重置价格和投资机会。

（2）中观因素。

影响企业资源配置的中观因素主要是企业所处的行业特点和企业在产业价值链上所处的位置。

企业所处的行业不同，其生产经营的特点对不同资产的依赖程度存在差异。制造业、采掘业和交通运输业等"重资产"特征明显的行业依赖固定资产投资和生产制造作为企业价值创造的来源，有相当比例的企业资源配置在长期资产上；信息技术业、房地产业等"轻资产"特征显著的行业主要依赖存货产品和高科技产品为盈利来源，其持有的流动资产相对较多。

产业价值链是产业分工和专业化程度提高而形成的多个企业共同构成价值创造链条。原料供应、产品生产、储存、分销等环节由原来的一个企业全部承担变成不同的企业承担一个或多个环节，多个企业共同完成产品的供产销等价值创造的过程。每个企业均作为产业价值链上的一个环节从事专业化的生产经营，发挥价值创造的不同作用。处在产业价值链上不同位置的企业，其资源配置的重点存在差异。承担生产制造职能的企业会将其资源更多的配置在设备、厂房等固定资产上，而承担分销职能的企业则更多配置流动性资产。产业链之间的合作关系还会引导企业将资源配置在一些专用性很强的资产上，以满足合作伙伴的需求，这同时也增加了企业持有这类资产的风险，一旦合作关系出现问题，专业性资产的经营风险就会增加。良好的产业链合作关系也能够提升营运资本的周转效率，降低企业配置在短期资产上的资源。

（3）微观因素。

影响企业资源配置的微观因素主要是企业自身的特征变量，如融资约束程度、管理水平、企业所有权性质等。

融资来源是企业内部资源配置的前提，制约企业资本配置过程和结果。企业资金来源主要包括内部融资和外部融资，其中外部融资又包括股权融资和债务融资。不同融资渠道构成了企业的融资环境，融资环境的好坏体现为企业面临的融资约束程度。融资约束程度越强，企业资金来源受限，内部资源配置在总量上产生硬约束。就资金来源渠道的差异而言，内部资金来源必须依靠较强盈利能力支持，即使企业拥有充足的内部资金来源，企业也不应该把资源配置在无效率的长期投资项目或者短期资产上，而应该还给投资者；而外部融资渠道会面临投资者与企业之间的信息不对称问题，导致企业资本成本上升，严重影响企业的财务竞争力，要求企业将资金配置在价值创造能力更强的投资项目上才能满足投资者要求的报酬率，会导致企业丧失那些按照市场平均资本成本水平可以获得正的净现值的投资机会。外部资金来源中，债务资本的硬约束程度强，不仅有定向的使用目的，而且具有很强的使用期限约束和偿还要求，是导致企业财务危机的主要因素。

良好的管理水平体现在企业能够将资源在不同形态资产上科学配置，实现协同，提高效率，有效管控风险，实现价值创造目标最大化。良好的管理水平不仅实现资源的有限占用，而且能够根据宏观环境变化和行业特点进行动态调整，保持资源的高速运转，避免资源冗余和浪费。良好的管理水平能够合理地权衡风险和收益，在保持企业可持续的价值创造能力的同时维护健康的流动性。

企业的所有权性质是分析中国企业行为不容忽视的重要特征。相对于民营企业，国有企业面临较为宽松的融资环境和产业政策支持，企业本身存在非经济职能，企业领导人评价机制的更加多元使得国有企业存在显著的预算软约束，在企业资源配置过程中出现非效率现象。国有企业的风险由国家兜底的现实使得企业资源配置的风险因素重视不够。

4.2.2　流动性风险理论

在完美的资本市场条件下，企业持有的流动性多少对企业价值和股东利益没有影响，但是在不完美的市场条件下，流动性的价值体现在：降低企业破产的可能性和破产成本；流动性较差的公司也会在市场竞争中承受供应商的高额报价和被客户压低售价，员工也会要求更大的保障。流动性的持有成本则体现在持有流动性而丧失进行资本性投资的机会成本。因此，流动性的管理和研究成为公司财务研究需要重视的问题。

4.2.2.1　流动性风险与公司财务决策

（1）流动性。

流动性的概念较为广泛，已有文献所涉及的流动性可以大致分为宏观流动性和微观流动性。而宏观流动性和微观流动性的关系正是本书研究的立足点。

宏观流动性主要是指全社会持有的较短期限资产规模，包括货币供应量和短期金融资产；宏观流动性与银行系统的流动性密不可分，银行等金融机构在中央银行货币政策调控下持有和创造的货币数量在宏观流动性中占据重要比例。中国人民银行在其货币政策执行报告中对宏观流动性及市场流动性做出了更为明确的界定，可以认为是中国货币当局持有的宏观流动性观点。市场流动性是指在价格不发生明显变化的情况下能够迅速实现交易的能力；而宏观流动性就是不同范围的货币供应量，包括基础货币、银行票据、短期国债等（中国人民银行，2006）[22]。

微观流动性是指企业能够及时履行应付义务的能力（Gryglewicz，2011）[23]。这种应付义务包括各种债务及日常经营性支出，而这种偿付的能力是指现金及现金等价物。这种界定也大量出现在有关流动性持有的研究文献中，如解释流动性持有的权衡理论、融资优序理论、代理理论等。

对于微观企业来说，流动性的本质是给企业提供灵活性，充足的流动性让企业一方面可以把握良好的投资机会；另一方面可以很好地为未预测的偿还需求提供保障功能（郑凌云，2007）[125]。

（2）流动性风险。

风险就是不确定性。企业在经营中面临的风险主要包括经营风险和财务风险，经营风险是因为投资决策产生的投资收益不确定性，财务风险是由于融资决策导致的不能偿还债务而发生的破产可能性。埃里克·班克斯（2011）将企业财务风险分为市场风险、信用风险和流动性风险[5]。

流动性风险是企业现金等流动性资产缺乏和不能顺利获得外部流动性所导致的无法偿还到期债务产生破产的可能性。具体来说是企业不能及时获得外部流动性或者不能将流动性资产转化为有效的流动性以应对已确定和未预测的债务偿还需要所导致的损失风险。流动性风险属于财务风险的范畴。

（3）流动性风险与企业财务决策。

流动性风险理论从研究宏观的货币现象深化到微观的企业财务决策。流动性问题是公司财务政策的基本内容之一，对理财目标和理财过程产生重要影响，构成营运资本政策的主要内容。莫里斯（Morris，1983）以公司财务中的经典理论：资本资产定价模型（CAPM）为基础，引入企业的流动性分析流动性对企业风险的影响[126]。流动性的持有规模是在企业系统性风险和资本性投资之间进行权衡的结果，太少的流动性会导致企业系统性风险的增加，太多的流动性持有虽然可以降低风险和企业的不确定性，但是会降低资本性投资规模。流动性持有的最优规模是降低风险的边际价值与降低资本性投资价值的边际成本相等时的规模。巴塔查里亚等（Bhattacharyal et al.，1991）对莫迪利亚尼和米勒（Modigliani & Miller，1958）的模型的进行了扩展，在他们的模型中加入了流动性变量，研究流动性对资本结构和公司价值的影响。研究结论指出流动性对资本结构产生影响进而影响公司价值，存在最优的流动性水平能够使得公司价值最大[127]。

4.2.2.2　流动性风险来源

流动性风险来自于流动性获得的不确定性。企业流动性获得的渠道主要有两个：外部资金来源和内部资金来源。前者是指通过新的外部融资方式如债务融资和股权融资补充流动性；后者是通过企业内部持有的资产转化为流动性。上述两个渠道所能获得流动性的不确定性就是企业流动性风险的来源。

（1）资产流动性风险。

根据埃里克·班克斯（2011）关于企业流动性风险的理论可知，企业流动性风险不仅取决于融资决策而且也来源于资产[5]。资产流动性风险主要来源于所持有的流动资产是否能够快速转变成流动性或者以合适的成本转换成流动性。

企业持有的流动资产各构成项目的流动性差异明显。货币资金直接表现为可用的流动性；交易性金融资产是流动资产中除了货币资金以外最具流动性的资产，也是很多企业调节流动性经常使用的工具；应收款项则可以通过商业保理等形式转化为流动性，但其回收风险影响获得流动性的能力；存货的流动性最差，受自身专用性程度的影响较难转变成流动性。

除了上述受流动性差异影响，非现金资产的交易和抵押市场的成熟程度对于流动资产快速转变成流动性的成本产生重要的影响。不合理的转换成本构成企业承受的资产流动性风险。

（2）融资流动性风险。

流动性风险假说（Diamond，1991）认为企业流动性风险来源于企业在不同期限债务之间的选择和权衡[128]。融资流动性风险主要来源于企业是否能够获得或者以合理的成本获得补充流动性的资金。企业获得外部流动性资金可以使用债务融资和股权融资，其中债务融资又存在不同期限的长期债务和短期债务。

债务资金的获得受到货币政策、金融市场发展、制度等因素的影响。货币政策的紧缩会降低宏观流动性和银行等金融系统的流动性，减少企业可贷资金的来源。货币政策的变化也会通过股票价格和名义利率影响企业的资产负债表质量，进而影响企业获得贷款的能力。金融市场发展越好，企业可获得的外部资源越多，企业与投资者之间的信息不对称程度也越低，有助于企业获得外部流动性资源。制度性因素则体现在信贷配给的程度，以中国市场为例，相对于国有企业，民营企业则长期承受来自于银行系统的信贷配给，获得银行资金支持的稳定性差、成本高。而股权资金的获得受到资本市场发展程度和资本市场制度的影响。资本市场规模、多层次资本市场发展等资本市场发展对于企业能否获得参与资本市场并获得直接融资的机会；不同资本市场的准入制度和监管制度则是影响企业通过资本市场直接融资的成本和难易程度。

就获得流动性的基本成本而言，外部股权融资的成本相对较高，债务融资较低，债务融资中短期借款的成本相对较低。但是上述成本会因为货币政策、金融市场发展、资本市场发展等宏观环境和制度性因素不同而发生变化。

企业获得流动性的外部资金来源中，应付款项作为一种特殊的方式发挥着重要作用。应付款项是企业占用供应商的资金，通过延期支付降低流动性需求，来节约流动性资源。但使用应付款项时间越长，企业无法享受商业折扣的优惠，承担较高的使用成本。

4.2.2.3 宏观流动性与微观企业流动性关系

宏观流动性与微观企业流动性是两个不同层次的流动性，宏观流动性是影响企业流动性政策调整的重要外部变量，外部宏观流动性的变化需要企业做出积极的流动性管理调整来对冲外部流动性冲击。宏观流动性通过融资流动性和资产流动性两个途径影响企业流动性管理。

宏观流动性紧缩降低了银行等金融系统对企业流动性资源的供给，企业流动性融资来源受限，尤其是那些依赖外部资金补充流动性的企业面临财务危机，促使企业改变流动性融资管理政策，寻求其他外部资金来源或内部资产转化为流动性；宏观流动性紧缩降低了企业获取商业信用的可能性，甚至会因为供应商要求提前偿付而增加对流动性的需求，从而对企业流动性管理提出更高的要求。

宏观流动性同样会影响资产变现能力。宏观流动性紧缩，首先导致股票、债券等金融资产价格下降，影响企业持有的金融资产变现能力；其次企业普遍缺乏外部流动性供给的大环境下，企业非现金流动资产的流动性能力减弱，抵押和变现市场萎缩均会导致企业无法顺利获得流动性补充。宏观流动性冲击会促进企业调整持有的流动资产结构，增加持有变现能力强的资产。

4.2.3　嵌入宏观变量的公司财务理论

宏观经济政策与微观企业行为成为近年来学者们关注的热点，一些公司财务研究者也在这一框架下尝试构建融入宏观经济变量的公司财务与会计研究框架。

4.2.3.1　宏观经济政策与微观企业财务会计行为的关系

姜国华、饶品贵（2011）指出宏观经济研究与微观企业的财务和会计研究出现割裂的重要原因是宏观经济研究注重研究的是宏观经济政策与宏观产出的关系，而微观企业财务和会计研究则专注于微观企业的财务和会计行为、公司治理行为等与企业产出的关系，财务会计研究没有重视宏观经济政策对微观企业行为的研究[14]。

宏观经济环境是公司财务理论的逻辑起点。宏观经济政策对微观企业行为的影响主要体现在：宏观经济政策的变化会影响企业投资机会、资本性投资方向、投资预期和投资规模，以及企业内部长期和短期资产配置的结果和调整；宏观经济政策对市场资金供给的调节会影响企业融资来源和获取资金的能力，进而影响企业融资政策，尤其是企业流动性管理政策；宏观经济政策还会影响企业生存的信息环境，进而影响企业的决策行为。姜国华、饶品贵（2011）对宏观经济政策与微观企业财务、会计等行为的关系进行了详细的阐述，如图4－1所示。

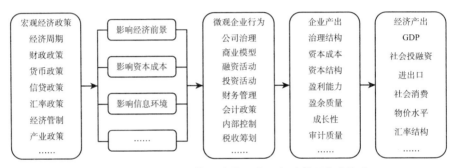

图4－1　宏观经济政策影响微观企业行为传导机制框架

注：本图引自姜国华、饶品贵（2011），本章其他图形均为笔者自行制作。

围绕宏观经济政策影响微观企业行为的研究不断增多，如经济发展周期对企业融资和投资的影响（陈艳，2012；朱新蓉和李虹含，2013）[105,107]、货币政策对企业融资行为的影响（饶品贵和姜国华，2013；王先柱和金叶龙，2013；黄志忠和谢军，2013）[9,109,110]等。

4.2.3.2　嵌入宏观要素的公司财务理论

随着宏观经济政策影响微观企业行为研究的不断深入，学者们逐渐认识到传统经典财务理论结构的局限，尤其是传统财务理论并不重视其他市场主体和宏观经济环境对企业个体行为的影响。

李心合（2015）认为造成主流财务理论不重视宏观要素的主要原因是受个体主义方法论的影响，公司财务理论的核心对公司个体利益及其所有者股东的个体利益高度重视，并以此为基础和目标构建公司财务理论框架。这一框架自然不会考虑其他市场主体如供应链关系的其他企业的利益和影响，也不会重视宏观经济环境因素的作用[2]。公司财务领域的大量研究文献也验证了这一观点，绝大部分文献仅从公司微观个体研究企业的投资、融资和分配政策。

但宏观经济政策对微观企业行为的影响不可避免而且实际存在，完全自由的市场经济发展方式饱受诟病，需要政府这只看得见的手进行有效干预。尤其是在中国不断深化的市场改革和中国特色的经济发展方式，将宏观经济要素嵌入公司财务理论框架，构建包含宏观经济政策的公司财务理论体系十分必要。李心合（2015）主张将宏观经济运行因素、宏观经济政策因素和宏观经济制度因素三个宏观经济要素嵌入公司财务理论体系，以此为基础扩充公司财务研究范畴和开展宏观经济影响微观企业的财务行为研究[2]。

4.3　货币政策与企业流动性管理

4.3.1　中国货币政策体系

根据第1章对货币政策的定义和分析框架，本部分对中国货币政策体系进行梳理和总结分析。货币政策体系主要包括货币政策目标、货币政策工具和货币政策传导机制等主要内容。

4.3.1.1　中国货币政策目标

货币政策目标是货币当局通过调整货币政策工具想要达到的目标，包括最终目标和中间目标。

根据《中华人民共和国中国人民银行法》，中国货币政策的最终目标是"保持货币币值的稳定，并以此促进经济增长"。这一目标与我国市场经济改革和发展的阶段相适应，是我国宏观调控任务的总要求和实践经验的总结（郭田勇，2006）[129]。

货币供应量是货币政策理论和西方国家货币政策调控实践中主要使用的货币政策中间目标，满足选择货币政策中间变量的良好特性：相关性、可控性和可测性。中国人民银行在 1996 年开始将货币供应量作为中国货币政策体系的中间变量，一直在中国货币政策体系和货币政策调控实践中发挥着重要作用。

4.3.1.2　中国货币政策工具

货币政策工具的选择和使用与金融市场发展程度和经济发展阶段有着密切关系。中国货币政策调控工具的使用从直接的贷款控制转变成以更加市场化的间接调控手段。根据中国人民银行网站有关货币政策体系的介绍，中国货币政策常用的货币政策工具包括：公开市场业务、存款准备金、中央银行贷款、利率政策、常备借贷便利、中期借贷便利、抵押补充贷款。其中，常备借贷便利、中期借贷便利、抵押补充贷款是中国人民银行近年来新使用的调控工具。常备借贷便利工具 2013 年开始使用，主要用来为政策性银行和商业性金融机构提供 1～3 个月的大额流动性供给；中期借贷便利工具 2014 年开始使用，主要以提供中期基础性货币的方式向金融机构提供流动性；抵押补充贷款工具 2014 年开始使用，这一工具具有显著的政策性特点，主要采用抵押方式向政策性行业和领域提供资金供给。

4.3.1.3　中国货币政策传导机制

货币政策理论中的货币政策传导机制在中国货币政策体系中的作用存在差异。货币渠道传导机制中的利率和托宾 Q 是传导的关键变量，而中国并不具备完整的资本市场条件，利率市场化步伐刚刚迈开，对利率长期实施管制，因此货币政策不具备通过货币渠道传导的条件。而信用渠道传导机制中，银行信贷是传导的关键变量，并且成为大部分企业融资的依赖途径，这一关键特征符合中国的现实，银行是中国金融市场的主要主导力量，信贷传导是中国货币政策影响微观企业主体的主要机制（韦志华和郭海，2013）[6]。盛松成和吴培新（2008）、梁骏等（2015）研究认为中国货币政策主要是通过信贷传导机制实现的[7,8]。

因此，中国市场的特殊性，存在利率非市场化管控、金融市场不发达等缺陷，信贷传导机制在中国货币政策调控中占据主导地位。而且中国资本市场欠发达，企业融资渠道单一，对银行贷款的间接融资渠道的依赖程度很高，货币政策通过信贷传导机制影响微观企业行为的效果显著。中国货币政策的传导机制主要是信用传导机制，并且以银行信贷传导机制为主。

4.3.2　企业流动性管理

保持适当的流动性规模是企业正常生产经营和应付未逾期的支付要求的保证，流动性的持有规模和获取渠道构成流动性管理的内容。流动性管理包括流动性资产的配置和外部流动性的获得来源，流动性管理的内容实际上是企业的营运资本管理。

4.3.2.1　企业流动性持有目的

按照公司财务理论，企业营运资本管理的目标和价值体现在：通过科学高效的营运资本管理辅助资本性投资价值创造活动和促进资本性投资目标的实现。其具体功能体现在：满足资本性投资对短期资金的需要和保持良好的流动性，降低财务风险。因此，企业作为企业流动性管理主要内容的营运资本管理的主要目的体现在：一是为了日常的生产经营需要，配合资本性投资进行价值创造。如购买原材料、人工等劳动资料，一定量的流动性能够保证企业正常的价值创造活动，提高资本营运效率；二是应付经营过程的意外支付要求，保持适当的偿债能力，维持企业资金链安全。包括持有货币资金、交易性金融资产等；三是其他投资项目引致的流动性持有目的。如固定资本投资、研发创新投资等投资项目面临资金来源约束时，会与营运资本投资产生资金竞争，使用营运资本平滑其他投资项目，企业没有更好的投资机会时而增加的流动性持有。

4.3.2.2　企业流动性管理内容

根据埃里克·班克斯（2011）对企业流动性管理的定义，企业流动性的管理不仅包括企业资产转化为流动性的管理能力，还包括企业从外部顺利融资获得流动性的能力[5]。因此，企业流动性管理包括：企业以资源配置的方式将资产按照流动性进行配置，以保证资产能够顺利转化为流动性的能力；企业以经济上合理的成本从外部获得流动补充的管理。

（1）资产转化为流动性能力。

企业能否以较低的损失和较短的时间将资产顺利转化为流动性是流动性管理的首要任务。在企业资产结构中，变现能力最强的资产是流动资产，流动资产的配置规模及其变现能力对企业流动性管理具有重要影响。霍姆斯特龙和悌若尔（Holmström & Tirole，2007）构建包括流动性管理、风险管理和资本结构的三维度契约理论框架，并指出企业通过持有一定的流动资产是降低资本性投资过程中流动性风险的主要手段[130]。

企业持有的流动资产根据其变现的能力可以划分为不同层次的流动性：流动性最强的现金资产，不需要任何转换成本即可以转为流动性使用，但现金资产的持有需要承受较高的机会成本、代理成本；提供给客户使用的应收账款，可以快速转化为流动性但受到销售政策、市场竞争地位等条件的约束，并且存在坏账风险；以原料、半成品或产成品形态存在的存货，可以通过销售、抵押等转化为流动性，但受到销售能力、专用性和交易市场等条件的约束，并且持有存货需要承担管理成本、毁损风险和市场风险。不同类型的流动性资产对企业流动性的价值不同，通过流动资产结构的调整是资产转化为流动性能力的关键。企业对应收款和存货的管理能力是两者转化为流动性的关键，通过加速周转、降低占用等管理手段，促进应收款和存货尽快转化为现金对流动性管理具有非常重要的意义。

（2）外部流动性获取能力。

企业能否以经济上合理的成本从外部获取流动性是流动性管理第二

要务。企业可以依赖股权融资和长期借款等长期资金来源获得流动性补充，但长期融资方式取得灵活性差、取得的成本和投资者要求报酬率高，满足流动性的及时性差，并且导致流动性管理的经济效益降低，造成资金浪费；短期融资满足流动性需要的特点是融资灵活、取得成本和使用成本均较低，能够快速满足流动性的及时性需要，但短期融资的偿还时间弹性小，短期融资的价格波动大，需要企业具有良好的短期资金管理能力和承受成本波动风险。根据公司财务理论和企业理财实践，满足企业流动性需要的融资方式应该以短期融资方式为主。短期来源的管理包括企业对银行信用的拥有和维持管理，以及科学、合理的使用商业信用融资管理。具体来说，企业流动性不仅涉及流动资产的管理还涉及体现融资能力的负债流动性（毛付根，2000）[131]、体现营运资本管理能力的现金周转期（Shin & Soenen，1998）[76]。通过流动负债进行的流动性筹集的主要方式包括：从银行等金融机构获取的短期借款和占用供应商的商业信用。

银行借款是企业短期借款筹资中经常使用的方式，稳定和可循环的银行借款对企业获取稳定的流动性来源具有重要意义，但要求企业拥有良好的信用、稳定的生产经营，同时这种融资方式也会受到金融系统政策性调控的影响，一旦金融系统流动性收紧，银行借款受到的影响就会很大。以交易性金融负债为主要融资方式也是企业短期债务融资的重要补充，但这一方式需要良好的资本市场发展支持，债券市场的发行便利性和流动性至关重要。

供应商提供的商业信用的融资功能被理论研究者所重视，在公司实务中作为对短期债务的替代。但商业信用的使用需要牺牲企业本来可以享受的商业折扣，使得企业承受较高的资金使用成本；大量、长期的占用供应商资金会导致与供应商关系恶化，增加物资采购的搜寻成本、谈判成本和损失风险。

4.3.3 货币政策调整与企业流动性管理

货币政策是宏观流动性管理工具，货币政策对企业流动性的冲击主要体现在营运资本上，通过营运资本政策的调整来应对外部流动性冲击也是企业进行流动性管理的主要方式。

4.3.3.1 货币政策影响企业流动性的路径

货币政策对企业流动性的影响路径包括：改变了企业的风险预期和风险承担意愿（胡育蓉等，2014）[132]，受流动性预防性需求的影响而调整资产配置结构；货币政策改变了企业融资约束环境，影响企业外部流动性获得的成本和融资规模。

（1）货币政策影响企业流动性的资产途径。

货币政策的调整会影响企业承担风险的意愿和承担风险的能力。货币政策紧缩时，利率上升带来企业投资的成本上升，而未来现金流的折现价值降低，使得企业不愿意承担更多的风险而投资意愿下降和持有更多资金等待更好的投资机会；货币政策紧缩时，企业获得外部流动性可能性降低和成本上升，流动性的预防性需求增加，企业也会缩减投资而将更多的资金配置在预防流动性风险的项目上，降低企业风险。相反，在货币政策宽松期，不仅使得企业投资收益的成本下降，促进企业增加投资，而且使得企业对风险的容忍度增加，承担风险意愿上升，资金配置的投机性需求增加，并将资金更多的用来投资。

货币政策还会通过资产负债表渠道影响企业持有的有形资产的价格和抵押价值，影响企业获得银行信贷等外部流动性的能力。当货币紧缩时，企业的有形资产净值降低，抵押价值下降，增加了银行与借款者之间的逆向选择风险和道德风险，银行相应的会增加对贷款人贷款能力的要求并施以更加严格的审查，导致企业获得银行资金来源的可能性和规模下降。

（2）货币政策影响企业流动性的融资途径。

信贷传导机制是货币政策调整影响企业的主要路径之一。货币政策工具调整首先影响银行系统的流动性和银行的放贷能力，进而收缩银根，降低放贷的意愿和规模。

当货币政策紧缩时，银行流动性降低，银行信贷供给规模下降使得企业获得外部流动性资金来源渠道收窄；货币政策紧缩时，银行的流动性管理更加谨慎，银行风险承担的容忍程度降低，流动性释放的意愿和规模均会下降，进而影响企业获得来自银行信贷的资金减少。

货币政策紧缩还会导致未来市场不确定性增加，企业与外部投资者之间的信息不对称程度加剧，无论是债务融资还是股权融资均要承受较高的资本成本，通过外部融资渠道补充流动性的机会降低。

货币政策影响的企业外部资金的获得能力还会因为企业的不同特征而出现不同程度的进一步下降，如货币政策的紧缩会导致银行信贷配给程度增加，受到银行信贷歧视企业的流动性供给更低。

4.3.3.2 货币政策调整与企业流动性管理

当企业面临外部流动性供给的负面冲击时，企业流动性管理的变化首先体现在持有流动性目标的调整上，更加重视流动性预防目标，而对经营性流动性持有进行的调整，保证企业资金链安全，生存成为第一要务。

其次是调整流动资产持有结构，首先动用的流动性资产是货币资金，如果货币资金不能够应付流动性需要，必须调整非现金资产结构，通过抵押、变卖等方式转化为流动性。其中，交易性金融资产是非现金资产中流动性最强的资产，虽然可以作为流动性的补充来源，但是根据第3章对中国上市公司金融性流动资产持有现状分析可知，这部分资产比例很小，能够发挥的作用有限。

最后，作为企业外部流动性资金来源的重要补充途径，商业信用替代融资的作用日益受到重视。尤其是在货币资金紧缩时期，银行信贷供给降低，商业信用融资作用得到凸显。但商业信用替代银行信贷融资的缺陷也很明显，商业信用的占用需要牺牲对供应商的信誉成本，即使是在信用期限内，商业信用占用所牺牲的商业折扣成本要高于银行信贷利率成本。况且在货币政策紧缩期内，整个市场的企业都会面临流动性短缺，商业信用融资的稳定性变得较差。

值得注意的是除了利用商业信用替代外部银行信贷融资，企业还可以使用的外部融资方式是发行股票和债券进行流动性补充。就中国资本市场发展阶段而言，依靠股权再融资补充流动性的机会较小，其主要原因是中国资本市场虽然取得较大发展并建立了多层次的资本市场，但市场规模和市场准入条件使得能够获得 IPO 和增发机会的企业比例还很小。企业债券的发行条件更为严格，大多数企业使用这种方式补充流动性的可能性很小。第 3 章对中国上市公司金融性流动负债持有情况的分析也验证了这一点。

4.4　货币政策与营运资本投资管理

营运资本投资管理是企业资源配置的重要决策，对于保证企业价值创造能力和良好的流动性具有非常重要的意义。营运资本投资决策的权衡是在企业价值创造能力和风险管控水平之间进行的。当然，企业价值创造能力的大小取决于资本性投资的管理，但资本性投资会与营运资本投资产生资金竞争效应。营运资本的管理是在保持合理财务安全性基础上，尽量降低对资金的占用，以保证资本性投资的需要。货币政策的冲击会改变企业决策的风险预期和风险承受能力，通过营运资本管理调整保持企业资金安全和风险可控，改变企业营运资本政策在价值创造和风险管控的均衡状态。

4.4.1　营运资本投资管理

营运资本投资决策首先表现为企业资源配置结构的问题，即企业资源在资本性投资等长期资产和营运资本中的短期资产之间的配置决策，其次表现为营运资本中短期资产的配置结构问题，即本章4.2.1.2中短期资产配置结构问题。这里主要分析企业资源在资本性投资与营运资本投资中的配置所形成的配置政策。

（1）企业资产的配置结构。

长期资产和短期资产分别具有不同特征和功能，对企业价值创造和风险控制具有不同的作用，两者均是企业持续经营不可缺少的资源。那么企业该如何将有限的资源在上述两种资产类型中进行配置呢？也就是企业该如何处理长期资产与短期资产的比例问题。从企业理财目标的约束来说，实现企业价值最大化的资源配置方法和比例就是最优的资源配置政策。具体来说，资源在长期资产和短期资产的配置选择是企业权衡风险和收益的过程，这一过程在不同行业、不同生产经营特点的企业中，由于其生产特点、技术结构等差异，对风险和收益的权重并非一致。有些"重资产"行业更多的依赖固定资产等长期投资，而有些"轻资产"行业则拥有较多的无形资产或者较多的流动性资产。企业资源配置也是动态的，随着外部环境和内在条件的变化进行适时调整。

（2）营运资本投资管理。

根据风险和收益的选择和权衡可以将企业资源配置的政策划分为：激进型政策、适中型政策和稳健型政策。不同营运资本的比较分析如表4-1所示。

表4-1　　　　　　　　　　不同营运资本投资管理比较

营运资本投资管理	价值创造能力	风险水平
激进型营运资本投资管理	强	高
适中型营运资本投资管理	中等	中等
稳健型营运资本投资管理	弱	低

激进型营运资本投资管理主张将资源更多的配置在长期资产中，而短期资源占用比例很少。这一政策的典型特征是重视价值创造能力而承

受较高的流动性风险和经营风险。无论是在理论文献中还是在实务界都有一个共同的认识，即：企业流动性导致的财务危机和破产概率要远远高于盈利能力不佳。长期资产具有投资周期长、收益不确定大等特征，长期资产投资规模越大，企业的经营风险就越高。资源过多的配置在长期资产上，使得企业资源配置的灵活性降低，对于投资机会的把握和选择缺乏弹性。

适中型营运资本投资管理讲究风险和收益的均衡，将资源合理的配置在短期资产和长期资产中，能够较为均衡的控制流动性风险和经营风险，将长期资产的价值创造功能和短期资产的辅助功能科学组合，兼顾风险和收益、短期利益与长期利益。适中型营运资本投资管理相对激进型营运资本投资管理和稳健型营运资本投资管理是最优的，但这种政策的制定是难以从数量上进行准确确定的。一些文献使用影响营运资本投资的各种风险和价值变量构建营运资本目标需求量预测模型对营运资本最优投资量进行预测（Baños – Caballero et al.，2010）[48]。

稳健型营运资本投资管理是把有限资源更多的配置在短期资产上，充分重视企业流动性和财务风险，更多地看到了流动性危机是导致企业无法持续经营的主因。这一政策在保证企业持续经营的同时也放弃了一些净现金为正的投资机会，降低了企业价值创造能力。使用这一政策的企业更多的是维持现有的生产能力或者内部挖潜的再生产，具有很好的稳健性特征。

资源在长期资产和短期资产中配置比例是划分上述政策的特征变量，这一比例没有特定或者通用的划分标准，在不同行业或企业中存在不同的合理标准。

4.4.2　货币政策对营运资本投资的影响

4.4.2.1　货币政策与营运资本投资管理

营运资本投资的基本目标是在保证风险可控的前提下尽量少的占用

企业资源，促进企业资本性投资的顺利实施和价值创造能力的提高。其决策的过程是权衡提升价值创造和降低财务风险的过程。货币政策对营运资本投资管理的影响主要体现在：货币政策改变了企业对价值创造和财务风险的均衡状态和偏好，使得营运资本投资目标发生了改变，进而导致营运资本投资比例和投资结构发生调整。货币政策紧缩时，外部流动性紧缩，企业对风险的预防性需求增加，通过增加营运资本投资增加企业流动性，降低风险；营运资本投资结构也倾向于增加持有那些变现能力强的流动性资产。货币政策对营运资本投资管理影响路径如图4－2所示。

在图4－2中，没有货币政策影响的企业营运资本投资决策在价值创造和财务风险两个约束条件的权衡过程中实现均衡和稳定；当遇到货币政策冲击时，首先改变了企业对约束营运资本投资决策的两个目标的重新权衡，而且随着货币政策的调整，对两个目标的偏好产生差异，进而导致营运资本投资比例和投资结构发生改变。

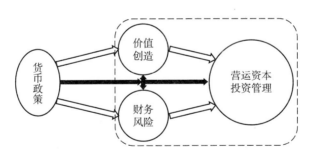

图4－2　货币政策影响营运资本投资管理的路径

4.4.2.2　货币政策、营运资本投资与企业价值创造能力

收益与风险的权衡是营运资本投资决策的基本原则。营运资本投资决策的过程和均衡状态在没有外部冲击的条件下可以自由决策，但企业的经营活动不可避免地受到外部环境影响，尤其是外部经济环境影响。作为外部宏观经济环境的重要因素：货币政策，对企业营运资本投资比

例和投资结构产生影响。

在货币政策紧缩期，企业的外部资金来源受限，以价值创造为主的企业资源配置目标将会转变为维护资金链安全，保证企业的生存成为第一需要。不仅要收缩新的资本性投资规模，而且要保证营运资本的投资规模，否则一旦发生财务困境，前期的资本性投资的经营风险凸显，或将成为沉没成本，企业无法持续经营并且走向失败。

货币政策紧缩期，利率上升，股权投资价格将会下降，托宾Q小于1，企业资本性投资的重置价值将会上升，理性的投资者会降低资本性资产的配置比例，更多的持有流动性资产，获得持有流动性资产的等待期权价值；货币政策紧缩，企业获得资金的成本增加、规模减小，进行资本性投资决策时要求的投资回报率提高，可以获得净现值为正的投资机会就会减少，企业就会降低资本性投资而更多的持有流动性资产。尤其是那些融资约束较为明显的企业，会倾向于持有更多的流动性，等待未来良好投资机会的到来。

从企业生产经营的角度分析，货币政策的宽松能够有效地促进市场需求增加，引致企业生产向好，进而对营运资本投资需求增加。最为直接的表现是以原材料等生产性资源的投资上升，销售增加，应收账款的占用和持有也会不断上升。钱仁汉等（2011）调查发现货币政策趋于宽松时，企业营运资本投资项目中，有81%的企业原材料采购的资金投入需求最大，其次是应收账款的资金占用，占比为37%[133]。

基于以上分析，货币政策紧缩期，企业也将会对营运资本持有结构进行调整。营运资本持有的目的之一是辅助资本性投资进行更好的价值创造，资本性投资的收缩和调整也会对非现金的营运资本项目如存货进行调整，企业会持有更多的灵活性营运资本项目，降低专用性营运资本投资，回收应收款项，为未来的良好投资机会储备资源。格特勒和吉尔克里斯特（Gertler & Gilchrist，1993；1994）研究发现在货币政策紧缩期，外部融资能力受到影响的企业会迅速调整营运资本投资结构，降低存货投资量[134,135]。

4.4.2.3　货币政策、营运资本投资与企业流动性风险控制

除了基于价值创造视角分析货币政策对营运资本投资管理的影响之外，货币政策作为宏观流动性管理工具对企业流动性管理产生重要影响。营运资本投资管理是企业进行流动性管理的主要方式。企业持有流动性资产的目的之一是应付非预期的现金支付需要，降低因为流动性短缺而导致的流动性风险。企业获得流动性的主要方式是外部融资和内部资产转化为流动性的能力。而营运资本投资比例和投资结构又是决定企业流动性资产转化为流动性能力的关键。企业持有一定规模的流动资产能够有效地降低投资项目实施过程中可能存在的流动性风险（Holmström Tirole，2000）[130]；郭丽虹和金德环（2007）研究发现企业持有的流动资产通过降低未来可能存在的流动性风险和促进资本性投资支出，对企业价值的增长具有促进作用[136]。

货币政策紧缩期，企业会增加营运资本的投资规模，以维持适当的流动性来降低流动性风险和发生财务困境的可能性。货币政策紧缩期，利率上升，企业资产净值和抵押价值降低，尤其是专用性很强的资本性资产，缺乏良好的流通市场，具有较高的调整成本，其资产净值和抵押价值要比流动性资产低。而流动性资产具有很强的变现能力和较低的调整成本，其资产净值和抵押价值相对较高。因此，在面临外部流动性负向冲击时，企业会选择持有较高变现能力和较高资产净值的流动性资产，依据调整成本降低资本性资产投资，提高流动资产持有比例。

货币政策的调整对企业具有预期引导作用，在货币政策宽松期，企业对未来市场具有良好的信心，增加了企业承担风险的容忍度，促使其承担更高的风险水平（胡育蓉等，2014）[132]，进而进行更激进的营运资本投资，即降低营运资本投资水平，将资源更多的配置在资本性投资项目上。

4.5 货币政策与营运资本融资管理

4.5.1 营运资本融资来源及融资管理

4.5.1.1 营运资本不同融资来源

稳定的营运资本资金来源是满足企业日常生产经营的流动性资金需要和应付预期与非预期现金支付需要的保证，无法及时的以合理成本获得流动性资金支持是导致流动性风险产生的主要途径之一。

营运资本融资渠道分为内部融资和外部融资。内部融资可以依靠持续的现金流支持，也可以依靠其他资产的转化而来；外部融资渠道分为股权融资和债务融资，而债务融资又可以根据债务期限结构分为长期债务和短期债务，其中短期债务包括银行借款和以商业信用为主的应付款项。在资本市场较为发达的经济体，债券融资也是企业获得外部资金来源的重要方式。

在完美的市场条件下，无论使用哪种融资方式对企业价值都没有影响。但是在有缺陷的市场中，不同融资方式具有不同的风险和不同的要求报酬率，进而对企业价值产生不一样的影响。内部融资和外部融资之间存在信息不对称的差异，股权融资与债务融资之间存在税收和破产成本的差异，不同融资的选择均会引起不同程度的代理问题和向市场传递不同的信号，最终形成投资者不同的要求报酬率。以上问题构成公司财务理论中资本结构研究的主要内容。

就营运资本的特点及其融资方式来说，使用股权融资和债务融资等长期融资方式虽然提供较为稳定的资金来源，降低财务风险，但也会造成资金浪费，承受高昂的使用成本，降低企业创造价值的能力。短期债务融资方式具有较高灵活性和较低的资本成本，但需要承担较高的再融资成本和风险，承受利率变化带来的成本风险和刚性偿付带来的财务风险，特别是短期资源的稳定性很容易受金融市场政策调整的影响。因此，营运资本融资决策也是在企业价值创造能力和财务风险之间的权衡。

4.5.1.2　营运资本融资管理比较

根据资产债务期限匹配理论，不同期限的资产和不同期限的债务如果能够良好的匹配可以有效地降低企业流动性风险和资金闲置的机会成本（Morris，1976）[58]。根据满足营运资本融资需求的资金来源期限，以及不同融资渠道的风险和成本，可以将营运资本融资管理分为激进型融资管理、适中型融资管理和稳健型融资管理。不同营运资本融资管理比较如表4-2所示。

表4-2　　　　　　　　　不同营运资本融资管理比较

营运资本融资管理	成本水平	风险水平
激进型营运资本融资管理	低	高
适中型营运资本融资管理	中等	中等
稳健型营运资本融资管理	高	低

激进型营运资本融资管理的典型特征是使用短期资金满足全部营运资本资金需要和部分长期投资资金需要。这一政策除了使用短期资金来源满足了全部的营运资本资金需求之外，还使用部分的短期资金满足长期投资项目需要。调整频繁的短期资金用来支持稳定性较强的长期投资，造成资金来源和使用的不匹配，存在较大的隐形财务风险，当面临外部资金环境变化冲击时，财务风险很快转化为财务危机。

稳健型融资管理则是更多的使用长期资金来源满足营运资本资金需求，提供给营运资本投资更稳定的资金供给，带给营运资本投资调整更大的弹性，降低企业的财务风险。但使用期限较长的长期资金，投资者要求的报酬率较高，将这部分资金配置在价值创造能力较差的营运资本投资中，无法实现资金使用效益的最大化。为了满足投资者要求的报酬率，企业不得不进一步增加长期投资项目的要求回报率，项目要求报酬率的提高削弱了投资项目的竞争力，甚至失去一些拥有良好现金流回报的投资项目，发生非效率投资。

适中型营运资本融资管理注重短期资金来源与营运资本资金需求的良好匹配，短期资金资源满足短期投资项目，长期投资项目则使用长期融资方式。适中型营运资本融资管理虽然是一种较为理想的资金匹配方式，但要实现这一目标需要良好的资本市场条件和企业良好的理财能力，使得企业能够以较低的成本和较高的效率实现融资和投资的选择和匹配。这样一种对环境要求近乎苛刻的理财决策在现实环境中实现的难度较大，尤其是在中国资本市场中，企业获得长期融资的难度要远远大于短期融资。

4.5.2 货币政策与营运资本融资管理

营运资本融资可以使用的融资渠道具有不同的风险和成本，营运资本融资决策即是在不同融资方式的权衡中选择成本最低、风险最小的融资方式。货币政策作为宏观流动性管理的重要工具，对营运资本融资决策产生了重要影响。

根据前文对中国货币政策体系的分析，信用渠道是中国货币政策传导的有效机制，其中以信用渠道中的银行信贷渠道为主。银行信贷渠道传导机制的基本内容是：货币政策的调整改变了银行系统的流动性，对银行系统资金供给的规模和成本产生影响。企业因此改变了融资环境，获得外部资金的可得性上升，而融资成本和资金使用成本下降。

货币政策宽松期，银行流动性增加，利率下降，企业获得银行信贷的可能性上升。短期债务与长期债务相比，其资本成本低，获得融资的便利性强，企业出于成本因素的考虑会增加短期资金使用。货币政策宽松期，企业面临的信贷歧视也降低，短期资金供给充裕而且对资金的投向和使用约束少，银行抵押的要求降低，也进一步促进了企业更多的使用短期资金。

货币政策紧缩期，银行银根紧缩，利率上升，短期资金获得的难度增加，获得的便利性降低。大量使用短期资金对企业流动性管理的能力提出了更高的要求，以更好的应付循环增加的偿债要求，防范财务危机。货币政策紧缩期，银行对借款企业的审核更加严格、抵押要求更高，更容易产生银行对企业的信贷歧视。货币政策影响营运资本融资管理的路径如图4-3所示。

在图4-3中，企业正常的营运资本融资决策是权衡不同资本来源的成本和风险的过程。货币政策的影响改变了企业融资的环境，进而打破了企业已有的营运资本融资均衡状态，使得企业重新选择融资方式和融资的来源结构。

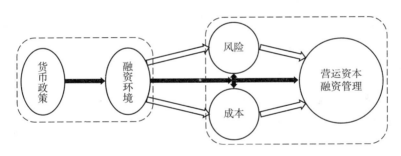

图4-3 货币政策影响营运资本融资管理的路径

4.5.3 货币政策与营运资本短期融资结构

根据资产债务期限匹配理论，不同期限的资产和不同期限的债务的良好匹配可以有效地降低企业流动性风险和资金闲置的机会成本（Morris，1976）[58]。营运资本投资应该主要使用短期资金来源，执行适中型的营运资本融资决策，使得营运资本管理实现收益最大和风险最小的最优均衡状态。因此，本部分重点分析货币政策对营运资本短期融资来源的影响。营运资本短期融资来源主要包括以银行借款为主的短期借款融资和以应付款项为主的商业信用融资。

4.5.3.1　货币政策对短期借款融资的影响

银行信贷是企业营运资本融资的重要渠道，尤其是中国企业对于银行信贷这种间接融资方式依赖程度要远远高于其他融资方式。货币政策可以通过利率途径和银行信贷途径对企业获得银行信贷产生影响。

利率在货币政策的作用传导过程中发挥着重要作用，构成货币政策传导的利率传导机制。在中国货币政策体系中，利率更是成为货币当局调整货币政策的直接操作工具。货币政策的调整无论是直接改变利率水平还是间接影响利率水平，均会对企业使用银行信贷的成本产生影响。在货币政策紧缩期，利率上升，或者是通过其他货币政策工具使得银行可贷资金规模下降使得利率上升，企业获得的银行贷款的成本将会上升，增加了企业资本成本和营运资本投资的机会成本，降低了企业使用银行信贷的意愿，但会使得那些融资约束程度强的企业流动性风险增加。在中国企业的实践中，货币政策中的利率对企业获得流动性资金来源的影响还存在间接的途径，即在中国正规的金融体系之外还存在相当规模的民间信贷行为，货币政策的宽松，利率下降也将会使得那些承受银行信贷配给的民营企业使用民间信贷融资的成本降低，有助于民营企业获得更多的资金来源（贺京同等，2015）[137]。

货币政策的银行信贷影响途径可以从银行信贷规模和企业获得银行信贷能力两个方面进行分析。货币当局调整货币政策的方式通常是通过使用货币政策工具改变流通中货币，控制宏观流动性和银行体系流动性。货币政策紧缩期，流动中货币规模降低，银行流动性和信贷规模减少，企业获得银行信贷的资金降低。货币政策的紧缩还会加剧银行信贷配给程度的增加，由于所有制、地区金融发展水平、银企关系等制度性和经济性因素的差异，导致一些企业不同程度的银行信贷歧视，导致企业在获得银行信贷的可能性和显性与隐形成本存在差别。

4.5.3.2　货币政策对商业信用融资的影响

商业信用是企业正常商品交易中以商品赊销、预付款项等形式存在的信用方式，其最初的功能是作为促进销售和市场竞争的主要方式。商业信用具有的融资功能受到研究者的广泛关注和深入研究，尤其是商业信用因为货币政策、融资约束等因素的影响能够发挥比较显著的融资作用在已有文献中被反复证明。

商业信用在货币政策紧缩期更多地发挥着替代银行信贷融资的作用，而在货币政策宽松期则具有市场竞争功能（陆正飞和杨德明，2011）[69]；商业信用融资功能大量的存在于那些企业规模小和持有流动性较低等融资约束比较突出的公司（Meltzer，1960）[65]，在中国企业中则大量存在非国有企业中（Ge & Qiu，2007）[138]。

商业信用能够替代银行信贷融资主要取决于自身的一些特征。首先是商业信用作用是企业与供应商之间基于商品交易而存在的信用方式，较之于企业与银行，企业与供应商之间信息不对称的程度较低，能够及时获得对方的经营情况和信用信息，这有助于降低商业信用的逆向选择和道德风险；其次是商业信用的存在是基于企业与供应商之间的良好购销关系而存在的，如果商业信用不能够得到及时偿付将破坏这种购销关系，对企业生产经营产生影响并提升重新搜寻和确定新的供应商的成本；最后是如果发生违约情况，提供商业信用的企业可以收回所供应的产品并顺利的投放原有的销售渠道，以较低的成本调整客户和渠道，使得违约损失降到最低。

货币政策紧缩期，企业可能更多的利用商业信用进行营运资本融资。其主要原因是：首先，货币政策紧缩期，银行信贷获得可能性降低，而商业信用依存于商品交易和良好合作关系的存在而存在，通过商业信用融资比银行信贷的可能性要高；其次，货币政策紧缩期，银行信用的成本较高，而商业信用的上述特点使得其在信用期内可供企业使用的资金成本比银行信贷具有优势；最后，货币政策紧缩通过资产负债表传导机制对资产的抵押价值产生负面影响，尤其是那些资产规模小、结构单一的企业可能无法满足银行抵押的要求和标准，获得银行信贷的能力降低。而商业信用获取过程中却不会存在这种情况，购销双方所交易的商品和购销关系本身就提供了良好保证。

商业信用的大量存在除了具有传统意义上的市场竞争作用外，商业信用对于银行信贷的替代作用在企业的融资中发挥着越来越重要的作用。将商业信用的替代融资功能纳入货币政策传导机制，形成货币政策的商业信用渠道传导机制也成为货币政策研究者关注的新方向（Kohler et al.，2013）[139]。

4.6　货币政策与营运资本运营效率

货币政策的调整影响营运资本占用水平、改善企业上下游其他关联企业的经营环境，进而影响企业的营运资本运营效率；通过影响企业的融资和投资对企业产品市场的竞争力和经营绩效产生重要影响，进而影响企业现金回收的速度。

4.6.1　营运资本运营效率与流动性管理

营运资本投资管理和融资管理是从静态角度考察的营运资本投资和融资的状态，体现企业对风险和收益的权衡。而营运资本运营效率的研究主要是动态角度考察营运资本辅助资本性投资进行价值创造的能力，促进价值以现金的方式尽快流入企业，以支持企业再投资和实现对股东利益的回报。从流动性的角度考察，营运资本运营效率也是企业通过加速收款、延迟付款、降低占用，对流动性进行动态管理，不断提升企业流动性质量的重要手段。营运资本运营效率越高，营运资本投资比例和融资规模的需求就越少。埃尔杰利（Eljelly，2004）直接使用衡量营运资本运营效率的指标：现金周转期来从动态的角度评价企业的流动性[140]。

营运资本的管理效率和管理效率的评价的核心是现金周转期。现金周转期是企业现金从投入到收回所耗费的时间，时间越长，效率越低。

营运资本运营效率提升的方法和管理效率的评价具体体现在存货周转期、应收款项周转期和应付款项周转期。存货周转期和应收款项周转期考察现金流入企业的速度和时间，应付款项周转期考察现金流出企业的时间，流出时间和流入时间的差异决定了企业在营运资本上的投资规模及是否需要流动性补充融资。虽然营运资本投资比例是保证企业流动性的重要途径之一，但其投资结构中，有些项目是"死"的，例如积压的存货和拖欠的债务等流动性的意义已经不大，而营运资本运营效率则是让资产"活"起来的关键，对流动性的意义更加重要，也是保证企业流动性能力的主要影响因素。

只有提高存货周转、加速收款和保持与供应商良好关系的前提下尽量延期支付，才能降低整个现金周转期，提升营运资本运营效率。高效的营运资本管理不仅可以为企业提供足够的流动性，及时满足降低财务风险的需要，还可以降低营运资本的投资规模，将企业有限资源更多的配置在资本性投资中，提升企业价值创造能力。

4.6.2 货币政策与营运资本运营效率

货币政策对企业营运资本运营效率的影响路径包括：货币政策通过影响企业的融资约束程度对其生产经营状况、市场竞争能力产生影响，进而影响营运资本运营效率；货币政策通过对企业外部需求约束的影响来影响企业营运资本运营效率。货币政策影响营运资本运营效率的路径如图4-4所示。

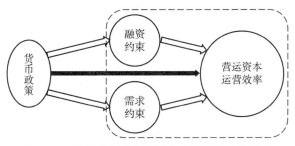

图4-4 货币政策影响营运资本运营效率的路径

（1）货币政策影响营运资本运营效率的融资约束途径

宽松的货币政策有助于改善企业的流动性状况。宽松的货币政策有助于企业获得更多的信贷资金，改善企业的流动状况，企业拥有更多的流动性可以促进企业更好地开展经营活动，增强参与市场竞争的能力，实施有力的促销手段，扩大销售规模，实现更好的业绩增长；货币政策越宽松，企业获得外部资金的规模上升，而资金的成本下降，企业获得的价值剩余更大，更有动力增加投资、扩大规模和加速运营速度。米什金（2011）对货币政策影响企业产出的路径进行全面和深入的研究，指出货币政策通过利率、贷款、资产负债表、投资机会和信息等途径影响企业投资和产出，宽松的货币政策有助于企业降低成本、获得更多的贷款、股票价格上涨，促进企业投资、产出增加和销售收入上升，现金流的回收速度加快和规模提高[141]。

（2）货币政策影响营运资本运营效率的需求约束途径

货币政策通过改善市场需求促进企业销售业绩增加，加速企业产品周转。货币政策宽松期，伴随的是市场需求的增加和购买力的增强，拉动企业存货周转加速和尽快收回货款，降低整个营运资本周转时间；货币政策改变了消费者拥有的可支配收入水平及对未来收入变化的预期，进而影响其消费能力、消费意愿和购买能力。当货币政策紧缩时，消费能够任意支配的收入降低并且降低未来收入增长的预期，导致当前的消费意愿和购买力降低，使得企业销售下降，收入降低，营运资本运营效率下降（冯建和王丹，2013）[142]。程正中和张绪通（2015）通过研究货币政策对房地产企业的影响发现，宽松的货币政策有助于降低企业成本，提升企业营业收入，促进企业加快资产的周转速度，降低周转期[143]。

货币政策对企业风险承担意愿和风险承担能力的影响也是货币政策影响营运资本运营效率的途径。承担风险的水平越高，生产效率和销售增长率也越大（John et al.，2008）[144]，根据前文分析货币政策宽松期，企业承担风险的意愿和水平均会上升，进而促进企业销售业绩的提升。

货币政策影响营运资本政策的机理如图4-5所示。

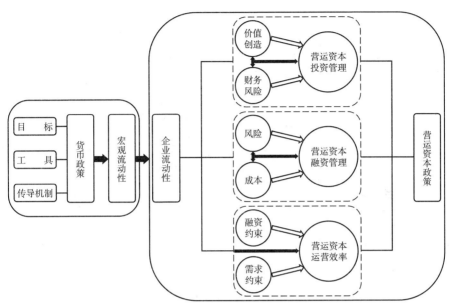

图4-5　货币政策影响营运资本政策机理

第5章

货币政策影响营运资本投资
管理的实证研究

5.1 引 言

作为营运资本政策的首要管理内容，营运资本投资管理是企业资源在流动资产中的配置规模和配置结构决策，这一决策影响企业价值创造能力和财务风险管控水平。根据公司财务理论和资源配置理论，资本性投资是企业价值创造的源泉，企业有限的资源配置在资本性投资上的比例越高，企业的价值创造能力越强；同时，随着资本性投资配置比例的提高，企业资源配置在营运资本上的比例也就越低。较低的营运资本配置水平会带来流动性降低，无法偿还未预期的支付要求，引发财务困境。

营运资本投资的价值创造和风险管控的权衡会受到企业内部和外部的各种因素影响，其中货币政策作为重要的宏观经济调控政策和主要的宏观流动性管理工具，对企业营运资本投资比例和投资结构产生全面和深刻的影响，改变企业在营运资本投资中的价值创造和风险管控的平衡。面临外部货币政策冲击时，企业如何调整营运资本投资比例和投资结构进行流动性管理是本部分通过实证研究方法需要证明的主题。

本章主要使用单变量差异检验、面板向量自回归（PVAR）模型、面板多元回归分析方法和多元有序 logit 回归方法等计量经济学方法对货币政策对营运资本投资比例和投资结构的影响进行实证检验和分析。

本章的创新体现在：全面和深入的研究了货币政策对营运资本投资决策的影响，采用不同的实证研究方法和不同变量对两者的关系进行验证，为更好的认识和理解货币政策对营运资本投资管理的影响提供稳健性的实验证据；采用面板向量自回归模型（PVAR）对受货币政策影响的营运资本决策在风险和收益之间的权衡行为进行证明，有效的补充已有研究只是通过简单的变量描述评价营运资本投资管理的不足；将现金流稳定性和融资约束两个重要的公司财务变量纳入分析框架，研究其对货币政策与营运资本投资管理关系的影响作用。

本章余下的内容包括：5.2 理论分析与研究假设；5.3 样本与数据；5.4 变量设计和计算方法；5.5 描述性分析；5.6 单变量比较分析；5.7 货币政策影响营运资本投资的 PVAR 模型分析；5.8 货币政策影响营运资本投资的多元回归分析。

5.2　理论分析与研究假设

5.2.1　货币政策与营运资本投资管理

货币政策是调控经济的重要手段，从使用调控工具到实现最终目标的过程，银行系统发挥了非常重要的作用，尤其是中国企业的融资对于银行体系的依赖程度很强，银行信贷在企业的融资来源中占据非常重要的地位。货币政策通过融资环境、投资机会和流动性风险等途径对企业营运资本投资管理产生影响。

货币政策宽松期，宏观流动性充裕，企业获得融资的可能性提高，融资成本降低，企业获得投资收益的边际成本降低，增加投资会带来更大的收益增长，是企业投资的良好时机，引发企业增加资本性投资而降低营运资本投资。货币政策宽松期，企业外部融资约束程度降低，企业通过融资渠道获得流动性的可能性上升，而获得成本下降，企业会更多地使用外部融资满足流动性需要而降低流动性资产持有。货币政策宽松使企业可以利用的投资机会增加，营运资本投资管理会更偏向于营利性，而预防性动机降低，企业会将资源更多的配置在价值创造能力更强的资本性投资中。宏观流动性的宽裕也为企业流动性管理提供了更大的弹性，企业风险承受意愿提高，也更加倾向于持有更少的营运资本投资。

货币政策紧缩期，企业面临的不确定性增加，尤其是宏观流动性对企业流动性的影响更加显著和直接，企业融资来源受限、融资成本上升。从资本性投资的成本效益权衡出发，企业会收缩长期投资，将资源配置在营运资本上。为了应对流动性冲击可能带来的财务危机，企业会持有更多的流动资产，增加企业的预防能力，一方面满足正常经营需要，另一方面是获得流动性的保证。冯建和王丹（2013）研究发现货币政策调整会对企业资产配置产生影响，在货币政策紧缩期，企业会调整金融资产和实物资产的配置结构，增加流动资产持有[142]。

基于以上分析，提出本研究的假设 5.1。

假设 5.1 相对于货币政策紧缩期，在货币政策宽松期，企业营运资本投资比例更少。

5.2.2 企业特征差异、货币政策与营运资本投资管理

面临外部货币政策调整影响，企业如何应对外部流动性冲击变化因企业不同特征而表现出差异。本部分主要考虑企业财务决策中两个最主

要变量：现金流稳定性和融资约束，分别分析两个变量对货币政策影响与营运资本投资管理调整关系的影响。

5.2.2.1　现金流稳定性、货币政策与营运资本投资管理

现金流是公司财务理论的核心概念，是折现现金流方法决定投资项目取舍的重要因素。现金流的稳定性程度是测度企业投资项目盈利能力和盈利质量的重要变量。

从营运资本投资的预防风险角度来说，企业流动性的来源有二：一是以合理的成本获得外部资金来源；二是依靠持有的资产进行抵押融资、变卖转化而来的流动性。在企业实践中，第一种流动性获取方式应该是常态，第二种方式中依靠抵押是第一种融资方式的基础，而通过变卖现有资产转化为流动性的获取方式则是非科学、不合理的方式。如果企业流动性的获得到了依赖变卖资产的程度，企业的破产也就不期而至了。以上只是基于静态的角度分析，这也是传统公司财务理论与实践中分析企业偿债能力和财务风险使用的最主要方式。从企业动态角度来说，能够保证企业有足够的偿债能力和流动性的是企业的盈利能力，只有可持续的盈利能力才是保证企业流动性外部融资和满足偿付要求的关键。

货币政策宽松期，企业获得外部流动性的可能性提高和获得成本降低，企业资源配置的目标更倾向于提高盈利能力和盈利质量，而风险防范的能力和承担风险的意愿均提高。那些现金流稳定性较差的企业寻求改善盈利能力和盈利质量的动机更强，并且可能性更大。根据货币政策的利率、托宾 Q 和信贷等传导机制，货币政策宽松期为企业提供了更好的投资机会。同时在货币政策宽松期，获得投资收益的边际成本下降，企业应该增加资本性投资，降低营运资本投资。

基于以上分析，提出本研究的假设 5.2。

假设 5.2　货币政策的宽松有助于降低营运资本投资比例，但是现金流稳定性较差的企业，其营运资本投资比例更低。

5.2.2.2　融资约束、货币政策与营运资本投资管理

融资约束是指存在摩擦的市场环境中，不同融资渠道不能互相替代，企业更多的依赖内部资金来源。融资约束不仅是指融资来源的可能性受到约束，而且融资成本存在差异。融资约束的存在会导致企业丧失投资机会、降低价值创造能力，无法保证股东利益最大化目标。融资约束的存在也是企业调整营运资本投资管理、进行流动性管理的重要原因。

货币政策冲击是改变企业融资环境的主要因素之一，对企业融资约束程度带来不同程度的影响。货币政策宽松期，企业虽然可以降低营运资本投资量，但降低的幅度受到企业面临的融资约束程度的影响。融资约束程度比较强的公司，货币政策的调整只能使其进行更加积极的流动性管理，货币政策的宽松也只能在一定程度上缓解其融资约束，对于营运资本投资比例的降低幅度要小于那些融资约束程度比较低的公司。吴娜（2013）研究发现融资约束会在不同经济周期对企业营运资本调整的影响存在差异，经济上行期，融资约束强的公司会进行积极的营运资本调整，经济下行期，融资约束弱的公司调整速度更快[50]。

基于以上分析，提出本研究的假设5.3。

假设5.3　货币政策宽松期，营运资本投资比例降低，但相对于融资约束小的公司，融资约束越大的公司，融资约束程度有助于抑制其营运资本投资的降低。

5.2.3　货币政策、营运资本投资比例和投资结构

现金、应收款项和存货是营运资本投资项目的主要内容。现金是营运资本投资中流动性最强的项目，其调整成本最小；应收款项的形成和回收受企业销售政策和应收款管理政策的影响，对应收账款形成较强的约束，其调整过程和时间不仅受到企业自身决策的影响，也会受到占用应收款对象的约束，形成应收款回收和调整的风险，其调整的成本较

高；存货的调整受企业销售政策、销售能力、资产专用性和变现市场的影响，其调整时间和成本更高。

当营运资本投资受到货币政策冲击时，从调整时间和调整成本的权衡来说，最先受到影响和最先调整的是流动性最强的现金，依靠现金的获取和支付是调节企业流动性最快和最方便的方式；虽然企业现金的补充可以依靠应收款的回收进行补充，但这一方式不仅取决于企业自身的主观能动性，也要受到客户的影响，其调整成本和调整时间较高；而存货的功能是企业价值创造的载体，其转移方式从原材料到产成品再到转化为现金需要的时间更长。存货的非核心功能作为企业获得流动性的抵押或变卖功能应该是企业在无计可施的严重财务危机时才可以使用的，但存货的调整和周转发生在企业内部，其调整成本相对较小。

基于以上分析，提出本研究的假设 5.4。

假设 5.4　不同的营运资本投资项目具有不同的流动性和调整成本，对营运资本投资比例产生的影响存在差异。货币政策紧缩期，流动性强和调整成本低的现金、存货是企业营运资本投资项目调整的主要内容，对营运资本投资比例产生主要影响。

5.3　样本与数据

5.3.1　样本选择

本章资料使用季度数据，而中国上市公司季度财务报告自 2003 年才可以获得。因此，本章研究的样本期为 2003 年 1 季度至 2015 年 4 季度，研究的基础样本为中国沪深 A 股主板和创业板上市公司，对样本做了以下筛选：（1）删除了金融行业上市公司；（2）被 ST 等处理公司的被处理期间的观测值。行业分类使用中国证监会 2015 年 4 季度的分类结果，并在此基础上根据业务相近程度做了一定程度的合并，形成21个行业类别。

5.3.2 数据来源和处理

上市公司数据来自 CCER 经济金融数据库，货币政策数据来自于中国人民银行网站。数据使用 Excel 和 Stata 软件处理。考虑到本研究样本量差异较大，为了减少极值的影响，对除了货币政策变量以外的其他连续型变量进行上下各5%的 Winsorize 处理。

样本的年度分布如表5-1所示，样本的行业分布如表5-2所示。

表 5-1 样本年度分布

项目	2003 年	2004 年	2005 年	2006 年	2007 年	2008 年	2009 年
观测值（家）	4555	4839	4925	5040	5479	5778	5970
比例（％）	5.01	5.33	5.42	5.55	6.03	6.36	6.57
项目	2010 年	2011 年	2012 年	2013 年	2014 年	2015 年	合计
观测值（家）	7068	8289	9062	9415	9809	10608	90837
比例（％）	7.78	9.13	9.98	10.36	10.80	11.68	100

注：本章所有表格均是笔者根据样本资料自行制作。

表 5-2 样本行业分布

行业	公司数（家）	公司比例（％）	观测值数（个）	观测值比例（％）
农林牧副渔业	46	1.63	1401	1.54
采掘业	76	2.69	2865	3.15
食品饮料业	109	3.86	3737	4.11
纺织服装业	75	2.65	2371	2.61

行业	公司数（家）	公司比例（%）	观测值数（个）	观测值比例（%）
木材家具业	18	0.64	494	0.54
造纸印刷与文体用品制造业	45	1.59	1439	1.58
石油化工与橡胶塑料业	278	9.84	8965	9.87
医药制造业	167	5.91	5444	5.99
金属与非金属业	231	8.17	7748	8.53
机械设备业	574	20.31	15929	17.54
电子仪器业	279	9.87	7689	8.46
其他制造业	23	0.81	577	0.64
电力、热力、燃气及水生产和供应业	95	3.36	4106	4.52
建筑业	80	2.83	2394	2.64
批发和零售业	154	5.45	6303	6.94
交通运输、仓储和邮政业	89	3.15	3500	3.85
文艺与新闻传播业	50	1.77	1591	1.75
房地产业	131	4.64	5947	6.55
信息技术业	167	5.91	3896	4.29
其他服务业	109	3.86	3298	3.63
综合业	30	1.06	1143	1.26
合计	2826	100	90837	100

5.4 变量设计和计算方法

5.4.1 营运资本投资变量

（1）营运资本投资比例。

营运资本投资比例变量用来测度企业总资本中投资在流动资产中的

比例，其基本计算方法是流动资产合计除以资产总计。为了消除季节数据存在的季节效应，将 t 年 j 季度流动资产比例减去 $t-1$ 年 j 季度的流动资产比例的变化额作为营运资本投资比例变量，以下其他指标均采用这种方法消除季度效应。[①]

（2）营运资本投资结构。

营运资本投资内容主要包括现金、应收款和存货等内容，通过计算上述三个内容分别占流动资产的比例作为反映营运资本投资结构的指标。

第一，现金比例指标。将货币资金和交易性金融资产合计作为现金总额，现金比例等于现金除以流动资产合计，采用与营运资本投资比例指标相同的方法消除季度效应。

第二，应收款项比例指标。应收款项主要包括应收账款、应收票据和预付款项，三者合计的净额除以流动资产合计计算应收款项比例，并采用与营运资本投资比例指标相同的方法消除季度效应。

第三，存货比例指标。使用存货净额除以流动资产合计计算，并采用与营运资本投资比例指标相同的方法消除季度效应。

5.4.2 货币政策变量

货币政策的基本传导过程是货币政策当局使用货币政策工具影响货币政策中间目标，最终实现货币政策最终目标的过程。实现货币政策最终目标的过程中通过设置货币政策中间目标来监测货币政策措施的效果，以帮助货币政策当局及时掌握货币政策工具实施的过程、市场对货币政策工具的反应及货币政策执行的阶段性效果，在货币政策体系中具有十分重要的作用（郭田勇，2006）[145]。

---

① 陈强. 高级计量经济学及 Stata 应用（第二版）［M］. 北京：高等教育出版社，2014：399.

货币供应量是货币政策理论和西方国家货币政策调控实践中主要使用的货币政策中间目标，满足选择货币政策中间变量的良好特性：相关性、可控性和可测性。中国人民银行在1996年开始将货币供应量作为中国货币政策体系的中间变量，随着我国货币政策调控的市场改革和金融市场发展，货币政策调控和金融市场管理从直接走向间接，货币供应量指标在中国货币政策调控中的作用越来越重要。盛松成和吴培新（2008）通过实证研究发现，货币供应量（$M2$）与其他货币政策变量相比对经济现象的解释具有更强的能力[7]。

因此，本研究选择广义货币供应量（$M2$）作为货币政策测度的指标，具体计算时采用同比季度 $M2$ 增长率作为货币政策指标为了体现货币政策的调整采用 $M2$ 的同比季度增长率作为货币政策指标。同时，根据吴晓灵（2009）[146]关于货币政策松紧程度的定义，借鉴陆正飞和杨德明（2011）的做法，根据 $M2$ 同比季度增长率－（同比季度增长率＋GDP 同比季度增长率）的值判定货币政策的松紧程度，超过（等于）均值的期间为货币政策宽松期，低于均值的期间为货币政策紧缩期[69]。

5.4.3　其他变量

（1）价值创造能力。使用现金流比例测度企业价值创造能力，也即企业价值创造能力的衡量。其计算方法是经营活动产生的现金流量净额除以资产总计，并采用与营运资本投资比例指标相同的方法消除季度效应。价值创造能力是公司财务决策的核心，是实现企业价值最大化和股东财富最大化目标的基础和保证。因此，价值创造能力是公司投资决策和资源配置的重要约束变量。对营运资本配置规模决策产生重要约束，营运资本投资比例越大，企业价值创造能力和价值创造能力越低。

（2）财务风险。使用资产负债率作为企业财务风险的代理变量。其计算方法是负债合计除以资产总计，并采用与营运资本投资比例指标相同的方法消除季度效应。财务风险是企业无法满足未预期的偿付要求所导致的损失与收益的不确定性，来源于企业融资决策。降低财务风险的主要手段是保持合理的流动性，而流动性的保证是营运资本投资比例。因此，流动资产投资规模越大，企业流动性越高，财务风险越小。

（3）资本性投资支出。使用购建固定资产无形资产和其他长期资产所支付的现金除以资产总计计算，并采用与营运资本投资比例指标相同的方法消除季度效应。资本性投资是企业价值创造的源泉，是企业资源配置的主要项目，与营运资本投资产生资源竞争效应。

（4）营业收入增长率。使用本期营业总收入减去上期营业总收入的差额除以上期营业总收入，并采用与营运资本投资比例指标相同的方法消除季度效应。营业收入的形成和变化是企业投资不断转化为现金的重要过程，营业收入的增加会带来营运资本投资比例及其结构的变化。

（5）资产规模。采用资产总计取自然对数计算得到，并采用与营运资本投资比例指标相同的方法消除季度效应。资产规模也是企业规模的代理变量，规模较大的企业，其资源配置和销售增长均会对营运资本投资产生影响。

（6）净资产利润率增长率。使用本期归属于母公司所有者的净利润减去上期归属于母公司所有者的净利润的差额除以上期归属于母公司所有者的净利润，并采用与营运资本投资比例指标相同的方法消除季度效应。净资产利润率增长较快的企业代表其拥有较好的投资机会，企业会因此加大资源投入，增加销售，进而对营运资本投资产生影响。

（7）外部长期融资比例。使用长期借款与所有者权益合计数除以资产总计，并采用与营运资本投资比例指标相同的方法消除季度效应。企业的外部融资包括股权融资和债券融资，外部融资能力较强的企业融资约束低，应对流动性风险的能力强，企业就不需要持有更多的短期资产来保持流动性。

（8）现金流稳定性。使用每家公司每年经营活动产生的现金流量净额的标准差。现金流是公司财务的核心概念，有不同内涵和范围。企业估值中常常使用自由现金流（free cash flow）、企业资本预算中评价投资项目时使用现金流增量，企业日常经营中的现金流包含现金流入和现金流出等。本研究在使用现金流量变量研究的问题是企业在不同投资项目上的决策问题，更偏向于投资问题研究，因此使用经营性现金流净额指标。现金流的稳定性是测度企业风险投资项目风险的主要变量。本章将现金流稳定性作为调节变量，考察拥有不同现金流稳定性的企业，其营运资本融资行为的差异。

（9）融资约束。借鉴哈德洛克和皮尔斯（Hadlock & Pierce，2010）计算融资约束程度的方法计算融资约束指数，其基本公式为 $-0.737 \times size + 0.043 \times size^2 - 0.04 \times age$，其中 $size$ 为公司规模，用总资产替代，age 为公司样本期年度减去成立年度。融资约束是公司财务领域广泛关注的议题，对公司投资、融资和分配政策均会产生影响，本研究选择融资约束变量作为调节变量，分析在不同融资约束的公司，其营运资本投资决策、融资决策和管理行为的差异。

变量的定义和计算方法如表 5 – 3 所示。

表 5 – 3   **变量定义及计算方法**

变量名称	变量符号	计算方法
营运资本投资比例	CAR	流动资产合计÷资产总计
现金比例	$CASH$	（货币资金＋交易性金融资产）÷流动资产合计
应收款项比例	ARR	（应收账款、应收票据和预付款项）÷流动资产合计
存货比例	$INVT$	存货净额÷流动资产合计
货币政策	MP	M2 同比增长率
货币政策期	MPP	根据 M2 同比季度增长率 –（CPI 同比季度增长率＋GDP 同比季度增长率）值，超过（等于）均值的期间为宽松期，记为 1，低于均值的期间为紧缩期记为 0
价值创造能力	$PROF$	现金流比例：经营活动产生的现金流量净额÷资产总计
财务风险	$RISK$	资产负债率：负债合计÷资产总计
资本性投资支出	CIV	购建固定资产、无形资产和其他长期资产所支付的现金÷资产总计

变量名称	变量符号	计算方法
营业收入增长率	SALG	(t期营业总收入 $-t-1$期营业总收入)÷$t-1$期营业总收入
资产规模	ASSE	资产总计的自然对数
净资产利润率增长率	ROEG	(t期归属于母公司所有者的净利润$-t-1$期归属于母公司所有者的净利润)÷$t-1$期归属于母公司所有者的净利润
外部长期融资比例	EFI	(长期借款＋所有者权益)÷资产总计
现金流稳定性	CSD	每家公司每年经营活动产生的现金流量净额的标准差，使用货币资金进行标准化
融资约束	SA	采用德洛克和皮尔斯（2010）方法计算

5.5 描述性分析

5.5.1 营运资本投资变量与控制变量描述性统计

表5-4是对样本期内主要变量消除季节性效应后的描述性统计。

表5-4 营运资本投资变量与控制变量描述性统计

变量	平均数	标准差	最小值	p25	p50	p75	最大值	观测值
CAR	-1.27	6.49	-15.43	-4.94	-0.66	2.76	10.69	77964
CASH	-1.97	7.12	-17.64	-5.85	-1.15	2.31	11.09	77964
ARR	0.13	4.24	-8.56	-2.27	0.05	2.57	8.73	77964
INVT	0.20	3.72	-7.49	-1.70	0.03	2.05	8.39	77964
PROF	0.06	5.32	-10.82	-2.92	0.00	2.99	11.18	77964
RISK	1.23	6.55	-12.14	-2.52	1.03	5.07	14.59	77964
CIV	-0.25	2.59	-6.14	-1.29	-0.07	0.75	5.40	77964

变量	平均数	标准差	最小值	p25	p50	p75	最大值	观测值
SALG	2.45	39.22	-93.63	-7.14	0.00	8.09	112.50	74550
ASSE	0.13	0.16	-0.12	0.01	0.10	0.21	0.52	77964
ROEG	-0.06	3.18	-7.59	-1.15	0.00	1.01	7.40	74642
EFI	-0.94	7.12	-14.86	-5.39	-0.90	3.25	13.61	77964
CSD	18.18	1.25	16.04	17.26	18.09	19.03	20.69	89557
SA	0.03	0.11	-0.21	-0.03	0.01	0.06	0.57	87119

结果显示，营运资本投资变量比例（CAR）的均值为 -1.27%，最大值达到 10.69%，最小值仅为 -15.43%，标准差为 6.49，该指标呈现偏态分布；营运资本投资结构变量中，现金比例（$CASH$）均值为 -1.97%，最大值达到 11.09%，最小值为 -17.64%，标准差也达到 7.12，呈现偏态分布，现金比例的波动性是三个结构指标中最高的；应收款项比例（ARR）均值为 0.13%，最大值为 8.73%，最小值为 -8.56%，标准差为 4.24；存货比例（$INVT$）均值为 0.20%，最大值为 8.39%，最小值为 -7.49%，标准差为 3.72，该指标的波动性是三个结构指标中最小的，与存货本身的流动性和存货的功能有关。

5.5.2　货币政策变量描述性统计

表 5 - 5 是 2003 第 1 季度至 2015 年第 4 季度中国广义货币供应量（$M2$）季度规模（亿元）及其季度同比增长率、居民消费价格指数（CPI）季度同比增长率、国内生产总值（GDP）季度同比增长率，以及根据上述指标计算和划定的中国货币政策松紧期间。

表 5 - 5　　　　　　　　　货币政策变量描述性统计

年度	季度	M2 规模（亿元）	M2 同比增长率（%）	CPI 同比增长率（%）	GDP 同比增长率（%）	MPP
2003	Q1	194487.30	18.50	0.50	6.80	宽松期
2003	Q2	204907.40	20.80	0.67	6.90	宽松期
2003	Q3	213567.10	20.70	0.83	7.00	宽松期
2003	Q4	221222.80	19.60	2.67	7.00	宽松期
2004	Q1	231654.60	19.10	2.77	7.20	宽松期
2004	Q2	238427.49	16.20	4.40	7.10	宽松期
2004	Q3	243757.00	13.90	5.27	7.50	紧缩期
2004	Q4	253207.70	14.60	3.17	7.40	宽松期
2005	Q1	264588.94	14.00	2.83	7.70	宽松期
2005	Q2	275785.53	15.70	1.73	7.90	宽松期
2005	Q3	287438.27	17.90	1.33	7.60	宽松期
2005	Q4	298755.48	17.60	1.37	7.90	宽松期
2006	Q1	310490.65	18.80	1.20	8.10	宽松期
2006	Q2	322756.35	18.40	1.37	7.50	宽松期
2006	Q3	331865.36	16.80	1.27	7.60	宽松期
2006	Q4	345577.91	16.90	2.03	8.10	宽松期
2007	Q1	364104.66	17.30	2.73	8.80	宽松期
2007	Q2	377832.15	17.10	3.60	9.40	宽松期
2007	Q3	393098.91	18.50	6.10	10.00	紧缩期
2007	Q4	403401.30	16.70	6.63	10.20	紧缩期
2008	Q1	423054.53	16.30	8.03	9.90	紧缩期
2008	Q2	443141.02	17.40	7.77	9.90	紧缩期
2008	Q3	452898.71	15.30	5.27	10.80	紧缩期
2008	Q4	475166.60	17.80	2.53	12.20	紧缩期
2009	Q1	530626.71	25.50	- 0.60	11.90	宽松期
2009	Q2	568916.20	28.50	- 1.53	10.60	宽松期
2009	Q3	585405.34	29.30	- 1.27	8.20	宽松期

续表

年度	季度	M2 规模（亿元）	M2 同比增长率（%）	CPI 同比增长率（%）	GDP 同比增长率（%）	MPP
2009	Q4	610224.52	27.70	0.67	6.40	宽松期
2010	Q1	649947.46	22.50	2.20	7.10	宽松期
2010	Q2	673921.72	18.50	2.93	9.50	宽松期
2010	Q3	696471.50	19.00	3.47	10.90	宽松期
2010	Q4	725851.79	19.70	4.70	11.50	宽松期
2011	Q1	758130.88	16.60	5.07	13.90	紧缩期
2011	Q2	780820.85	15.90	5.73	14.30	紧缩期
2011	Q3	787406.20	13.00	6.27	15.00	紧缩期
2011	Q4	851590.90	13.60	4.60	13.80	紧缩期
2012	Q1	895565.50	13.40	3.76	12.50	紧缩期
2012	Q2	924991.20	13.60	2.84	12.20	紧缩期
2012	Q3	943688.75	14.80	1.91	13.70	紧缩期
2012	Q4	974148.80	13.80	2.09	12.50	紧缩期
2013	Q1	1035858.37	15.70	2.43	12.40	紧缩期
2013	Q2	1054403.69	14.00	2.38	10.80	紧缩期
2013	Q3	1077379.16	14.20	2.76	11.10	紧缩期
2013	Q4	1106509.15	13.60	2.91	11.10	紧缩期
2014	Q1	1160687.38	12.10	2.27	8.80	紧缩期
2014	Q2	1209587.20	14.70	2.20	9.80	紧缩期
2014	Q3	1202051.41	12.90	1.97	11.60	紧缩期
2014	Q4	1228374.80	12.20	1.52	10.60	紧缩期
2015	Q1	1275332.78	11.60	1.19	10.00	紧缩期
2015	Q2	1333375.37	11.80	1.38	10.00	紧缩期
2015	Q3	1359824.06	13.10	1.75	9.10	紧缩期
2015	Q4	1392278.11	13.30	1.48	11.10	紧缩期

结果显示，52 个季度中国广义货币供应量（M2）季度同比增长率

均值为 16.27%，最大值达到 29.30%，最低的增长率为 11.60%；居民消费价格指数（CPI）季度同比增长率均值为 2.74%，最大增长率为 8.03%，最小值为 -1.53%；国内生产总值（GDP）季度同比增长率平均为 10.25%，最大增长为 15%，最小增长率为 6.40%；根据 $M2 - (CPI + GDP)$ 计算的 MPP 值，均值为 0.37%，最大值为 1%，最小值为 0%；52 个季度中有 26 个季度为货币政策紧缩期，26 个季度为货币政策宽松期。

5.6 单变量比较分析

为了从数据的表征特征上考察营运资本投资与货币政策的关系，本节对货币政策宽松期和货币政策紧缩期的不同变量特征进行描述性分析，并使用统计检验方法检验其差异。对于营运资本投资比例及其结构变量的分析同时选择了本章回归部分使用的去除季节效应的同比变化指标、不同季度的总量指标及不同季度的环比变化指标。

5.6.1 货币政策、营运资本投资比例和投资结构分析：去除季节效应指标

表 5-6 对不同货币政策期间去除了季节效应的营运资本投资比例和投资结构变量的平均数和中位数进行差异检验。

表 5-6　　　　不同货币政策期营运资本投资指标差异检验

变量	宽松期		紧缩期		平均数 差异检验	中位数 差异检验
	平均数	中位数	平均数	中位数		
CAR	-0.58	-0.05	-1.61	-0.98	-21.11 ***	-22.42 ***

续表

变量	宽松期		紧缩期		平均数 差异检验	中位数 差异检验
	平均数	中位数	平均数	中位数		
CASH	-0.95	-0.43	-2.49	-1.56	-28.73***	-27.74***
ARR	0.13	0.08	0.13	0.04	3.31***	3.14***
INVT	0.28	0.09	0.17	0.01	-4.12*	-4.26*
营运资本投资比例	53.97	54.69	57.91	59.69	26.66***	27.33***
现金比例	17.60	13.71	19.51	14.87	18.79***	18.89***
应收款项比例	15.52	13.86	17.55	15.70	25.56***	21.22***
存货比例	16.31	13.00	16.64	12.83	3.22***	-0.07
D 流动资产比例	-0.03	0.05	-0.48	-0.23	-15.35***	-19.62***
D 现金比例	-0.18	-0.25	-0.63	-0.61	-12.02***	-14.74***
D 应收款项比例	0.08	0.13	-0.04	0.08	-4.56***	-4.15***
D 存货比例	0.09	0.02	-0.02	0.01	-5.29***	-3.92***

注：*、***分别表示显著性水平10%和1%。

结果显示，货币政策宽松期营运资本投资比例（*CAR*）的平均数和中位数分别为 -0.58% 和 -0.05%，货币政策紧缩期分别为 -1.61% 和 -0.98%，不同货币政策期间营运资本投资比例（*CAR*）的平均数和中位数均在 1% 的水平上存在显著差异；不同货币政策期间现金比例（*CASH*）、应收款项比例（*ARR*）和存货比例（*INVT*）的平均数和中位数均存在显著差异。

图 5-1 对货币政策与去除了季节效应的营运资本投资比例和投资结构的关系进行了描述分析。

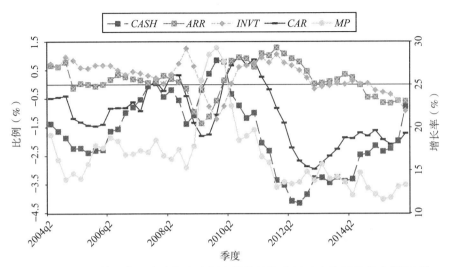

图 5.1　货币政策、营运资本投资比例和投资结构分析（去除季节效应指标）①

　　结果显示，47 个季度期间有 26 个季度期间营运资本投资比例（CAR）随着货币政策（MP）变量的增加而降低，两者的相关系数为 -0.07；有 21 个季节期间现金比例（$CASH$）随着货币政策（MP）变量的增加而增加，两者的相关系数为 0.13；有 29 个季节期间的应收款项比例（ARR）随着货币政策变量（MP）变量的增加而降低，两者的相关系数为 -0.02，并且在 1% 的水平上显著；有 27 个季节期间存货比例（$INVT$）随着货币政策变量（MP）的增加而降低，两者的相关系数为 -0.03，并且在 1% 的水平上显著。

5.6.2　货币政策、营运资本投资比例和投资结构分析：总量指标

　　表 5-6 对不同货币政策期间营运资本投资比例和投资结构的总量指标的平均数和均值进行差异检验。结果显示，货币政策宽松期营运资

---

　　① 本章所有图形均是笔者根据样本资料自行制作。

本投资比例的平均数和中位数分别为53.97%和54.69%，均小于货币政策紧缩期，不同货币政策期间营运资本投资比例的平均数和中位数均在1%的水平上存在显著差异；货币政策宽松期现金比例的平均数和中位数分别为17.60%和13.71%，均低于货币政策紧缩期，不同货币政策期间现金比例的平均数和中位数均在1%的水平上存在显著差异；货币政策宽松期应收款项比例的平均数和中位数分别为15.52%和13.86%，均低于货币政策紧缩期，不同货币政策期间应收款项比例的平均数和中位数均在1%的水平上存在显著差异；货币政策宽松期存货比例的平均数和中位数分别为16.31%和13.00%，货币政策紧缩期分别为16.64%和12.83%，货币政策紧缩期存货比例均值大于货币政策宽松期。不同货币政策期间的平均数均在1%的水平上存在显著差异，但中位数不显著。

图5-2对货币政策与营运资本投资比例和投资结构的总量指标之间的关系进行了描述分析。

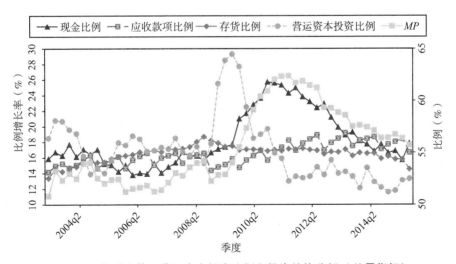

图5-2 货币政策、营运资本投资比例和投资结构分析（总量指标）

结果显示，52个季度期间有28个期间营运资本投资比例随着货币政策变量的增加而降低，两者的相关系数为 -0.06；有 22 个季节期间之间的现金比例随着货币政策变量的增加而降低，两者的相关系数为 -0.01；有 26 个季节期间的应收款项比例随着货币政策变量的增加而降低，两者的相关系数为 -0.08；有 33 个季节期间之间的存货比例随着货币政策变量的增加而减少，两者的相关系数为 0.01。

以上分析与本研究的假设 5.1 的预计一致。

5.6.3 货币政策、营运资本投资比例和投资结构分析：环比变化指标

表 5-6 对不同货币政策期间营运资本投资比例和投资结构的环比变化指标的平均数和均值进行差异检验。结果显示，货币政策宽松期营运资本投资比例变化的平均数和中位数分别为 -0.03% 和 0.05%，货币政策紧缩期分别为 -0.048% 和 -0.23%，货币政策宽松期的流动资产比例变化要大于货币政策紧缩期。不同货币政策期间流动资产比例的平均数和中位数均在 1% 的水平上存在显著差异；货币政策宽松期现金比例变化的平均数和中位数分别为 -0.18% 和 -0.25%，其降低的程度要小于货币政策紧缩期，不同货币政策期间现金比例变化的平均数和中位数在 1% 的水平上存在显著差异；货币政策宽松期应收款项比例变化的平均数和中位数分别为 0.08% 和 0.13%，而货币政策紧缩期应收款项比例均值趋于下降，货币政策紧缩期应收款项比例中位数增加幅度低于货币政策宽松期。不同货币政策期间应收款项比例变化的平均数和中位数在 1% 的水平上存在显著差异；货币政策宽松期存货比例变化的平均数和中位数分别为 0.09% 和 0.02%，货币政策紧缩期存货比例均值下降，货币政策宽松期的存货比例增长幅度的中位数大于货币政策紧缩期。不同货币政策期间存货比例变化的平均数和中位数均在 1% 的水平上存在显著差异。

图 5-3 对货币政策与营运资本投资比例环比增长指标的关系进行

了描述分析。

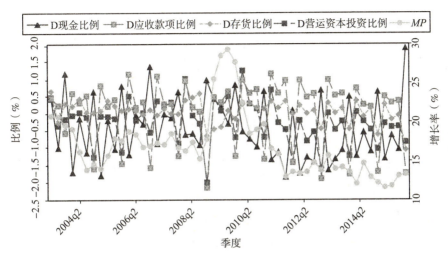

图5-3 货币政策、营运资本投资比例和投资结构分析（环比变化指标）

结果显示，51个季度期间有25个期间的营运资本比例变化随着货币政策（*MP*）变量的增加而降低，两者的相关系数为0.06；有23个季节期间之间的现金比例变化随着货币政策（*MP*）变量的增加而降低，两者的相关系数为0.05；有23个季节期间的应收款项比例变化随着货币政策（*MP*）变量的增加而降低，两者的相关系数为0.02；有26个季节期间的存货比例变化随着货币政策（*MP*）变量的增加而减少，两者的相关系数为0.01。

5.7 货币政策影响营运资本投资管理的 PVAR 模型分析

VAR 模型即向量自回归模型，是克里斯托弗·西姆斯（Christopher Sims）于1980年提出。VAR 模型是一种非结构化模型，遵循"让数据说话"的原则分析变量之间的相互关系，能够有效克服内生性问题，广泛应用于宏观经济变量之间、宏观变量影响微观变量的研究。本书使用面板 VAR 模型（PVAR）分析货币政策对企业营运资本投资的影响，其主要步骤包括模型构建和模型选择、模型冲击函数计算、脉冲响应分析等。

5.7.1 货币政策与营运资本投资管理

史密斯（Smith，1980）指出营运资本管理的目标就是在企业盈利和风险之间权衡[147]。营运资本投资比例的确定受企业风险水平和价值创造能力的影响。营运资本投资比例越大，企业的财务风险越小，但是价值创造能力降低。货币政策作为宏观流动性管理的主要工具对企业流动性管理产生重要影响，改变企业营运资本投资过程中的风险和收益权衡。

因此，本部分将货币政策、企业风险水平、价值创造能力和货币政策投资等变量纳入 PVAR 模型，分析货币政策对营运资本投资管理决策过程中的风险水平和价值创造能力权衡的影响。

5.7.1.1 模型构建和模型选择

（1）PVAR 模型构建。

根据货币政策、营运资本投资决策与企业风险水平和价值创造能力之间的关系，本部分构建 PVAR 模型如式（5-1）所示。

$$x_{it} = \beta x_{it-1} + f_i + u_t + \varepsilon_{it} \qquad (5-1)$$

式（5-1）中，x_{it} 表示所有的 PVAR 模型变量，在研究货币政策与营运资本投资关系时，x_{it} 包括货币政策（MP）、营运资本投资比例（CAR）、价值创造能力（PROF）和财务风险（RISK）；f_i 表示公司固定效应；u_i 表示时间效应；ε_{it} 表示随机扰动项；β 表示 4×4 的系数矩阵。在研究不同货币政策期营运资本投资比例、风险水平和价值创造能力权衡之间关系时，式（5-1）中的 x_{it} 表示营运资本投资营运资本投资比例（CAR）、价值创造能力（PROF）和财务风险（RISK），β 表示 3×3 的系数矩阵，其他同上。面板 VAR 模型在进行估计时先通过组内均值差分法和前向均值差分法对数据进行去除时间效应和个体效应处理。

（2）PVAR 模型选择。

VAR 模型滞后阶数的选择和确定是 VAR 模型估计的前提和基础，也即 VAR 模型的选择过程。VAR 模型滞后阶数的选择标准有：AIC 信息标准、BIC 信息标准和 HQIC 信息标准，并且 BIC 信息标准和 HQIC 信息标准选取的滞后阶数比 AIC 信息标准要更好（连玉君，2009）[148]。因此，本研究遵循这一规则进行滞后阶数的选择，结果如表 5-7 所示。

表 5-7　货币政策与营运资本投资管理 PVAR 模型滞后阶数选择

A 栏　货币政策与营运资本投资关系模型			
Lag	AIC	BIC	HQIC
1	10.106	10.779	10.313
2	10.009	10.707	10.224
3	10.005	10.731	10.229
4	9.942	10.696	10.118
5	9.753	10.538 *	9.987 *
6	9.732 *	10.549	9.997
7	9.734	10.589	10.003
B 栏　价值创造能力、财务风险与营运资本投资比例关系模型（货币政策宽松期）			
1	18.050	20.675 *	18.920 *
2	18.060	21.427	19.192
3	18.188	22.885	19.797
4	18.218	24.776	20.510
5	17.956 *	26.461	20.976
6	19.268	31.000	23.655
C 栏　价值创造能力、财务风险与营运资本投资比例关系模型（货币政策紧缩期）			
1	17.619	19.170 *	17.695 *
2	17.513	19.281	18.074

续表

C栏　价值创造能力、财务风险与营运资本投资比例关系模型（货币政策紧缩期）

Lag	AIC	BIC	HQIC
3	17.420	19.352	18.036
4	17.175	19.301	18.107
5	16.935*	19.294	17.856
6	16.973	19.525	17.799

注：＊标注的是最优的滞后阶数。

表5-7A栏货币政策与营运资本投资关系PVAR模型滞后阶数的选择结果，结果显示AIC信息标准选择滞后6阶、BIC信息标准和HQIC信息标准选择滞后5阶，根据BIC和HQIC优于AIC的选择标准，应该选择的VAR模型滞后阶数为5，后文的冲击反应函数和脉冲反应图均以此选择为准。

表5-7B栏和C栏分别是不同货币政策期风险水平、价值创造能力与营运资本投资之间关系的PVAR模型滞后阶数选择结果。两者的选择结果均为滞后1阶，后文的冲击反应函数和脉冲反应图均以此选择为准。

5.7.1.2　PVAR模型冲击反应函数

（1）货币政策与营运资本投资。

表5-8估计的是滞后5期的PVAR模型冲击反应函数。

表5-8　　　　　　货币政策与营运资本投资冲击反应函数

变量	MP模型	PROF模型	RISK模型	CAR模型
L.MP	1.166*** (194.63)	0.101*** (10.58)	0.017* (1.74)	-0.018* (-1.89)
L.PROF	0.012*** (6.16)	0.539*** (97.10)	-0.037*** (-8.40)	-0.008* (-1.86)

续表

变量	MP 模型	PROF 模型	RISK 模型	CAR 模型
L. RISK	0.002 (0.94)	− 0.006 (− 1.21)	0.793 *** (158.18)	− 0.035 *** (− 7.42)
L. CAR	− 0.020 *** (− 9.88)	− 0.015 *** (− 3.45)	− 0.065 *** (− 13.85)	0.759 *** − 152.51
L2. MP	− 0.175 *** (− 22.51)	− 0.071 *** (− 5.26)	0.060 *** (4.71)	0.052 *** (4.00)
L2. PROF	− 0.012 *** (− 7.26)	0.021 *** (4.45)	0.002 (0.50)	0.009 ** (2.28)
L2. RISK	0.002 (0.75)	− 0.002 (− 0.36)	0.035 *** (6.37)	0.007 (1.39)
L2. CAR	0.006 *** (2.75)	0.007 (1.46)	0.012 ** (2.53)	0.045 *** (8.38)
L3. MP	− 0.031 *** (− 4.71)	− 0.003 (− 0.25)	− 0.029 ** (− 2.32)	− 0.003 (− 0.28)
L3. PROF	0.009 *** (5.80)	− 0.018 *** (− 3.84)	0.003 (0.76)	0.001 (0.22)
L3. RISK	− 0.005 ** (− 2.28)	0.008 (1.61)	− 0.002 (− 0.35)	0.009 * (1.88)
L3. CAR	0.008 *** (4.16)	0.004 (0.92)	0.007 (1.48)	0.018 *** (3.50)
L4. MP	− 0.313 *** (− 73.31)	− 0.102 *** (− 8.26)	− 0.015 (− 1.21)	− 0.015 (− 1.19)
L4. PROF	0.009 *** (5.07)	− 0.388 *** (− 79.11)	0.003 (0.72)	0.001 (0.31)
L4. RISK	0.003 (− 1.46)	− 0.005 (− 0.98)	− 0.393 *** (− 67.05)	− 0.010 * (− 1.87)
L4. CAR	0.004 * (1.81)	0.005 (− 1.09)	− 0.003 (− 0.51)	− 0.412 *** (− 70.23)
L5. MP	0.325 *** (75.76)	− 0.063 *** (− 7.14)	− 0.040 *** (− 4.90)	− 0.020 ** (− 2.44)
L5. PROF	− 0.009 *** (− 4.45)	0.215 *** (42.03)	− 0.018 *** (− 4.43)	− 0.008 * (− 1.91)
L5. RISK	− 0.004 ** (− 2.52)	0.010 ** (2.37)	0.274 *** (54.81)	− 0.011 ** (− 2.35)

变量	MP 模型	PROF 模型	RISK 模型	CAR 模型
L5.CAR	−0.008 *** (−4.93)	−0.011 *** (−2.64)	−0.006 * (−1.92)	0.277 *** (54.00)
	N = 60858；AIC = 9.732；BIC = 10.538；HQIC = 9.987			

注：括号中为 t 值；* 、** 、*** 分别表示显著性水平 10%、5%、1%。

在营运资本投资比例（CAR）模型中，除了滞后 2 期外，其他滞后期模型中货币政策对于营运资本投资的影响为负，滞后 1 期和滞后 5 期显著；滞后 5 期的模型中，价值创造能力（PROF）和财务风险（RISK）对营运资本投资的影响也显著为负；在价值创造能力（PROF）和财务风险（RISK）模型中，营运资本投资越大，价值创造能力越低，但风险水平也越低。

本研究的假设 5.1 得到初步验证。

（2）风险和收益权衡与营运资本投资。

表 5 - 9 将货币政策划分为宽松期和紧缩期，分别估计不同货币政策期营运资本投资决策在风险和收益之间的权衡。

在营运资本投资比例（CAR）模型中，货币政策宽松期，价值创造能力（PROF）对营运资本投资的影响系数为 - 0.012，而货币政策紧缩期的影响系数为 - 0.002，表明货币政策宽松期企业对价值创造能力的重视超过货币政策紧缩期；而货币政策宽松期，财务风险（RISK）对营运资本投资的影响系数为 - 0.020，货币政策紧缩期的影响系数为 - 0.030，表明货币政策紧缩期企业对风险的重视超过货币政策宽松期。

在价值创造能力（PROF）模型中，货币政策宽松期营运资本投资重视价值创造能力的程度超过货币政策紧缩期；在财务风险（RISK）模型中，货币政策宽松期营运资本投资重视财务风险的程度低于货币政策紧缩期。

表5-9 不同货币政策期风险和收益权衡与营运资本投资冲击反应函数

变量	货币政策宽松期		货币政策紧缩期	
	系数	t值	系数	t值
PROF 模型				
L. PROF	0.533 ***	(55.21)	0.527 ***	(90.92)
L. RISK	0.005	(0.63)	- 0.001	(- 0.29)
L. CAR	- 0.017 **	(- 2.10)	- 0.014 ***	(- 3.04)
RISK 模型				
L. PROF	- 0.030 ***	(- 4.04)	- 0.050 ***	(- 10.59)
L. RISK	0.736 ***	(85.91)	0.712 ***	(143.44)
L. CAR	- 0.053 ***	(- 6.54)	- 0.060 ***	(- 12.57)
CAR 模型				
L. PROF	- 0.012 *	(- 1.68)	- 0.002	(- 0.54)
L. RISK	- 0.020 **	(- 2.42)	- 0.030 ***	(- 6.12)
L. CAR	0.725 ***	(86.16)	0.709 ***	(138.19)
N	15242		44288	
AIC	17.956		16.935	
BIC	20.675		19.170	
HQIC	18.920		17.695	

注：括号中为t值；*、**、***分别表示显著性水平10%、5%、1%。

5.7.1.3 PVAR 模型脉冲反应图

通过绘制 VAR 模型的脉冲反应图可以更加形象地观察变量之间的相互关系和相互影响的效果，其基本含义是指某一个变量受到一个单位的影响对其他变量产生冲击作用。本部分的脉冲反应图是使用蒙特卡洛模拟1000 次模拟冲击后的结果，冲击反应图的横轴表示冲击反应的季度期数，纵轴表示冲击反应的程度，在冲击反应程度为 0 的地方为纵向横线，三条线的中间一条线为脉冲反应曲线，两边的线为置信区间5%~95%。

（1）货币政策与营运资本投资。

图 5-4 是货币政策对营运资本投资的影响脉冲反应图。当货币政

策受到一个标准差的冲击时，货币政策（MP）对营运资本投资比例（CAR）产生负向影响，这种影响大约会持续5个季度期。本研究的假设5.1得到进一步验证。图5-5是营运资本投资比例（CAR）对货币政策（MP）的影响脉冲反应图。企业营运资本投资的变化对货币政策影响并不显著；图5-6是营运资本投资对价值创造能力的影响脉冲反应图。当营运资本投资受到冲击时，营运资本对企业价值创造能力产生负向影响，这一影响持续只有3个季度期；图5-7是营运资本投资对财务风险的影响脉冲反应图。当营运资本投资受到冲击时，营运资本对企业财务风险产生负向影响，这一影响持续只有4个季度期。图5-8是企业价值创造能力（PROF）对营运资本投资比例（MP）的影响脉冲反应图。当企业价值创造能力受到冲击时，价值创造能力对企业营运资本投资产生负向影响，表明价值创造能力下降时，企业会选择在较长时期内调整营运资本投资，将资源配置在价值创造能力更强的资本性投资中。图5-9是企业财务风险（RISK）对营运资本投资比例（MP）的影

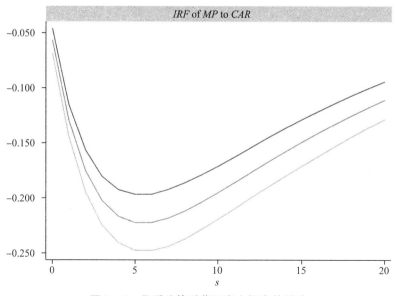

图5-4 货币政策对营运资本投资的影响

响脉冲反应图。企业财务风险对营运资本投资在开始的 2 个季度期会产
生正向冲击，但是 3 期以后会产生负向冲击。

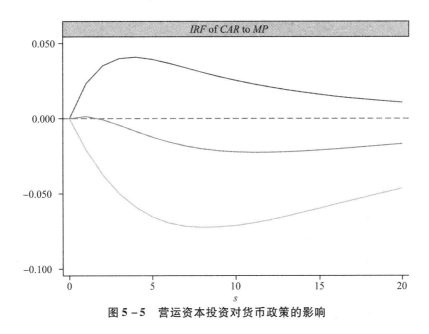

图 5 - 5　营运资本投资对货币政策的影响

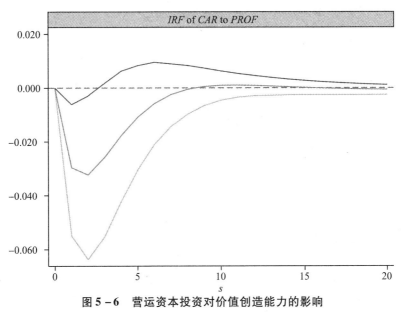

图 5 - 6　营运资本投资对价值创造能力的影响

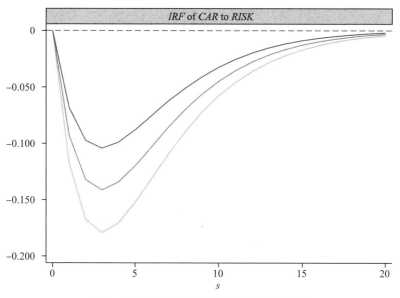

图 5 - 7　营运资本投资对财务风险的影响

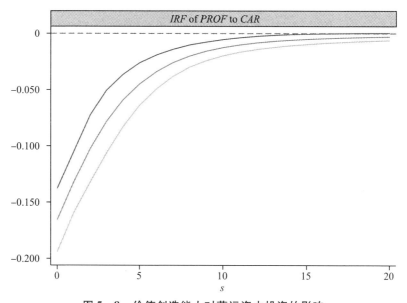

图 5 - 8　价值创造能力对营运资本投资的影响

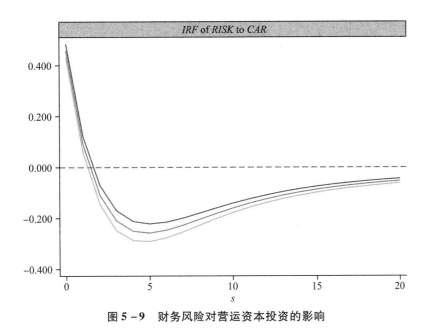

图 5 - 9　财务风险对营运资本投资的影响

（2）不同货币政策期风险和收益权衡与营运资本投资。

图 5 - 10（a）和图 5 - 10（b）是不同货币政策期价值创造能力对营运资本投资的影响脉冲反应图。可以看出，无论是在货币政策宽松期还是在货币政策紧缩期，当价值创造能力受到一个标准差的冲击时，价值创造能力对营运资本投资产生负向影响，这种影响大约会持续 2 个季度期，2 期以后会逐渐恢复到正常水平。但是，从上下两条置信区间曲线可以看出，相对于货币政策紧缩期，货币政策宽松期价值创造能力对营运资本投资的影响解释的准确度更高，且冲击的影响变小。表明在货币政策宽松期企业营运资本投资重视价值创造能力的程度会上升。

图 5 - 11（a）和图 5 - 11（b）是不同货币政策期财务风险对营运资本投资的影响脉冲反应图。可以看出，无论是在货币政策宽松期还是在货币政策紧缩期，当财务风险受到一个标准差的冲击时，财务风险对营运资本投资产生负向影响，这种影响大约会持续 3 个季度期，3 期以

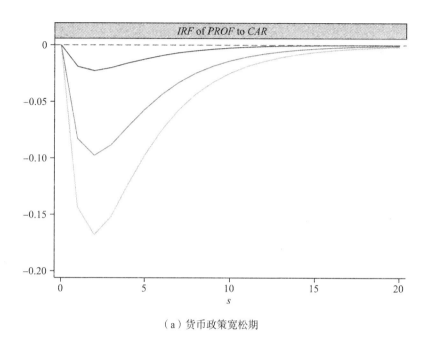

（a）货币政策宽松期

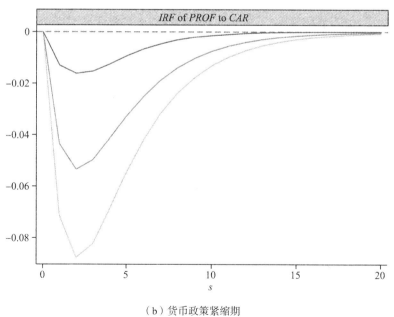

（b）货币政策紧缩期

图 5 - 10　不同货币政策期价值创造能力对营运资本投资的影响

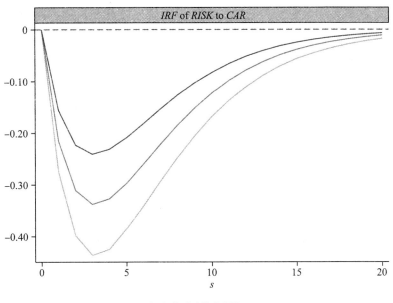

（a）货币政策宽松期

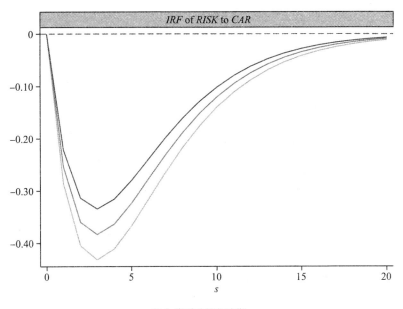

（b）货币政策紧缩期

图 5 - 11 不同货币政策期财务风险对营运资本投资的影响

后会逐渐恢复到正常水平。但是，从上下两条置信区间曲线可以看出，相对于货币政策宽松期，货币政策紧缩期财务风险对营运资本投资的影响解释的准确度更高，且冲击的影响变小。表明在货币政策紧缩期企业营运资本投资重视财务风险的程度会上升。

5.7.2 货币政策、营运资本投资比例和投资结构

营运资本投资决策除了在规模上受到货币政策的影响以外，其结构的调整也会因货币政策影响而产生差异。本部分同样使用 PVAR 模型分析营运资本不同项目与营运资本投资比例的关系，并区分不同货币政策期分析其影响的差异。

5.7.2.1 模型构建和模型选择

（1）PVAR 模型构建。

为了研究营运资本投资比例与其结构的关系，本部分构建 PVAR 模型如式（5-2）所示：

$$x_{it} = \beta x_{it-1} + f_i + u_t + \varepsilon_{it} \qquad (5-2)$$

式（5-2）中，x_{it}营运资本投资（CAR）、现金比例（$CASH$）、应收款项比例（ARR）和存货比例（$INVT$）；f_i 表示公司固定效应；u_t 表示时间效应；ε_{it} 表示随机扰动项；β 表示 4×4 的系数矩阵。

（2）PVAR 模型选择。

表 5-10A 栏是营运资本投资比例与营运资本投资项目关系的 PVAR 模型滞后阶数的选择结果。

表 5-10　营运资本投资比例与投资项目 PVAR 模型滞后阶数选择

A 栏　营运资本投资比例与其投资项目关系模型			
Lag	AIC	BIC	HQIC
1	21.406	22.752	21.821

续表

A栏　营运资本投资比例与其投资项目关系模型			
Lag	AIC	BIC	HQIC
2	21.311	22.710	21.743
3	21.235	22.690	21.685
4	20.956	22.470	21.425
5	20.692	22.267*	21.167*
6	20.657	22.297	21.180
7	20.653*	22.363	21.186
B栏　营运资本投资比例与其投资项目关系模型（货币政策宽松期）			
1	21.727	24.434*	22.612*
2	21.660	24.892	22.726
3	21.690	25.449	22.941
4	21.651*	26.149	23.163
5	21.749	27.347	23.654
6	22.491	29.911	25.058
C栏　营运资本投资比例与其投资项目关系模型（货币政策紧缩期）			
1	21.417	23.486*	21.646*
2	21.316	23.675	21.7637
3	21.214	23.793	21.805
4	20.896	23.735	22.0357
5	20.631*	23.782	22.0689
6	20.661	24.071	22.0643

注：＊标注的是最优的滞后阶数。

根据前文的选择规则，BIC 信息标准和 HQIC 信息标准选择滞后 5 阶，后文的冲击反应函数和脉冲反应图均以此选择为准。

表 5 – 10B 栏和 C 栏分别是不同货币政策期营运资本投资比例与其投资项目之间关系 PVAR 模型滞后阶数的选择结果，两者的选择结果均为滞后 1 阶，后文的冲击反应函数和脉冲反应图同样均以此选择为准。

5.7.2.2 PVAR 模型冲击反应函数

表 5 - 11 首先将营运资本投资比例（*CAR*）、现金比例（*CASH*）、应收款项比例（*ARR*）和存货比例（*INVT*）纳入 PVAR 模型分析营运资本投资比例与其投资结构的关系。

表 5 - 11　　　　　营运资本投资比例与投资项目冲击反应函数

变量	（1）	（2）	（3）	（4）
	CASH 模型	*ARR* 模型	*INVT* 模型	*CAR* 模型
L. CASH	0.578 *** （69.77）	− 0.016 *** （− 3.37）	− 0.037 *** （− 9.07）	0.014 * （1.94）
L. ARR	− 0.051 *** （− 5.46）	0.607 *** （95.7）	− 0.007 （− 1.41）	0.041 *** （5.01）
L. INVT	− 0.093 *** （− 8.53）	− 0.018 ** （− 2.56）	0.661 *** （98.97）	0.081 *** （8.80）
L. CAR	0.095 *** （11.38）	0.049 *** （9.68）	0.050 *** （11.92）	0.733 *** （97.23）
L2. CASH	0.104 *** （13.52）	0.012 *** （2.71）	− 0.003 （− 0.80）	0.032 *** （5.16）
L2. ARR	0.01 （1.06）	0.078 *** （12.59）	− 0.001 （− 0.20）	0.012 （1.59）
L2. INVT	0.035 *** （3.27）	0.019 *** （2.69）	0.048 *** （7.23）	0.01 （1.22）
L2. CAR	− 0.018 ** （− 2.19）	− 0.022 *** （− 4.42）	− 0.001 （− 0.34）	0.025 *** （3.34）
L3. CASH	0.021 *** （2.75）	0.001 （0.25）	0.005 （1.23）	− 0.001 （− 0.17）
L3. ARR	− 0.011 （− 1.18）	0.029 *** （4.87）	0.003 （0.66）	− 0.014 * （− 1.85）
L3. INVT	0.017 （1.64）	− 0.002 （− 0.33）	0.009 （1.45）	− 0.002 （− 0.25）
L3. CAR	0.007 （0.81）	− 0.004 （− 0.78）	− 0.007 * （− 1.65）	0.022 *** （3.05）
L4. CASH	− 0.338 *** （− 42.19）	0.009 * （1.87）	0.027 *** （6.19）	− 0.005 （− 0.68）

续表

变量	(1)	(2)	(3)	(4)
	CASH 模型	ARR 模型	INVT 模型	CAR 模型
L4. ARR	0.066 *** (6.74)	-0.379 *** (-60.45)	0.030 *** (5.62)	-0.017 ** (-2.06)
L4. INVT	0.082 *** (7.28)	0.001 (0.16)	-0.341 *** (-48.76)	-0.011 (-1.14)
L4. CAR	-0.067 *** (-7.60)	-0.019 *** (-3.66)	-0.034 *** (-7.48)	-0.409 *** (-51.55)
L5. CASH	0.232 *** (30.28)	-0.013 *** (-2.83)	-0.037 *** (-8.98)	0.019 *** (2.93)
L5. ARR	-0.033 *** (-3.70)	0.229 *** (38.92)	-0.027 *** (-5.44)	0.024 *** (3.20)
L5. INVT	-0.055 *** (-5.39)	-0.005 (-0.74)	0.213 *** (34.01)	0.033 *** (3.90)
L5. CAR	0.041 *** (5.10)	0.023 *** (4.73)	0.032 *** (7.68)	0.261 *** (35.90)
	N = 60858；AIC = 20.653；BIC = 22.267；HQIC = 21.167			

注：括号中为 t 值；*、**、*** 分别表示显著性水平 10%、5%、1%。

结果显示，(1)~(3) 列的各项目的滞后 5 期模型中，营运资本投资（CAR）影响上述三者的系数大小依次是：现金比例（CASH）、存货比例（INVT）和应收款项比例（ARR）。

在 (4) 列的营运资本投资（CAR）模型中，现金比例（CASH）、应收款项比例（ARR）和存货比例（INVT）对营运资本投资影响的滞后 5 期模型中，各项目影响的大小依次是：存货比例（INVT）、应收款项比例（ARR）和现金比例（CASH）。

以上分析结果可以看出，营运资本投资比例的变化对其组成项目的影响存在差异，营运资本投资决策通过对营运资本不同项目的不同程度的调整实现营运资本投资比例的优化和调整，调整时间和调整成本是影响各项目影响程度的关键因素。

表 5 - 12 区分了货币政策宽松期和货币政策紧缩期，并比较分析营运资本投资与其各组成项目的关系。

表 5 - 12　　　不同货币政策期营运资本投资比例与投资项目冲击反应函数

变量	货币政策宽松期		货币政策紧缩期	
	系数	t 值	系数	t 值
A 栏　CASH 模型				
L. CASH	0.567 ***	(45.09)	0.576 ***	(57.82)
L. ARR	-0.037 **	(-2.57)	-0.041 ***	(-3.65)
L. INVT	-0.070 ***	(-4.32)	-0.056 ***	(-4.27)
L. CAR	0.068 ***	(5.46)	0.088 ***	(9.03)
B 栏　ARR 模型				
L. CASH	(0.013)	(-1.51)	0.017 ***	(3.21)
L. ARR	0.555 ***	(52.58)	0.587 ***	(89.17)
L. INVT	-0.029 **	(-2.54)	-0.021 ***	(-2.76)
L. CAR	0.041 ***	(4.70)	0.040 ***	(7.70)
C 栏　INVT 模型				
L. CASH	-0.054 ***	(-7.38)	-0.027 ***	(-6.31)
L. ARR	-0.024 ***	(-2.63)	-0.004	(-0.83)
L. INVT	0.596 ***	(54.66)	0.629 ***	(93.33)
L. CAR	0.067 ***	(9.06)	0.031 ***	(7.29)
D 栏　CAR 模型				
L. CASH	-0.018	(-1.50)	0.032 ***	(4.00)
L. ARR	0.007	(0.48)	0.034 ***	(3.68)
L. INVT	0.035 **	(2.26)	0.067 ***	(6.40)
L. CAR	0.711 ***	(56.63)	0.679 ***	(81.01)
N	20559		43821	
AIC	21.651		20.631	
BIC	24.434		23.486	
HQIC	22.612		21.646	

注：* 、** 、*** 分别表示显著性水平 10% 、5% 、1% 。

结果显示，A 栏、B 栏和 C 栏的各项目模型中，货币政策期的变化营运资本投资（*CAR*）对各项目的影响程度变化大小依次是：现金比例（*CASH*）、存货比例（*INVT*）和应收款项比例（*ARR*）。

在 D 栏的营运资本投资（*CAR*）模型中，不同货币政策期各项目对营运资本投资的影响程度差异更为明显，滞后 1 期现金比例（*CASH*）、应收款项比例（*ARR*）在货币政策宽松期对营运资本投资（*CAR*）影响并不显著，而存货比例（*INVT*）的变化较为显著。

以上结果表明营运资本投资项目中，调整成本和调整时间的差异造成不同项目的调整速度，营运资本投资主要通过现金项目和存货项目进行调整。

本研究的假设 5.4 得到初步验证。

5.7.2.3　PVAR 模型脉冲反应图

本部分使用脉冲反应图首先分析营运资本投资对营运资本各投资项目的冲击影响，然后分析营运资本各投资项目对营运资本投资的冲击影响。在两个分析中又区分不同货币政策期，比较分析冲击影响的差异。

（1）营运资本投资影响其投资项目的脉冲反应图。

图 5 - 12（a）是营运资本投资比例（*CAR*）对现金比例（*CASH*）的冲击反应图，当营运资本投资受到一个标准差的冲击时对现金比例产生正向影响，当期影响最大；图 5 - 12（b）和图 5 - 12（c）分别是货币政策宽松期和货币政策紧缩期营运资本投资对现金比例的影响。两者比较可以发现在货币政策紧缩期营运资本投资对现金比例的影响程度更大，影响持续的时间更长，达到 14 个季度期。

图 5 - 13（a）是营运资本投资比例（*CAR*）对应收款项比例（*ARR*）的冲击反应图，当营运资本投资受到冲击时对应收款产生正向影响，当期影响最大；图 5 - 13（b）和图 5 - 13（c）分别是货币政策宽松期和货币政策紧缩期营运资本投资对应收款项比例的影响。两者比较可以发现在货币政策紧缩期营运资本投资对应收款项比例的影响程度降低，但影响持续的时间更长，比货币政策宽松期增加了 3 个季度期。

图 5 – 14 （a） 是营运资本投资比例（CAR）对存货比例（INVT）的冲击反应图，当营运资本投资受到冲击时对存货比例产生正向影响，当期影响最大；图 5 – 14 （b） 和图 5 – 14 （c） 分别是货币政策宽松期和货币政策紧缩期营运资本投资对存货比例的影响。两者比较可以发现在货币政策紧缩期营运资本投资对存货比例的影响程度降低，但影响持续的时间几乎没有变化。

综上所述，营运资本投资对其投资结构的影响中，对现金的冲击反应程度最大，其次是存货和应收款项。不同货币政策宽松期，营运资本投资对其投资结构的影响变化大小排序依次是现金、存货和应收款项。

（2）营运资本投资项目对营运资本投资影响的脉冲反应图。

图 5 – 15 （a） 是现金比例（CASH）对营运资本投资比例（CAR）的冲击反应图，当现金比例受到冲击时对营运资本投资产生正向影响，这种影响持续大约为 2 个季度期；图 5 – 15 （b） 和图 5 – 15 （a） 分别是货币政策宽松期和货币政策紧缩期现金比例对营运资本投资的影响。两者比较可以发现在货币政策紧缩期现金比例对营运资本投资的影响程度更大，现金比例对营运资本投资变化的解释准确度提高。

图 5 – 16 （a） 是应收款项比例（ARR）对营运资本投资比例（CAR）的冲击反应图，当应收款项比例受到冲击时对营运资本投资产生正向影响，这种影响持续大约为 2 个季度期；图 5 – 16 （b） 和图 5 – 16 （c）分别是货币政策宽松期和货币政策紧缩期现金比例对营运资本投资的影响。两者比较可以发现在货币政策紧缩期应收款项比例对营运资本投资的影响程度微小增加，其对营运资本投资变化的解释准确度也小幅提高。

图 5 – 17 （a） 是存货比例（INVET）对营运资本投资比例（CAR）的冲击反应图，当存货比例受到冲击时对营运资本投资产生正向影响，这种影响持续大约为 2 个季度期；图 5 – 17 （b） 和图 5 – 17 （c） 分别是货币政策宽松期和货币政策紧缩期存货比例对营运资本投资的影响。

两者比较可以发现在货币政策紧缩期存货比例对营运资本投资的影响程度降低。

综合以上分析，营运资本投资结构对营运资本的影响中，对现金的冲击反应程度最大，其次是存货和应收款项。不同货币政策宽松期，营运资本投资对其投资结构的影响变化大小排序依次是现金、存货和应收款项。

因此，进一步支持了本章的假设5.4。

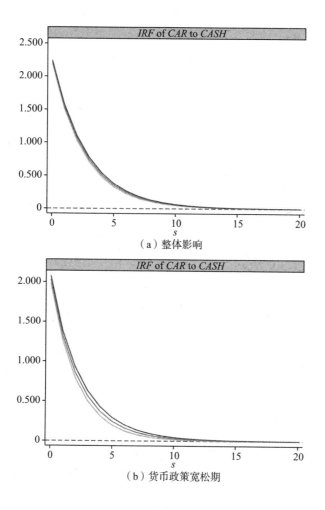

（a）整体影响

（b）货币政策宽松期

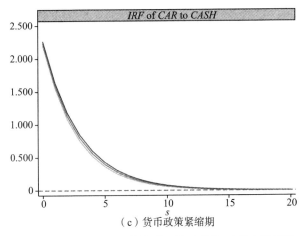

（c）货币政策紧缩期

图 5 - 12　不同货币政策期营运资本投资对现金的影响

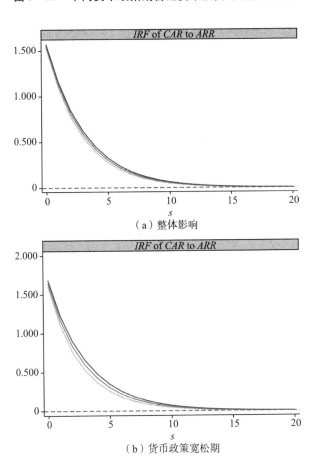

（a）整体影响

（b）货币政策宽松期

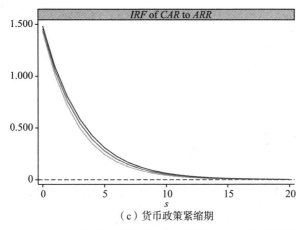

（c）货币政策紧缩期

图 5 – 13　不同货币政策期营运资本投资对应收款项的影响

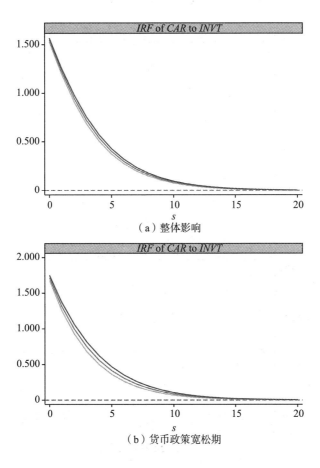

（a）整体影响

（b）货币政策宽松期

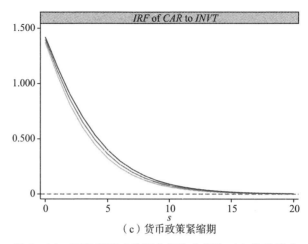

（c）货币政策紧缩期

图 5 - 14 不同货币政策期营运资本投资对存货的影响

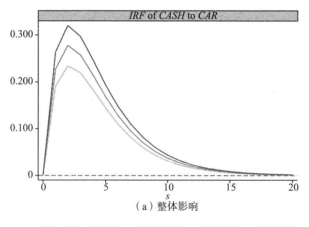

（a）整体影响

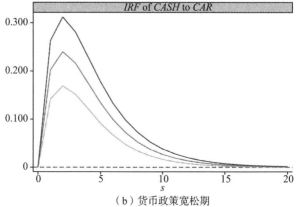

（b）货币政策宽松期

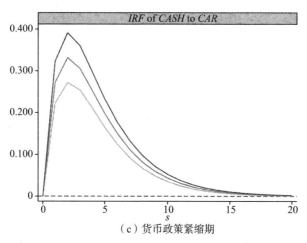

（c）货币政策紧缩期

图 5 – 15 不同货币政策期现金对营运资本投资的影响

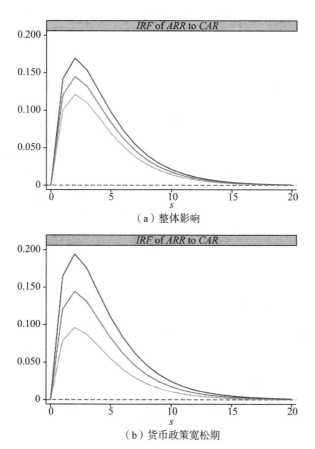

（a）整体影响

（b）货币政策宽松期

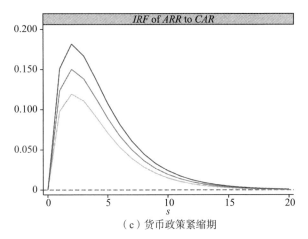

（c）货币政策紧缩期

图 5－16　不同货币政策期应收款项对营运资本投资的影响

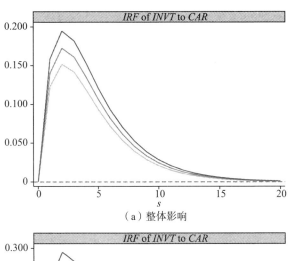

（a）整体影响

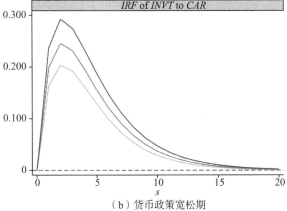

（b）货币政策宽松期

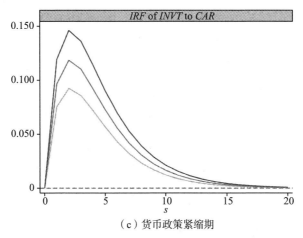

（c）货币政策紧缩期

图 5 - 17　不同货币政策期存货对营运资本投资的影响

5.8　货币政策影响营运资本投资
管理的多元回归分析

货币政策与营运资本投资的 PVAR 模型分析使我们对货币政策对营运资本投资的影响关系有了初步的了解和基本认识。本部分则使用多元回归方法进一步分析货币政策与营运资本投资的关系。以下分析首先将影响营运资本的其他企业特征变量纳入多元回归模型，并加入时间和行业因素，分别使用不同模型和不同货币政策变量进一步分析货币政策对营运资本投资的影响，并采用 logit 分析方法分析不同货币政策对营运资本投资管理选择的影响；其次，分析受货币政策影响，营运资本不同投资项目对营运资本投资比例影响的差异；最后，将企业财务决策中两个最重要的变量：现金流稳定性和融资约束纳入分析货币政策影响营运资本的分析框架，采用交乘分析方法分析现金流稳定性和融资约束对货币政策与营运资本投资关系的影响。

5.8.1 货币政策与营运资本投资管理

对货币政策影响营运资本投资的分析分别采用货币政策连续变量、货币政策分类变量等不同变量进行回归，并对混合回归方法、随机效应模型和固定效应模型进行检验、比较和选择，以增加研究结论的稳健性；同时将因变量营运资本投资进行分类，采用有序的 logit 分析方法分析货币政策对不同类别营运资本投资管理变化的影响。

5.8.1.1 货币政策对营运资本投资管理的影响：基于货币政策连续变量的分析

（1）回归模型构建。

根据前文分析建立检验假设 5.1 的基本模型如式（5－3）所示。

$$CAR_{it} = \alpha_0 + \alpha_1 MP_t + \alpha_2 MP_t^2 + \alpha_3 PROF_{it} + \alpha_4 RISK_{it} + \alpha_5 CIV_{it}$$
$$+ \alpha_6 SALG_{it} + \alpha_7 ASSE_{it} + \alpha_8 ROEG_{it} + \alpha_9 EFI_{it} + \varepsilon_{it} \quad （5－3）$$

式（5－3）中，i 和 t 分别表示公司和季度，α 为估计参数，ε_{it} 为随机扰动项，其他变量如表 5－3 所示。回归结果的预期是变量货币政策（MP）的系数为负，表明货币政策越宽松，企业持有的营运资本越低。

（2）回归模型比较和选择。

本部分研究样本是包括不同年度和多家公司的季度面板数据，对于面板数据的多元回归方法可以使用混合回归方法、随机效应模型和固定效应模型，根据样本数据的不同特点，需要选择合适的回归方法，以保证回归结果的无偏性和有效性。因此，在进行多元回归分析之前先对模型进行比较和选择。具体结果如下：

混合回归方法和随机效应模型的比较结果是：只加入 MP 变量时得到的 Chibar2 = 8496.36，P = 0.00，同时加入 MP 和 MP^2 时得到的 Chibar2 = 7461.99，p = 0.00。以上指标均支持选择随机效应模型。

随机效应模型和固定效应模型的豪斯曼检验结果是：只加入 MP 变量时得到的 Chi-sq = 1427.087，P = 0.00，同时加入 MP 和 MP^2 时得到的 Chi-sq = 1416. 159，p = 0. 00。因此选择固定效应模型。

混合回归方法和固定效应模型检验结果是：只加入 MP 变量时得到的 F = 5. 19，p = 0. 00，同时加入 MP 和 MP^2 时得到的 F = 5. 49，P = 0. 00。进一步支持选择固定效应模型。

基于以上检验结果，本部分结论以固定效应模型的回归结果为准。

（3）回归结果分析。

表 5 - 13 是使用不同模型对货币政策影响营运资本投资管理的回归分析结果。

表 5 - 13　　　　货币政策影响营运资本投资管理回归分析

（货币政策连续变量）

变量	(1)	(2)	(3)	(4)	(5)	(6)
	OLS	OLS	RE	RE	FE	FE
MP	- 0. 047 *** (- 2. 77)	0. 975 *** (8. 09)	0. 036 *** (3. 59)	0. 461 *** (7. 60)	- 0. 274 *** (- 3. 24)	12. 577 ** (1. 99)
MP^2		- 0. 023 *** (- 7. 72)		- 0. 011 *** (- 7. 12)		- 0. 436 ** (- 2. 02)
CAF	- 0. 048 *** (- 10. 41)	- 0. 048 *** (- 10. 41)	- 0. 052 *** (- 7. 93)	- 0. 050 *** (- 7. 55)	- 0. 035 *** (- 5. 27)	- 0. 035 *** (- 5. 27)
LEV	- 0. 116 *** (- 16. 37)	- 0. 116 *** (- 16. 37)	- 0. 098 *** (- 7. 79)	- 0. 100 *** (- 8. 00)	- 0. 081 *** (- 6. 29)	- 0. 081 *** (- 6. 29)
CIV	- 0. 303 *** (- 29. 93)	- 0. 303 *** (- 29. 93)	- 0. 297 *** (- 20. 51)	- 0. 301 *** (- 20. 79)	- 0. 317 *** (- 21. 74)	- 0. 317 *** (- 21. 74)
SALG	- 0. 002 ** (- 2. 53)	- 0. 002 ** (- 2. 53)	- 0. 002 ** (- 2. 47)	- 0. 002 *** (- 2. 98)	- 0. 003 *** (- 3. 94)	- 0. 003 *** (- 3. 94)
ASSE	5. 307 *** (27. 34)	5. 307 *** (27. 34)	7. 249 *** (18. 19)	7. 213 *** (18. 17)	7. 373 *** (17. 45)	7. 373 *** (17. 45)
ROEG	0. 042 *** (5. 23)	0. 042 *** (5. 23)	0. 043 *** (5. 94)	0. 043 *** (5. 93)	0. 048 *** (6. 46)	0. 048 *** (6. 46)
EFI	- 0. 072 *** (- 11. 85)	- 0. 072 *** (- 11. 85)	- 0. 067 *** (- 6. 63)	- 0. 067 *** (- 6. 69)	- 0. 070 *** (- 6. 85)	- 0. 070 *** (- 6. 85)

续表

变量	(1)	(2)	(3)	(4)	(5)	(6)
	OLS	OLS	RE	RE	FE	FE
_CONS	− 0.548 (− 1.22)	− 11.044 *** (− 10.16)	− 3.371 *** (− 19.72)	− 7.208 *** (− 12.69)	1.795 (1.48)	− 92.067 ** (− 2.00)
季度	控制	控制	控制	控制	控制	控制
行业	控制	控制	控制	控制	控制	控制
N	74549	74549	74549	74549	74549	74549
F	68.710	68.710	877.68	958.26	26.028	26.028
r2_a	0.070	0.070	0.053	0.052	0.065	0.065

注：括号中为 t 值，根据稳健性标准误计算，本书以下回归与此相同；**、***表示显著性水平 5%、1%；随机效应模型 F 值一行报告的是 Wald chi2 值。

（1）列混合回归中单独加入货币政策（MP）变量时，其系数为 − 0.047，并且在 1% 的水平上显著；（2）列同时加入货币政策（MP）变量及其二次项（MP^2）时，MP 的系数变为 0.975，MP^2 的系数为 − 0.023，两者均在 1% 的水平上显著。

（1）列固定效应模型回归的结果显示，单独加入货币政策（MP）变量时，其系数在 1% 的水平上显著为 − 0.274；（2）列同时加入货币政策（MP）变量及其二次项（MP^2）时，MP 的系数在 1% 的水平上显著为 0.975，MP^2 的系数在 1% 的水平上显著为 − 0.023。

混合回归方法和固定效应模型回归结果一致，即货币政策对营运资本投资的影响呈现倒 "U" 形关系，随着货币政策的宽松，企业营运资本投资不断增加，当货币政策宽松达到一定程度时，企业营运资本投资比例不断下降。

而随机效应模型回归结果与其他两个模型回归结果的差异表现在，（1）列单独加入货币政策（MP）变量时，其系数在 1% 的水平上显著为 0.036；（2）列同时加入货币政策（MP）变量及其二次项（MP^2）时，两个变量的系数方向与其他两个模型一致，即支持货币政策与营运资本投资的倒"U"形关系。

三个模型同时控制了行业和季度效应，混合回归方法的 r^2 为 0.070，随机效应模型的 r^2 为 0.053 和 0.052，固定效应的 r^2 为 0.065。本章的假设 5.1 得到进一步的验证。

其他变量中，反映企业价值创造能力（PROF）变量和反映企业财务风险水平的 RISK 变量均在 1% 的水平显著为负，在不同模型的设置中均如此，营运资本投资与企业价值创造能力与财务风险呈现负相关。资本性投资支出（CIV）与营运资本投资也显著为负，与已有文献发现的营运资本平滑资本性投资的结论一致；营业收入增长率（SALG）越大，企业的营运资本投资比例越低，资产规模（ASSE）和资产利润率增长率（ROEG）均与营运资本投资比例呈现显著的正相关关系，反映企业融资能力的外部长期融资比例（EFI）变量的系数在不同模型设置中均显著为负，说明企业融资能力越强，营运资本持有满足流动性需要和平滑其他资金需要的能力降低，便可以降低营运资本投资比例。

5.8.1.2　货币政策对营运资本投资管理的影响：基于货币政策分类变量的分析

（1）回归模型构建。本部分的基本检验模型如式（5 - 4）所示。

$$CAR_{it} = \alpha_0 + \alpha_1 MPP_t + \alpha_2 CAF_{it} + \alpha_3 LEV_{it} + \alpha_4 CIV_{it} + \alpha_5 SALG_{it}$$
$$+ \alpha_6 ASSE_{it} + \alpha_7 ROEG_{it} + \alpha_8 EFI_{it} + \varepsilon_{it} \qquad (5 - 4)$$

式（5 - 4）中，i 和 t 分别表示公司和季度，α 为正常显示，ε_{it} 为随机扰动项，其他变量如表 5 - 3 所示；回归结果的预期是变量货币政策（MPP）的系数为负，表明货币政策越宽松，企业持有的营运资本越低。

（2）回归模型比较和选择。本部分使用货币政策分类变量回归分析货币政策对营运资本投资的影响，首先对货币政策分类变量下的模型进行比较和选择。

混合回归方法和随机效应模型的比较结果是：chibar2 = 8056.23，P = 0.00，支持选择随机效应模型。

随机效应模型和固定效应模型的比较结果是：Chi-sq = 1468.630，

P = 0.00，支持选择固定效应模型。

混合回归方法和固定效应模型的比较结果是：F = 5.45，P = 0.00，支持选择固定效应模型。

基于以上检验和比较结果，基于货币政策分类变量的回归分析以固定效应模型回归结果为准。

（3）回归结果分析。表 5 – 14 是使用货币政策分类变量对货币政策与营运资本投资管理的回归分析。

表 5 – 14　　　　货币政策影响营运资本投资管理回归分析

（货币政策分类变量）

变量	（1）	（2）	（3）
	OLS	RE	FE
MPP	− 0. 139 （− 0. 51）	0. 270 *** （3. 24）	− 0. 795 *** （− 3. 24）
CAF	− 0. 048 *** （− 10. 41）	− 0. 051 *** （− 7. 79）	− 0. 035 *** （− 5. 27）
LEV	− 0. 116 *** （− 16. 37）	− 0. 098 *** （− 7. 75）	− 0. 081 *** （− 6. 29）
CIV	− 0. 303 *** （− 29. 93）	− 0. 297 *** （− 20. 50）	− 0. 317 *** （− 21. 74）
SALG	− 0. 002 ** （− 2. 53）	− 0. 002 *** （− 2. 63）	− 0. 003 *** （− 3. 94）
ASSE	5. 307 *** （27. 34）	7. 284 *** （18. 26）	7. 373 *** （17. 45）
ROEG	0. 042 *** （5. 23）	0. 043 *** （5. 92）	0. 048 *** （6. 46）
EFI	− 0. 072 *** （− 11. 85）	− 0. 066 *** （− 6. 53）	− 0. 070 *** （− 6. 85）
_CONS	− 0. 714 *** （− 2. 78）	− 2. 898 *** （− 39. 46）	− 1. 849 *** （− 12. 68）
季度	控制	控制	控制
行业	控制	控制	控制

续表

变量	(1)	(2)	(3)
	OLS	RE	FE
N	74549	74549	74549
F	68.710	874.28	26.028
r2_a	0.070	0.053	0.065

注：括号中为 t 值；**、*** 表示显著性水平 5%、1%；随机效应模型 F 值一行报告的是 Wald chi2 值。

结果显示，混合回归方法中，货币政策期变量（MPP）的系数是 -0.139，但并不显著；在随机效应模型的回归结果中货币政策期（MPP）变量的系数为 0.270，并且在 1% 的水平上显著；而固定效应模型的回归结果货币政策期（MPP）变量的系数为 -0.795，并且在 1% 的水平上显著。支持本研究的假设 5.1，与使用货币政策连续变量的回归结果一致，说明结论的稳健性。

5.8.1.3　货币政策对营运资本投资管理的影响：基于 logit 回归分析

为了进一步分析货币政策对营运资本投资行为的影响，本部分根据第 4 章对营运资本投资管理的划分方法将营运资本投资管理划分为 3 种类型，即根据营运资本投资比例将样本分成 3 组，即小于 33% 的定义为"激进型"营运资本投资管理，定义为 1；大于（等于）33% 和小于 66% 的为"适中型"营运资本投资管理，定义为 2；大于（等于）66% 的为"稳健型"营运资本融资管理，定义为 3。使用营运资本投资管理类别作为因变量，使用模型（5-3）和模型（5-4），运用有序的 logit 回归方法分析货币政策对营运资本投资管理类型选择的影响。回归结果如表 5-15 所示。

表 5-15 同时使用了货币政策连续变量和连续变量分别进行 logit 回归，在使用货币政策连续变量回归的结果中，货币政策（MP）变量的系数为 -0.026，并且在 1% 的水平上显著，表明货币政策越宽松，企业

越倾向于选择激进的营运资本投资管理，即降低营运资本的持有规模；在使用货币政策分类变量的回归结果中，货币政策期（*MPP*）变量的系数为 -0.310，并且在1%的水平上显著，与使用货币政策连续变量的结果一致，本研究的假设5.1得到更进一步的验证。

表 5 – 15　　　货币政策影响营运资本投资管理的 logit 回归分析

变量	连续变量		分类变量	
	系数	t 值	系数	t 值
MP	-0.026^{***}	(-15.03)		
MPP			-0.310^{***}	(-20.63)
CAF	0.008^{***}	(6.09)	0.007^{***}	(5.57)
LEV	-0.009^{***}	(-4.79)	-0.008^{***}	(-4.28)
CIV	0.047^{***}	(17.48)	0.047^{***}	(17.40)
SALG	-0.000^{**}	(-2.07)	-0.000	(-0.99)
ASSE	1.100^{***}	(23.93)	1.048^{***}	(22.71)
ROEG	0.004^{*}	(1.98)	0.005^{**}	(2.05)
EFI	-0.002	(-1.50)	-0.003^{*}	(-1.78)
C1_CONS	-1.922^{***}	(-63.31)	-1.615^{***}	(-129.21)
C2_CONS	0.394^{***}	(13.43)	0.705^{***}	(64.44)
季度	控制		控制	
行业	控制		控制	
N	74549		74549	

注：括号中为 t 值；*、**、*** 表示显著性水平 10%、5%、1%。

5.8.2　现金流稳定性、货币政策与营运资本投资管理

5.8.2.1　回归模型构建

本部分的基本检验模型如式（5 – 5）所示。

$$CAR_{it} = \alpha_0 + \alpha_1 MP_t + \alpha_2 CSD_{it} + \alpha_3 CSD_{it} \times MP_t + \alpha_4 CAF_{it} + \alpha_5 LEV_{it}$$

$$+ \alpha_6 CIV_{it} + \alpha_7 SALG_{it} + \alpha_8 ASSE_{it} + \alpha_9 ROEG_{it} + \alpha_{10} EFI_{it} + \varepsilon_{it}$$

$$(5-5)$$

式（5-5）中，i 和 t 分别表示公司和季度，α 为估计参数，ε_{it} 为随机扰动项，其他变量如表 5-3 所示。使用 MPP 进行回归时，式(5-5)中的 MP 替换成 MPP。回归结果的预期是 $CSD \times MP$ 和 $CSD \times MPP$ 均为系数为负，表示货币政策越宽松，企业营运资本投资比例越低，而现金流稳定性越差的公司，其营运资本持有量会进一步降低。

5.8.2.2 回归结果分析

现金流稳定性对货币政策与营运资本投资关系影响的固定效应模型回归结果如表 5-16 所示。

表 5-16　现金流稳定性、货币政策与营运资本投资管理回归分析

变量	(1)		(2)	
	系数	t 值	系数	t 值
MP	- 0. 223 ***	(- 2. 61)		
MPP			- 0. 497 *	(- 1. 91)
CSD × MP	- 0. 070 **	(- 2. 44)		
CSD × MPP			- 0. 560 **	(- 2. 57)
CSD	- 0. 448	(- 0. 94)	- 1. 367 ***	(- 8. 27)
CAF	- 0. 033 ***	(- 4. 89)	- 0. 033 ***	(- 4. 89)
LEV	- 0. 081 ***	(- 6. 30)	- 0. 081 ***	(- 6. 31)
CIV	- 0. 318 ***	(- 21. 88)	- 0. 318 ***	(- 21. 87)
SALG	- 0. 003 ***	(- 4. 17)	- 0. 003 ***	(- 4. 17)
ASSE	7. 062 ***	(16. 57)	7. 065 ***	(16. 57)
ROEG	0. 049 ***	(6. 68)	0. 049 ***	(6. 65)
EFI	- 0. 074 ***	(- 7. 20)	- 0. 074 ***	(- 7. 20)
_CONS	1. 583	(1. 30)	- 1. 381 ***	(- 8. 65)
季度	控制		控制	
行业	控制		控制	

续表

变量	(1)		(2)	
	系数	t 值	系数	t 值
N	74278		74278	
F	27.75		27.810	
r2_a	0.070		0.070	

注：＊、＊＊、＊＊＊表示显著性水平10%、5%、1%。

（1）列使用货币政策连续变量的回归中货币政策连续变量（*MP*）的系数为 -0.223，与前文结果一致，并且在1%的水平上显著，现金流稳定性变量与货币政策变量的交乘项（*CSD* × *MP*）的系数为 -0.070，在5%的水平上显著，表明较差的现金流稳定性有助于进一步降低企业营运资本的投资规模。（2）列使用货币政策分类变量（*MPP*）进行回归的结果是 *MPP* 的系数为 -0.497，在10%的水平上显著，*CSD* × *MPP* 的系数为 -0.560，在5%的水平上显著，与（1）列的结果一致。本研究的假设5.2验证通过。

5.8.3　融资约束、货币政策与营运资本投资管理

5.8.3.1　回归模型构建

本部分的基本检验模型如式（5-6）所示。

$$CAR_{it} = \alpha_0 + \alpha_1 MP_t + \alpha_2 SA_{it} + \alpha_3 SA_{it} \times MP_t + \alpha_4 CAF_{it} + \alpha_5 LEV_{it} + \alpha_6 CIV_{it}$$
$$+ \alpha_7 SALG_{it} + \alpha_8 ASSE_{it} + \alpha_9 ROEG_{it} + \alpha_{10} EFI_{it} + \varepsilon_{it} \quad (5-6)$$

式（5-6）中，i 和 t 分别表示公司和季度，α 为估计参数，ε_{it} 为随机扰动项，其他变量如表5-3所示。在回归时同时使用了货币政策的分类变量 *MPP*，使用 *MPP* 进行回归时，式（5-6）中的 *MP* 替换成 *MPP*。回归结果的预期是 *SA* × *MP* 和 *CSD* × *MPP* 均系数为负，表示货币政策越宽松，企业营运资本投资比例越低，融资约束比较大的公司会对

营运资本持有量的降低起到抑制作用。

5.8.3.2 回归结果分析

融资约束对货币政策与营运资本投资关系影响的固定效应模型回归结果如表 5 - 17 所示。

表 5 - 17　　融资约束、货币政策与营运资本投资管理回归分析

变量	（1）		（2）	
	系数	t 值	系数	t 值
MP	-0.271^{***}	（-3.21）		
MPP			-0.802^{***}	（-3.27）
$SA \times MP$	0.446^{***}	5.12		
$SA \times MPP$			2.021^{**}	（2.53）
SA	-2.572^{*}	（-1.77）	3.973^{***}	（8.87）
CAF	-0.035^{***}	（-5.30）	-0.035^{***}	（-5.29）
LEV	-0.084^{***}	（-6.54）	-0.084^{***}	（-6.52）
CIV	-0.320^{***}	（-21.99）	-0.320^{***}	（-21.96）
$SALG$	-0.003^{***}	（-4.19）	-0.003^{***}	（-4.18）
$ASSE$	6.376^{***}	（14.34）	6.368^{***}	（14.32）
$ROEG$	0.041^{***}	（5.56）	0.041^{***}	（5.57）
EFI	-0.070^{***}	（-6.87）	-0.070^{***}	（-6.85）
$\_CONS$	1.744	（1.44）	-1.880^{***}	（-13.00）
季度	控制		控制	
行业	控制		控制	
N	74549		74549	
F	31.82		31.477	
r2_a	0.068		0.067	

注：*、**、*** 表示显著性水平10%、5%、1%。

在（1）列使用货币政策连续变量的回归中货币政策连续变量

（MP）的系数显著为负，融资约束变量与货币政策变量的交乘项（SA×MP）的系数为 0.446，在 1% 的水平上显著，表明企业融资约束越强，会抑制货币政策宽松期的营运资本投资比例降低。（2）列使用货币政策分类变量（MPP）进行回归的结果是 MPP 的系数为 −802，在 1% 的水平上显著，SA×MPP 的系数为 2.021，在 5% 的水平上显著，与（1）列的结果一致。本研究的假设 5.3 验证通过。

5.8.4 货币政策、营运资本投资比例和投资结构

营运资本投资内容主要包括现金、应收款项和存货，当营运资本投资面临货币政策冲击时，企业会通过调整营运资本投资的不同项目改变营运资本投资比例。营运资本投资项目的流动性和持有目的存在差异，当面临货币政策冲击时，各项目对营运资本投资比例的影响也不同。

本部分借鉴祝继高和陆正飞（2009）[100]的研究方法，首先计算营运资本投资的三个项目的变化量（DCASH、DARR、DINVT），然后将货币政策与营运资本投资各项目变化量指标进行交乘，同时放入模型进行回归，分析货币政策对不同项目影响的差异。

5.8.4.1 回归模型构建

本部分的基本检验模型如式（5-7）所示。

$$CAR_{it} = \alpha_0 + \alpha_1 MP_t + \alpha_2 DCASH_{it} + \alpha_3 DARR_{it} + \alpha_4 DINVT_{it} + \alpha_5 DCASH_{it} \times MP_t$$
$$+ \alpha_6 DARR_{it} \times MP_t + \alpha_7 DNVT_{it} \times MP_t + \alpha_8 CAF_{it} + \alpha_9 LEV_{it} + \alpha_{10} CIV_{it}$$
$$+ \alpha_{11} SALG_{it} + \alpha_{12} ASSE_{it} + \alpha_{13} ROEG_{it} + \alpha_{14} EFI_{it} + \varepsilon_{it} \qquad (5-7)$$

式（5-7）中，i 和 t 分别表示公司和季度，α 为估计参数，ε_{it} 为随机扰动项，其他变量如表 5-3 所示。

5.8.4.2 回归结果分析

使用固定效应模型和交乘方法回归的结果如表 5-18 所示，为了便于比较系数，在回归时先将数据去除个体效应，然后回归并计算标准化系数。结果显示，DCASH×MP 的系数和 DINVT×MP 的系数显著为正，

而 $DARR \times MP$ 的系数虽然为正但并不显著。

表 5 - 18   货币政策、营运资本投资比例与投资项目回归分析

变量	系数	t 值	标准化系数
$DCASH$	0.241 ***	(15.03)	0.239
$DARR$	0.256 ***	(10.60)	0.164
$DINVT$	0.183 ***	(6.39)	0.096
$DCASH \times MP$	0.002 **	(2.13)	0.034
$DARR \times MP$	0.002	(1.12)	0.017
$DINVT \times MP$	0.004 ***	(2.59)	0.039
MP	- 0.011 **	(- 2.07)	- 0.007
CAF	- 0.060 ***	(- 14.61)	- 0.053
LEV	- 0.107 ***	(- 19.91)	- 0.110
CIV	- 0.218 ***	(- 26.73)	- 0.093
$SALG$	- 0.003 ***	(- 5.07)	- 0.018
$ASSE$	7.625 ***	(50.12)	0.184
$ROEG$	0.030 ***	(4.46)	0.0167
EFI	- 0.074 ***	(- 15.64)	- 0.084
$\_CONS$	- 2.005 ***	(- 22.14)	
N	74547		
F	732.83		
r2_a	0.121		

注：＊、＊＊、＊＊＊表示显著性水平 10%、5%、1%。

以上结果表明，货币政策主要通过现金和存货项目对营运资本产生影响，而应收款项的调整受到客户条件的约束，调整成本较高，货币政策通过应收款项对营运资本投资的影响并不显著。从计算的标准化系数来看，自变量对因变量的总影响最大的是现金。本章的假设 5.4 得到验证。

第 6 章

货币政策影响营运资本融资
管理的实证研究

6.1 引　　言

营运资本融资管理是营运资本融资来源选择和不同融资来源结策的基本方法与主要原则。以合理的成本获得流动性满足营运资本投资的经营性需要和支付性需要是营运资本管理和流动性管理的重要内容。营运资本融资来源除了充分利用企业内部资金之外，更多地受到企业外部资金的供给影响。货币政策作为重要的宏观经济调控政策和主要的宏观流动性管理工具对资本市场和融资环境产生影响，改变企业的融资约束程度，不可避免的对营运资本融资决策产生影响。面临外部货币政策冲击时，企业如何调整营运资本融资管理是本章通过实证研究方法研究的主题。

本章主要使用单变量差异检验、面板向量自回归模型（PVAR）、多元线性回归方法和 logit 回归方法研究货币政策对营运资本短期融资来源和融资结构的影响进行实证检验和分析。

本章的创新体现在：对货币政策影响营运资本融资决策的影响进行全面和深入研究，采用不同的实证研究方法和不同变量对两者的关系进行验证，为更好的认识和理解货币政策对营运资本融资管理的影响提供稳健性的实验证据；将现金流稳定性和融资约束两个重要的公司财务变量纳入分析框架，研究其对货币政策与营运资本融资管理的影响作用。

本章余下的内容包括：6.2 理论分析与研究假设；6.3 样本与数据；6.4 变量设计和计算方法；6.5 描述性分析；6.6 单变量比较分析；6.7 货币政策影响营运资本融资的 PVAR 模型分析；6.8 货币政策影响营运资本融资的多元回归分析。

6.2　理论分析与研究假设

6.2.1　货币政策与营运资本融资管理

营运资本融资来源包括内部资金来源和外部资金来源，外部资金来源又包括以股权融资和长期债务融资为主要内容的长期资金，以短期借款和应付款项为代表的短期资金。营运资本融资选择什么样的融资渠道是权衡资金来源的风险和成本（收益）的结果。

使用长期资金满足企业营运资本投资和流动性需要能够保证资金的稳定性，可以降低企业流动性风险，但长期资金的使用成本较高，其要求报酬率比短期资金供给者要高，长期资金应该与资本性投资相匹配，更多地满足资本性投资创造价值的需要，使用长期资金满足营运资本资金需要违反成本收益原则，造成资金浪费和企业整体的资本成本上升，从而削弱企业价值创造能力。因此，根据成本收益原则，营运资本短期融资来源应该与营运资本资金需求进行良好匹配。不同期限的债务与不同流动性的资产进行良好的匹配能够降低利息的支付和投资资金短缺所带来的风险（段云和国瑶，2012）[149]。本书第3章表3-10对营运资本融资规模比较分析也可以看出，2000~2015年中国上市公司使用短期融资满足营运资本投资的比例均值为76.55%。

货币政策是影响企业融资来源的重要宏观变量，货币政策工具通过货币渠道、资产负债表渠道等影响宏观资金供给和企业贷款能力，改变企业的融资约束程度。货币政策宽松期，银行系可贷资金增加，企业通过银行系统获得资金的可得性和规模增加；货币政策紧缩期，银行系统收紧贷款规模，更有可能发生信贷配给现象，降低了企业获得资金的可能性和规模。在货币政策紧缩期，企业资产负债表恶化，资产抵押价值降低，导致企业获得贷款的能力降低，加重企业的融资约束程度。应付款项作为企业短期融资来源的重要方式，对于满足营运资本资金需求发挥着重要作用，尤其是在货币政策紧缩期，商业信用的融资功能显现（陆正飞和杨德明）[69]。但企业获得商业信用融资的可能性和规模受到供应商地位、资金供给能力的影响，处在商品交易优势地位的供应商提供商业信用的可能性和规模降低，供应商所面临的融资约束越大，在面临货币政策冲击时会加快收账力度，降低商业信用供给。

针对中国资本市场和企业融资现状，企业融资对银行系统的依赖程度较强，中国资本市场的欠发达和企业上市融资和再融资政策的审批和监管严格、程序复杂，利用资本市场补充企业流动性的效率和可能性较低，在企业营运资本融资中的比例较低。银行贷款结构中，长期贷款的获得除了满足银行的抵押要求以外，受产业政策和资金投向的影响，资金的使用目的明确，受到的监管也较为严格。相比较而言，长期借款的获得和调整较为困难，货币政策对短期借款的影响较大。

因此，短期资金来源应该成为营运资本融资的主要方式，是企业流动性管理的主要手段，对宏观流动管理手段——货币政策调整的敏感程度高。当货币政策宽松时，企业获得银行系统的资金来源和商业信用的可能性和规模上升，满足营运资本投资资金需求的比例提高；货币政策紧缩时，银行收紧银根，资金供给降低，企业资产负债表恶化，能够获得的银行借款降低，商业信用虽然能够发挥替代融资功能，但企业使用商业信用融资的非可控因素较多，稳定性较差。

基于以上分析，提出本研究的假设6.1。

假设6.1　货币政策越宽松，企业使用短期资金来源满足营运资本融资需求的程度增强，即营运资本短期融资比例越高，营运资本政策趋向于激进；反之，在货币政策紧缩期，营运资本短期融资比例越低。

6.2.2　企业特征差异、货币政策与营运资本融资管理

本章继续引入经营性现金流稳定性变量和融资约束变量，分别分析两者在货币政策影响营运资本融资过程中所发挥的作用。

6.2.2.1　现金流稳定性、货币政策与营运资本融资管理

现金流是公司财务理论的核心概念，现金流增量的多少是公司投资决策方法：折现现金流方法中决定投资项目取舍的重要因素。现金流的稳定性程度是测度企业投资项目盈利能力和盈利质量的重要变量。而投资项目的盈利能力和盈利质量又是吸引投资者投资的关键。按照公司财务理论，决定投资项目盈利能力和风险程度的核心是投资项目带来的现金流量。现金流量的稳定性也是企业投资机会把握程度和投资项目投资效率的表现。

外部融资是企业获取流动性的重要来源，也是企业流动性管理能力的体现。宽松的货币政策改变了企业获取外部资金的环境，尤其是对短期流动性的影响最为显著。短期资金的成本较低，货币政策的宽松不仅使增加了短期流动性供给，使得企业资金获得可能性增加，而且使得资金获得和使用成本相对于货币政策紧缩期更低，促进企业融资规模增加。货币政策宽松期，外部流动性增加，促进企业更多的使用短期资金来满足营运资本融资的需要。而现金流稳定性比较差的企业，资本性投资的效率低，经营风险较大，长期资金的获得没有已有投资绩效的支持，对长期资金吸引力较差。而短期资金的获得受到投资效率的影响较小，更容易成为企业满足营运资本投资需要的资金来源。根据本研究假

设 5.2 的理论分析和实证结果，货币政策宽松期，那些现金流稳定性较差的企业会进一步减低流动资产持有量，在营运资本短期资金来源不变的情况下，营运资本投资规模的降低会导致营运资本短期资金满足营运资本投资的比例进一步提高。

基于以上分析，提出本研究的假设 6.2。

假设 6.2 货币政策越宽松，企业营运资本短期融资比例越高，现金流稳定性越差的企业，其营运资本短期融资比例会进一步提高，使用更加激进的营运资本融资管理。

6.2.2.2 融资约束、货币政策与营运资本融资管理

融资约束是指存在摩擦的市场环境中，不同融资渠道不能完全互相替代，企业更多的依赖内部资金来源。受货币政策调整的影响，货币政策越宽松，在一定程度上能够改善企业外部的融资环境，但企业是否能够顺利获得资金还取决于自身融资能力的大小。虽然货币政策的宽松可以促进企业营运资本短期融资比例的上升，但这一上升的空间还取决于企业自身因素决定的融资约束程度。融资约束程度大的公司会制约货币政策宽松所带来的营运资本短期融资比例的上升，也即受企业自身融资约束程度影响，货币政策宽松只能在一定程度上缓解企业利用外部短期资金进行营运资本融资的约束。根据本研究假设 5.3 的理论分析和实证结果，货币政策宽松期，融资约束的存在限制了企业进一步降低营运资本投资的降低，进而阻碍了短期融资来源满足营运资本投资的比例进一步降低。

基于以上分析，提出本研究的假设 6.3。

假设 6.3 货币政策越宽松，企业营运资本短期融资比例越高，但在融资约束较强的公司中，融资约束会抑制营运资本短期融资比例的上升。

6.2.3 货币政策、营运资本短期融资比例和融资结构

营运资本短期融资来源主要包括短期借款和应付款项。其中，短期

借款主要表现为银行借款，应付款项是企业占用供应商的货款形成的商业信用融资。

根据货币政策传导机制，货币政策调整会通过信贷传导渠道首先影响银行系统的流动性，货币政策宽松，银行系统流动性宽松，可贷资金增加，企业获得银行系统资金的规模和可能性也会提高；反之，企业获得银行贷款降低。银行信贷受货币政策调控影响的最大和最直接。

应付款项是企业与供应商之间因交易而产生的应付义务，也成为企业外部短期融资的重要来源渠道。虽然过分占用供应商款项会导致供应链合作关系恶化和丧失可观的商业折扣，但这部分资金来源对于融资约束公司来说发挥着重要作用。在货币政策紧缩期，银行信贷受限，使用应付款项作为商业信用融资的功能凸显（陆正飞和杨德明，2011）[69]。

因此，当企业营运资本短期融资受到货币政策负面冲击时，对两种主要的短期融资来源渠道产生不同的影响，企业对营运资本短期融资项目的调整存在差异（袁卫秋和汪立静，2016）[150]并可能相互替代（吴争程和陈金龙，2014）[71]，短期借款对营运资本融资的影响降低，而应付款项的影响作用提高。

基于以上分析，提出本研究的假设6.4。

假设6.4 相对于货币政策宽松期，在货币政策紧缩期，短期借款对营运资本短期融资比例的影响降低，应付款项对营运资本短期融资比例的影响提高。

6.3 样本与数据

6.3.1 样本选择

本章实证研究资料与第5章一致，即使用上市公司季度财务报告数据，而中国上市公司财务报告季度报告自 2003 年才可以获得。因此，本章研究的样本期为 2003 年一季度至 2015 年四季度，研究的基础样本为中国沪深 A 股主板和创业板上市公司，对样本做了以下筛选：（1）删除了金融行业上市公司；（2）被 ST 等处理公司被处理时期的观测值。所有样本年度和行业分布见表 5 – 1 和表 5 – 2。

6.3.2　数据来源和处理

中国上市公司数据来自 CCER 经济金融数据库，货币政策数据来自于中国人民银行网站。数据使用 Excel 和 Stata 软件处理。考虑到本研究样本期跨越的年度长，样本行业和企业差异大，为了减少极值的影响，对除了货币政策变量以外的其他连续型变量进行上下各 5% 的 Winsorize 处理。

6.4　变量设计和计算方法

6.4.1　营运资本变量

6.4.1.1　营运资本短期融资比例

营运资本短期融资比例是指企业通过短期性负债渠道融资满足营运资本资金需求的比例，表现为企业的流动负债规模。本章使用流动负债合计除以流动资产合计计算流动负债满足营运资本投资需要的程度，用以反映企业营运资本融资管理。如果企业较少地依赖短期融资，较多地使用长期资金来源满足营运资本投资需要称之为"稳健型"的营运资本融资管理。与之相反，"激进型"的营运资本融资管理会使用较多的短期融资来满足营运资本投资需要，甚至出现短期融资供长期投资需要的

"短债常用"现象。

为了消除季节数据存在的季节效应，将 t 年 j 季度营运资本短期融资比例减去 $t-1$ 年 j 季度的营运资本短期融资比例的变化额作为营运资本融资规模变量，以下其他指标均采用这种方法消除季度效应。

6.4.1.2　营运资本短期融资结构

营运资本短期资金来源的主要内容包括短期借款、应付款项等，通过计算上述不同项目占流动负债的比例作为反映营运资本短期融资结构的指标。

（1）短期借款比例指标。将企业使用的银行短期借款和交易性金融负债合计作为短期借款总额，短期借款总额除以流动负债合计计算短期借款比例指标，采用营运资本短期融资规模指标相同的计算方法消除季度效应。

（2）应付款项比例指标。本章对流动资产的研究着眼于其融资功能，因此应付款项主要是指使用商业信用形成的应付账款、应付票据和预收款项等短期资金来源。应付账款、应付票据和预收款项的合计除以流动负债合计计算应付款项比例指标。

6.4.2　货币政策变量

本章货币政策变量定义和计算方法与第 5 章相同。选择广义货币供应量（M2）作为货币政策测度指标，具体计算时采用同比季度 M2 增长率作为货币政策指标。同时，根据吴晓灵（2009）[146]关于货币政策松紧程度的定义，借鉴陆正飞和杨德明（2011）[70]的做法，根据 M2 同比季度增长率 –（CPI 同比季度增长率 + GDP 同比季度增长率）的值判定货币政策的松紧程度，超过（等于）均值的期间为货币政策宽松期，低于均值的期间为货币政策紧缩期。

6.4.3 其他变量

（1）现金流量。使用现金流比例变化额测度企业价值创造能力。其计算方法是经营活动产生的现金流量净额除以资产总计，并采用与营运资本短期融资比例指标相同的方法消除季度效应。现金流量作为企业内部融资的重要来源，有助于缓解企业的融资约束；同时现金流规模的高低也是影响企业财务风险的重要因素，对企业外部融资能力产生影响。

（2）财务风险。使用资产负债率作为企业财务风险的代理变量。其计算方法是负债合计除以资产总计，并采用与营运资本短期融资比例指标相同的方法消除季度效应。资产负债率越高，财务风险越大，抑制企业债务融资规模的进一步扩大。

（3）资本性投资支出。使用购建固定资产无形资产和其他长期资产所支付的现金除以资产总计计算，并采用与营运资本短期融资比例指标相同的方法消除季度效应。资本性投资与营运资本投资会产生资源竞争，尤其是在融资约束较强的公司，当长期资本来源受限，拥有良好投资机会的企业会使用短期资金来源进行资本投资，发生营运资本平滑资本性投资行为。

（4）营业收入增长率。使用本期营业总收入减去上期营业总收入的差额除以上期营业总收入，并采用与营运资本短期融资比例指标相同的方法消除季度效应。营业收入的形成和变化是企业投资不断转化为现金的重要过程，营业收入的增加越快，意味着企业拥有良好的投资机会，会增加对存货等生产性原材料的需求，占用供应商资金相应增加；营业收入的增加，如果不能及时收回现金，就需要通过短期借款等途径增加对生产性流动性的补充；市场需求旺盛推动营业收入增加的同时也会增加对客户预付款的占用。因此，营业收入增长率会促进营运资本短期融资比例的增加。

（5）资产规模。采用资产总计的自然对数计算得到，并采用与营运资本短期融资比例指标相同的方法消除季度效应。资产规模是企业实力的象征，有助于提供信誉保证和抵押功能，顺利获得银行贷款和获得供应商提供的商业信用，营运资本融资能力增强。

（6）净资产利润率增长率。使用本期归属于母公司所有者的净利润减去上期归属于母公司所有者的净利润的差额除以上期归属于母公司所有者的净利润，并采用与营运资本短期融资比例指标相同的方法消除季度效应。净资产利润率是企业保持良好支付能力、降低财务风险的保证，增长的越快，越有助于企业获得银行信贷融资和商业信用融资。

（7）现金流稳定性。使用每家公司每年经营活动产生的现金流量净额的标准差。现金流是公司财务的核心概念，有不同内涵和范围。企业估值中常常使用自由现金流（free cash flow）、企业资本预算中评价投资项目时使用现金流增量，企业日常经营中的现金流则包含现金流入和现金流出等。本研究在使用现金流量变量研究的问题是企业在不同投资项目上的决策问题，更偏向于投资问题研究，因此使用经营性现金流净额指标。现金流的稳定性是测度企业风险投资项目风险的主要变量。本章将现金流稳定性作为调节变量，考察拥有不同现金流稳定性的企业，其营运资本融资行为的差异。

（8）融资约束。借鉴德洛克和皮尔斯（2010）计算融资约束程度的方法计算融资约束指数，其基本公式为 $-0.737 \times size + 0.043 \times size2 - 0.04 \times age$，其中 $size$ 为公司规模，用总资产替代，age 为公司样本期年度减去成立年度。本研究选择融资约束变量作为调节变量，分析在不同融资约束的公司，其营运资本融资决策行为的差异。同时该变量作为控制变量加入模型。

变量的定义和计算方法如表 6 - 1 所示。

表 6－1　　　　　　　　　**变量定义及计算方法①**

变量名称	变量符号	计算方法
营运资本短期融资比例	CLAG	流动负债合计÷流动资产合计
短期借款比例	SL	（短期借款＋交易性金融负债）÷流动负债合计
应付款项比例	AC	（应付账款、应付票据和预收款项）÷流动负债合计
货币政策	MP	M2 同比增长率
货币政策期	MPP	根据 M2 同比季度增长率－（CPI 同比季度增长率＋GDP 同比季度增长率）值，超过（等于）均值的期间为宽松期为 1，低于均值的期间为紧缩期为 0
现金流量	CAF	现金流比例：经营活动产生的现金流量净额÷资产总计
财务风险	LEV	资产负债率负债合计÷资产总计
资本性投资支出	CIV	购建固定资产、无形资产和其他长期资产所支付的现金÷资产总计
营业收入增长率	SALG	（t 期营业总收入－t－1 期营业总收入）÷t－1 期营业总收入
资产规模	ASSE	资产总计的自然对数
净资产利润率增长率	ROEG	（t 期归属于母公司的净利润－t－1 期归属于母公司的净利润）÷t－1 期归属于母公司的净利润
现金流稳定性	CSD	每家公司每年经营活动产生的现金流量净额的标准差，使用货币资金进行标准化
融资约束	SA	采用德洛克和皮尔斯（2010）方法计算

6.5　描述性分析

6.5.1　营运资本融资变量和控制变量描述性统计

表 6－2 是对主要变量消除季节性效应后的描述性统计。

---

　　① 本章所有表格均是笔者根据样本资料自行制作。

表 6 - 2 营运资本融资变量和控制变量描述性统计

变量	平均数	标准差	最小值	p25	p50	p75	最大值	观测值
CLAG	2.54	19.63	-39.26	-6.8	1.78	11.71	46.51	78288
SL	-0.05	0.94	-3.12	-0.19	0.05	0.41	1.27	76146
AC	0.13	0.37	-0.68	-0.08	0.13	0.35	0.86	78023
CAF	0.06	5.32	-10.82	-2.92	0.00	2.99	11.18	77964
LEV	1.23	6.55	-12.14	-2.52	1.03	5.07	14.59	77964
CIV	-0.25	2.59	-6.14	-1.29	-0.07	0.75	5.40	77964
SALG	2.45	39.22	-93.63	-7.14	0.00	8.09	112.50	74550
ASSE	0.13	0.16	-0.12	0.01	0.10	0.21	0.52	77964
ROEG	-0.06	3.18	-7.59	-1.15	0.00	1.01	7.40	74642
CSD	18.18	1.25	16.04	17.26	18.09	19.03	20.69	89557
SA	0.03	0.11	-0.21	-0.03	0.01	0.06	0.57	87119

结果显示，营运资本短期融资比例（CLAG）的均值为 2.54%，最大值达到 46.51%，最小值仅为 -3926%，标准差为 19.63，该指标呈现偏态分布；营运资本短期融资结构中，短期借款比例（SL）均值为 -0.05%，最大值达到 1.27%，最小值为 -3.12%，标准差仅为 0.94；应付款项比例（AC）均值为 0.13%，最大值为 0.86%，最小值为 -0.68%，标准差为 0.37。两个结构指标的波动性均较小。

6.5.2　货币政策变量描述性统计

本章货币政策变量的描述统计结果与第 5 章一致，如表 5 - 5 所示。2003 年第一季度至 2015 年第四季度中国广义货币供应量（M2）季度规模（亿元）及其季度同比增长率、居民消费价格指数（CPI）季度同比增长率、国内生产总值（GDP）季度同比增长率，以及根据上述指标计算和划定中国货币政策的松紧期间。52 个季度中国广义货币供应量（M2）季度同比增长率均值为 16.27%，最大值达到 29.30%，最低的增长率为 11.60%；居民消费价格指数（*CPI*）季度同比增长率均值为 2.74%，最大增长率为 8.03%，最小值为 – 1.53%；国内生产总值 （*GDP*）季度同比增长率平均为 10.25%，最大增长为 15%，最小增长率为 6.40%；根据 $M2 - (CPI + GDP)$ 计算的 *MPP* 值，均值为 0.37%，最大值为 1%，最小值为 0；52 个季度中有 26 个季度为货币政策紧缩期，26 个季度为货币政策宽松期。

6.6　单变量比较分析

本部分从数据的表征特征描述营运资本短期融资比例及其融资结构的特点及不同货币政策期的差异。数据的选择分别计算去除季节效应的营运资本短期融资比例及其融资结构变化指标，同时计算不同季度营运资本短期融资比例及其融资结构总量指标，以及不同季度营运资本短期融资比例及其融资结构环比变化指标，更加全面的描述营运资本短期融资比例及其融资结构的变化特点。

6.6.1　货币政策、营运资本短期融资比例和融资结构分析：去除季节效应指标

表 6 – 3 对不同货币政策期间去除了季节效应的营运资本短期融资比例和融资结构变量的平均数和中位数进行差异检验。

表 6 – 3　　　　不同货币政策期营运资本融资指标差异检验

变量	宽松期		紧缩期		平均数差异检验	中位数差异检验
	平均数	中位数	平均数	中位数		
CLAG	2.90	1.68	2.35	1.83	– 0.22	– 3.68 ***

续表

变量	宽松期		紧缩期		平均数 差异检验	中位数 差异检验
	平均数	中位数	平均数	中位数		
SL	−0.11	0.01	−0.02	0.07	11.69***	19.71***
AC	0.14	0.15	0.12	0.12	−7.22***	−9.82***
短期融资比例	90.68	77.95	75.09	62.78	−36.03***	−49.35***
短期借款比例	36.27	37.70	28.36	26.31	−47.71***	−48.53***
应付款项比例	40.07	36.83	47.27	45.47	43.59***	43.21***
D 短期融资比例	0.63	0.15	0.71	0.43	0.74	5.98***
D 短期借款比例	−0.56	0.00	−0.10	0.00	7.58***	8.96***
D 应付款项比例	0.35	0.27	−0.11	−0.01	−7.54***	−8.76***

注：*、***分别表示显著性水平10%和1%；流动负债比例、短期借款比例、应付款项比例等变量的值是未进行季节效应处理的值；D 流动负债比例、D 短期借款比例、D 应付款项比例等指标值是未进行季节效应处理值的一阶差分。

结果显示，货币政策宽松期营运资本短期融资比例（*CAR*）的平均数和中位数分别为2.90%和1.68%，货币政策紧缩期分别为2.35%和1.83%，货币政策宽松期的平均数大于货币政策紧缩期，但是两者差异并不显著，而货币政策宽松期的中位数小于货币政策紧缩期，两者的差异在1%的水平上显著；货币政策宽松期短期借款比例（*SL*）的平均数和中位数分别为−0.11%和0.01%，货币政策紧缩期分别为−0.02%和0.07%，货币政策宽松期的平均数降低幅度大于货币政策紧缩期，两者差异在1%的水平上显著，而货币政策宽松期的中位数小于货币政策紧缩期，两者的差异在1%的水平上显著；货币政策宽松期应付款项比例（*AC*）的平均数和中位数分别为0.14%和0.15%，货币政策紧缩期分别为0.12%和0.12%，货币政策宽松期的平均数增长幅度大于货币政策紧缩期，两者差异在1%的水平上显著，货币政策宽松期的中位数也大于货币政策紧缩期，两者的差异在1%的水平上显著。

图6-1对货币政策与去除了季节效应的营运资本短期融资比例和

融资结构的关系进行了描述分析。

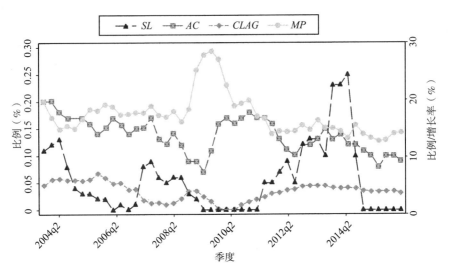

图 6 - 1   货币政策、营运资本短期融资比例和

融资结构分析（去除季节效应指标）①

结果显示，47 个季度期间有 22 个期间营运资本短期融资比例（*CLAG*）与货币政策（*MP*）变量之间呈现同向变化，两者的相关系数为 0.03，并且在 1% 的水平上显著，与本研究的假设 6.1 预期并不一致；47 个季度期，有 18 个季度期的短期借款（*SL*）季度同比变化为 0，剩余的 29 个季度期中有 13 个季度期短期借款（*SL*）与货币政策变量（*MP*）呈现同向变化，两者的相关系数为 0.05，并且在 1% 的水平上显著，与前文分析并不一致。应付款项比例（*SC*）季度同比变化有 9 期为0，剩余的 38 个季度期中有 24 个季度期应付款项（*SC*）与货币政策变量（*MP*）呈现同向变化，两者的相关系数为 0.007，并且在 5% 的水平上显著。

---

　　　① 本章所有图形均是笔者根据样本资料自行制作。

6.6.2　货币政策、营运资本短期融资比例和融资结构分析：总量指标

表6-3对不同货币政策期间营运资本短期融资比例和融资结构变量的平均数和中位数进行差异检验。结果显示，货币政策宽松期营运资本短期融资比例的平均数和中位数分别为90.68%和77.95%，货币政策紧缩期分别为75.09%和62.78%，货币政策宽松期的平均数和中位数均大于货币政策紧缩期，两个指标在不同期间的差异在1%的水平上均显著。与本研究假设6.1预期一致，说明货币政策宽松期使用短期资金来源满足营运资本资金需求的比例大于货币政策紧缩期；货币政策宽松期短期借款比例的平均数和中位数分别为36.27%和37.70%，货币政策紧缩期分别为28.36%和26.31%，货币政策宽松期的平均数和中位数均大于货币政策紧缩期，而且两个指标在不同期间的差异在1%的水平上均显著。说明货币政策宽松期企业短期借款更容易，成为营运资本短期融资来源的主要方式；货币政策宽松期应付款项比例的平均数和中位数分别为40.07%和36.83%，货币政策紧缩期分别为47.27%和45.47%，货币政策宽松期的平均数和中位数均小于货币政策紧缩期，而且两个指标在不同期间的差异在1%的水平上均显著。说明货币政策紧缩期，其他短期营运资本融资来源受限，商业信用的融资功能更加明显。

图6-2对货币政策与营运资本短期融资比例和融资结构的关系进行了描述分析。

结果显示，51个季度期间有27个期间营运资本短期融资比例与货币政策（MP）变量的呈现同向变化，两者的相关系数为0.10，并且在1%的水平上显著，与本部分假设6.1的预期一致；短期借款比例与货币政策（MP）变量的变化比较显示，51个季度期，有20个季度期的短期借款比例与货币政策（MP）变量呈现同向变化，两者的相关系数为

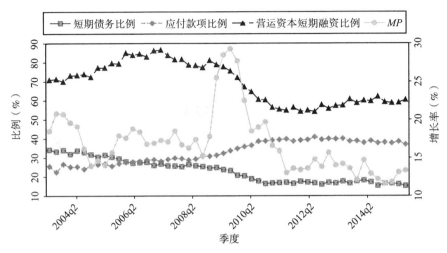

图 6 - 2　货币政策、营运资本短期融资比例和融资结构分析（总量指标）

0.10，并且在 1% 的水平上显著；应付款项比例与货币政策（MP）变量的变化比较显示，51 个季度期，有 28 个季度期的应付款项比例与货币政策（MP）变量呈现同向变化，两者的相关系数为 0.08，并且在 1% 的水平上显著。

6.6.3　货币政策、营运资本短期融资比例和融资结构分析：环比变化指标

表 6 - 3 对不同货币政策期间营运资本短期融资比例环比变化和融资结构变量的环比变化的平均数和中位数进行差异检验。结果显示，货币政策宽松期营运资本短期融资比例的环比变化的平均数和中位数分别为 0.63% 和 0.15%，其平均数小于货币政策紧缩期，但两者的差异并不显著；货币政策宽松期的中位数均小于货币政策紧缩期，两者的差异在 1% 的水平上均显著；货币政策宽松期短期借款比例的环比变化的平均数和中位数分别为 - 0.56% 和 0.00%，变化均值大于货币政策紧缩期，两者的差异在 1% 的水平上均显著，变化中位数与货币政策紧缩期

相等，但两者差异的检验显示在1%的水平上存在差异；货币政策宽松期应付款项比例的环比变化的平均数和中位数分别为0.35%和0.27%，货币政策宽松期应付款项比例环比变化的均值为上升，并且增加幅度大于货币政策紧缩期，两者的差异在1%的水平上显著；货币政策宽松期应付款项比例环比变化的均值为下降，并且下降幅度大于货币政策紧缩期，两者的差异在1%的水平上显著。中位数的变化和差异表明货币政策紧缩期的应付款项融资功能显著。

图6-3对货币政策与营运资本短期融资比例和融资结构的环比变化关系进行了描述分析。

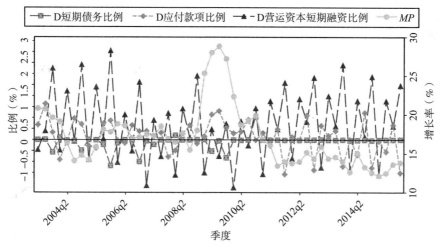

图6-3 货币政策、营运资本短期融资比例和融资结构分析（环比变化指标）

结果显示，50个季度期间中有25个期间与货币政策（MP）变量呈现同向变化，两者的相关系数为0.03，并且在1%的水平上显著；短期借款比例的环比变化与货币政策（MP）变量的变化比较显示，50个季度有29个期间的短期借款比例同比变化的变动为0，其余21个期间有11个期间短期借款比例环比变化与货币政策（MP）变量呈现同方向变化，两者的相关系数为0.02，并且在1%的水平上显著。

6.7　货币政策影响营运资本融资的 PVAR 模型分析

本章同样使用面板向量自回归模型（PVAR）分析货币政策对企业营运资本融资的影响，其主要步骤包括模型构建和模型选择、模型冲击函数计算、脉冲相应分析等。

6.7.1　货币政策与营运资本融资管理

营运资本融资是企业融资决策的重要组成部分，融资渠道的选择和融资规模的确定均受企业融资约束程度的影响。货币政策对微观企业的融资环境影响有两个途径：一是货币政策的调整会影响市场资金的供给量和资金供给的价格，对企业资金的可得性和资金成本产生影响；二是货币政策调整会通过影响企业资产负债表进而影响企业获得资金的能力。因此，使用 PVAR 模型分析货币政策、融资约束和营运资本融资之间的关系。

6.7.1.1　模型构建和模型选择

（1）PVAR 模型构建。根据货币政策、融资约束与营运资本融资决策之间的关系，本部分构建 PVAR 模型如式（6-1）所示。

$$x_{it} = \beta x_{it-1} + f_i + u_t + \varepsilon_{it} \qquad (6-1)$$

式（6-1）中，x_{it} 表示所有的 PVAR 模型变量，在研究货币政策与营运资本融资关系时，x_{it} 包括货币政策（MP）、融资约束（SA）和营运资本短期融资比例（CLAG）；f_i 表示公司固定效应；u_t 表示时间效应；ε_{it} 表示随机扰动项；β 表示 3×3 的系数矩阵。

在研究不同货币政策期，融资约束与营运资本融资关系时，x_{it} 包括融资约束（SA）和营运资本短期融资比例（CLAG），β 表示 2×2 的系数矩阵，其他如上所述。在进行模型估计时先通过组内均值差分法和前向均值差分对数据去除时间效应和个体效应处理。

（2）PVAR 模型选择。根据前文的 VAR 模型选择规则进行滞后阶数的选择，其结果如表6-4所示。

表6-4　　货币政策与营运资本短期融资 PVAR 模型滞后阶数选择

Lag	AIC	BIC	HQIC
1	10.092	11.103	10.403
2	10.013	11.063	10.337
3	10.024	11.115	10.362
4	9.914	11.048	10.265
5	9.758*	10.938*	10.125*
6	9.762	10.990	10.144

注：* 标注的是最优的滞后阶数。

表6-4是货币政策与营运资本融资关系 PVAR 模型滞后阶数的选择结果，结果显示 AIC 信息标准、BIC 信息标准和 HQIC 信息标准均选择滞后5阶，后文的冲击反应函数和脉冲反应图均以此选择为准。

6.7.1.2　PVAR 模型冲击反应函数

表6-5估计的是5阶滞后期的 PVAR 模型。

表6-5　　　　货币政策与营运资本短期融资冲击反应函数

变量	MP 模型		SA 模型		CLAG 模型	
	系数	t 值	系数	t 值	系数	t 值
$L. MP$	1.163***	(194.65)	0.000	(0.42)	0.007**	(2.21)
$L. SA$	-2.747***	(-22.93)	-0.012**	(-2.43)	-0.322	(-0.38)
$L. CLAG$	0.005***	(8.20)	0.000***	(4.52)	0.718***	(108.45)
$L2. MP$	-0.170***	(-22.01)	0.001***	(3.47)	-0.022	(-0.51)
$L2. SA$	-0.339***	(-3.09)	-0.005	(-1.13)	1.671**	(2.05)
$L2. CLAG$	-0.001**	(-2.08)	-0.000**	(-2.47)	0.055***	(7.50)
$L3. MP$	-0.029***	(-4.43)	-0.001***	(-5.66)	0.001**	(2.02)

续表

变量	MP 模型		SA 模型		CLAG 模型	
	系数	t 值	系数	t 值	系数	t 值
L3. SA	0.132	(1.20)	0.009 *	(1.91)	−0.864	(−1.04)
L3. CLAG	−0.002 ***	(−2.83)	0.000	(0.49)	−0.002	(−0.32)
L4. MP	−0.317 ***	(−74.60)	0.001 ***	(4.07)	−0.021	(−0.52)
L4. SA	−0.096	(−0.85)	0.222 ***	(47.08)	2.376 ***	(2.71)
L4. CLAG	0.000	(0.60)	−0.000 ***	(−3.09)	−0.373 ***	(−50.99)
L5. MP	0.325 ***	(76.17)	−0.000 **	(−2.02)	0.048 *	(1.78)
L5. SA	0.687 ***	(5.81)	0.004	(0.88)	2.263 ***	(2.88)
L5. CLAG	0.001 *	(1.89)	0.000	(1.38)	0.238 ***	(36.7)
	N = 61078，AIC = 9.758，BIC = 10.938，HQIC = 10.125					

注：* 、** 、*** 分别表示显著性水平10% 、5% 、1% 。

结果显示，在营运资本短期融资比例（CLAG）模型中，滞后1期、3 期和5 期的货币政策对营运资本短期融资比例的影响显著为负；滞后2 期、4 期和5 期的模型融资约束对于营运资本短期融资比例显著为正。本研究的假设6.1 得到初步验证。

6.7.1.3 PVAR 模型脉冲反应图

通过绘制 VAR 模型的脉冲反应图分析货币政策与营运资本融资之间的关系。本部分的脉冲反应图是使用蒙特卡洛模拟1000 次模拟冲击后的结果，冲击反应图的横轴表示冲击反应的季度期数，纵轴表示冲击反应的程度，在冲击反应程度为0 的地方为纵向横线，三条线的中间一条线为脉冲反应曲线，两边的线为置信为5% ~95% 。

图 6 −4 是货币政策（MP）对融资约束（SA）的影响脉冲反应图，可以看出，当货币政策受到一个标准差的冲击时，货币政策对融资约束迅速产生负向影响，这种影响大约会持续1 个季度期，1 期以后会逐渐恢复到正常水平；图 6 −5 是货币政策（MP）对营运资本短期融资比例（CLAG）的影响脉冲反应图，可以看出货币政策对营运资本短期融资产

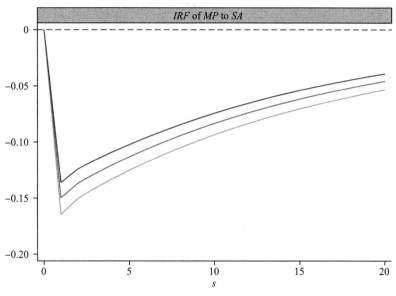

图 6-4　货币政策对融资约束的影响

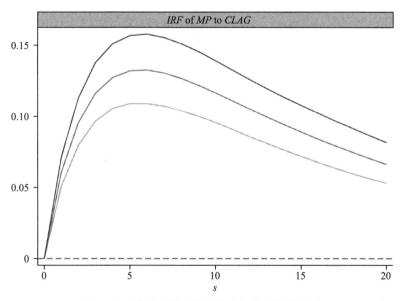

图 6-5　货币政策对营运资本短期融资的影响

生正向冲击，这种冲击持续 5 个季度期，5 期以后会逐步恢复到正常水平；图 6-6 是融资约束对营运资本短期融资的影响，可以看出融资约束对营运资本短期融资产生正向冲击,这种影响大约会持续 1 个季度期,1 期以后会逐渐恢复到正常水平。

以上结果与本章假设 6.1 一致。

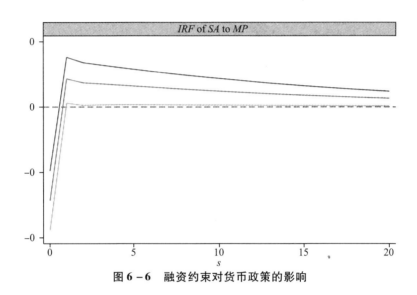

图 6-6　融资约束对货币政策的影响

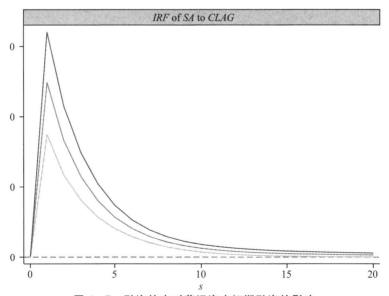

图 6-7　融资约束对营运资本短期融资的影响

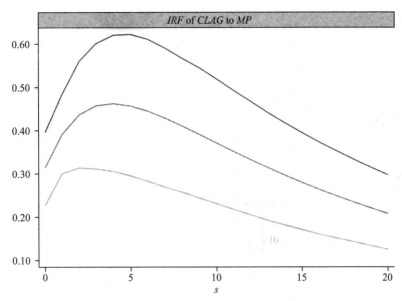

图6-8 营运资本短期融资对货币政策的影响

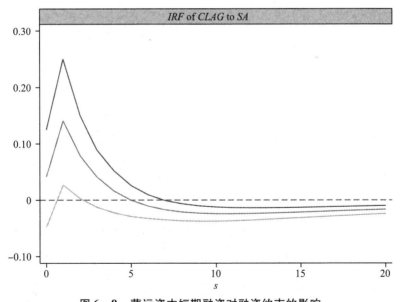

图6-9 营运资本短期融资对融资约束的影响

6.7.2 货币政策、营运资本短期融资比例和融资结构

货币政策除了对营运资本短期融资比例产生影响，还会对营运资本短期融资来源的结构调整产生影响。本部分同样使用 PVAR 模型分析营运资本短期融资的不同项目与营运资本短期融资比例的关系，并区分不同货币政策期分析其影响的差异。

6.7.2.1 模型构建和模型选择

（1）PVAR 模型构建。为了研究营运资本短期融资比例与短期融资来源结构的关系，本部分构建 PVAR 模型如式（6-2）所示。

$$x_{it} = \beta x_{it-1} + f_i + u_t + \varepsilon_{it} \qquad (6-2)$$

式（6-2）中，x_{it} 表示营运资本短期融资比例（$CLAG$）、短期借款比例（SL）和应付款项比例（AC）；f_i 表示公司固定效应；u_i 表示时间效应；ε_{it} 表示随机扰动项；β 表示 3×3 的系数矩阵。

（2）PVAR 模型选择。根据表 6-6 面板 VAR 模型滞后阶数选择结果。

表 6-6　营运资本短期融资比例与融资项目 PVAR 模型滞后阶数选择

A 栏　营运资本短期融资比例与融资项目关系模型			
Lag	AIC	BIC	HQIC
1	10.866	11.909	11.188
2	10.808	11.900	11.146
3	10.760	11.903	11.114
4	10.599	11.798	10.972
5	10.510	11.768 *	10.902 *
6	10.508 *	11.829	10.921

续表

B栏　营运资本短期融资比例与融资项目关系模型（货币政策宽松期）		
1	11.114*	13.143*	11.777*
2	11.149	13.569	11.947
3	11.159	13.973	12.095
4	11.195	14.561	12.326
5	11.382	15.571	12.807
6	12.005	17.550	13.923
C栏　营运资本短期融资比例与融资项目关系模型（货币政策紧缩期）		
1	10.821	12.457*	11.293*
2	10.741	12.645	11.323
3	10.695	12.817	11.338
4	10.521	12.915	11.347
5	10.436*	13.170	11.374
6	10.453	13.496	11.447

注：*标注的是最优的滞后阶数。

结果显示，A栏营运资本短期融资比例与短期融资来源结构的关系模型选择滞后5阶模型；B栏和C栏是不同货币政策期营运资本短期融资比例与短期融资来源结构的关系模型均选择滞后1阶模型。

6.7.2.2　PVAR模型冲击反应函数

表6-7是营运资本短期融资比例与短期融资来源的冲击反应函数。

表6-7　　营运资本短期融资比例与融资项目冲击反应函数

变量	SL		AC		$CLAG$	
	系数	t值	系数	t值	系数	t值
$L.SL$	0.653***	(76.42)	0.004*	(1.95)	0.431***	(4.71)
$L.AC$	0.005	(0.39)	0.589***	(107.81)	1.108***	(4.54)

续表

变量	SL		AC		CLAG	
	系数	t 值	系数	t 值	系数	t 值
L. CLAG	0.004 ***	(19.09)	0.001 ***	(6.67)	0.710 ***	(101.14)
L2. SL	0.002	(0.33)	−0.001	(−0.42)	−0.152	(−1.62)
L2. AC	0.025 **	(2.23)	0.089 ***	(15.92)	−0.13	(−0.53)
L2. CLAG	−0.000 **	(−2.02)	0.000	(−0.91)	0.055 ***	(7.20)
L3. SL	−0.064 ***	(−9.13)	−0.002	(−1.17)	−0.127	(−1.35)
L3. AC	0.001	(0.11)	0.047 ***	(8.71)	0.467 *	(1.91)
L3. CLAG	0.000	(1.22)	0.000	(0.01)	−0.004	(−0.50)
I4. SL	−0.163 ***	(−22.98)	0.002	(1.15)	0.114	(1.21)
I4. AC	−0.004	(−0.41)	−0.336 ***	(−60.58)	−0.839 ***	(−3.38)
I4. CLAG	−0.002 ***	(−9.80)	−0.000 ***	(−3.91)	−0.369 ***	(−48.31)
L5. SL	0.125 ***	(20.92)	0.000	(0.19)	0.059	(0.73)
L5. AC	0.015	(1.46)	0.174 ***	(34.35)	0.992 ***	(4.38)
L5. CLAG	0.002 ***	(8.53)	0.000 ***	(3.36)	0.231 ***	(33.72)
N = 56830, AIC = 10.508, BIC = 11.768, HQIC = 10.902						

注：*、**、*** 分别表示显著性水平10%、5%、1%。

在营运资本短期融资比例（CLAG）模型中，滞后1期的应付款项对营运资本短期融资比例的影响大于短期借款的影响；滞后2期两者对营运资本短期融资比例的影响不显著；滞后3期、4期和5期只有应付款项对营运资本短期融资比例产生显著影响，其中滞后4期的影响为负。

在短期借款比例（SL）和应付款项比例（AC）模型中，滞后1期、4期和5期的营运资本短期融资比例对短期借款的影响大于对应付款项的影响；滞后2期营运资本短期融资比例只对短期借款产生显著影响。

表6-8是区分不同货币政策期营运资本短期融资比例对短期融资结构的冲击反应函数。

表6-8　　　　　不同货币政策期营运资本短期融资比例与融资项目冲击反应函数

变量	货币政策宽松期		货币政策紧缩期	
SL 模型				
L. SL	0.623 ***	(44.36)	0.571 ***	(63.33)
L. AC	0.02	(1.24)	0.037 ***	(2.82)
L. CLAG	0.003 ***	(10.42)	0.004 ***	(17.09)
AC 模型				
L. SL	-0.001	(-0.41)	0.004 **	(2.02)
L. AC	0.569 ***	(71.08)	0.563 ***	(96.60)
L. CLAG	0.001 ***	(6.21)	0.001 ***	(6.87)
CLAG 模型				
L. SL	0.19	(1.20)	0.062	(0.67)
L. AC	0.924 **	(2.50)	1.429 ***	(5.31)
L. CLAG	0.698 ***	(77.49)	0.658 ***	(92.53)
N	20648		41411	
AIC	11.114		10.436	
BIC	13.143		12.457	
HQIC	11.777		11.293	

注：*、**、*** 分别表示显著性水平10%、5%、1%。

结果显示，在短期借款比例（SL）模型和应付款项（AC）模型中，营运资本短期融资比例（CLAG）对短期借款的影响均大于应付款项，在货币政策紧缩期营运资本短期融资比例（CLAG）对短期借款的影响增加，对应付款项的影响没有变化。在营运资本短期融资比例（CLAG）模型中，应付款项（AC）对营运资本短期融资的影响比短期借款显著，而且在货币政策紧缩期的影响上升。

以上结果与本章的假设6.4部分一致。

6.7.2.3　PVAR 模型脉冲反应图

图 6 - 10 是短期借款对营运资本短期融资的冲击反应图,图 6 - 10 (b) 是货币政策宽松期的冲击反应图,图 6 - 10 (c) 是货币政策紧缩期的冲击反应图。比较发现货币政策紧缩期短期借款对营运资本短期融资的影响要略大于货币政策宽松期,并且对营运资本短期融资的解释准确度更高。图 6 - 11 是应付款项对营运资本短期融资的冲击反应图,图 6 - 11 (b) 是货币政策宽松期的冲击反应图,图 6 - 11 (c) 是货币政策紧缩期的冲击反应图。比较可以发现货币政策紧缩期应付款项对营运资本短期融资的影响没有差异。

以上结果表明短期借款与应付款项对营运资本短期融资的影响存在差异,短期借款的影响大于应付款项。货币政策紧缩期,两者对营运资本短期融资的影响均小幅提高。

图 6 - 12 是营运资本短期融资对短期借款的冲击反应图,其中图 6 - 12 (b)是货币政策宽松期的冲击反应图,图 6 - 12 (c) 是货币政策紧缩期的冲击反应图。比较可以发现不同货币政策的差异仅仅体现在货币政策紧缩期营运资本短期融资对短期借款变化的解释准确度提高。图 6 - 13 是营运资本短期融资对应付款项的冲击反应图,其中图 6 - 13 (b) 是货币政策宽松期的冲击反应图,图 6 - 13 (c) 是货币政策紧缩期的冲击反应图。比较可以发现不同货币政策的差异仅仅体现在货币政策紧缩期营运资本短期融资对应付款项变化的解释准确度提高。

以上分析结果可以发现,营运资本短期融资对短期借款融资与应付款项的影响存在差异,而且短期借款融资的影响大于应付款项。货币政策紧缩期,营运资本短期融资比例对短期借款融资的影响小幅下降,但是对应付款项的影响则小幅上升。以上结果部分支持本章假设 6.4。

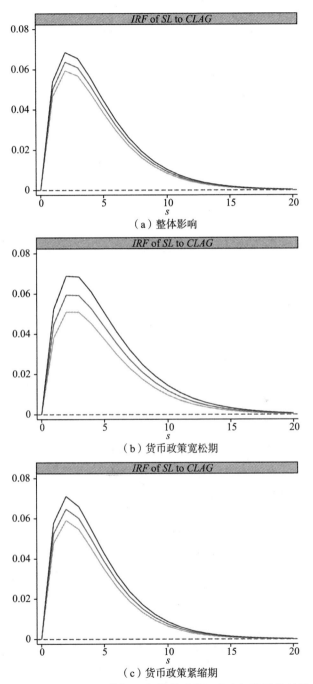

（a）整体影响

（b）货币政策宽松期

（c）货币政策紧缩期

图 6 – 10　不同货币政策期短期借款对营运资本短期融资的影响

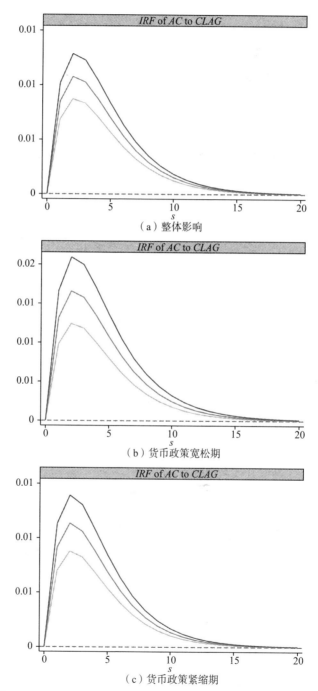

（a）整体影响

（b）货币政策宽松期

（c）货币政策紧缩期

图 6 – 11　不同货币政策期应付款项对营运资本短期融资的影响

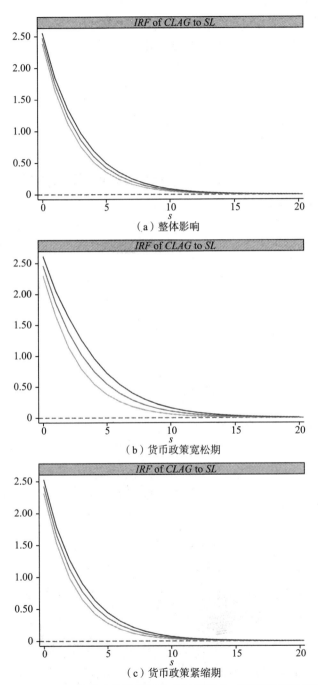

（a）整体影响

（b）货币政策宽松期

（c）货币政策紧缩期

图 6 - 12　不同货币政策期营运资本短期融资对短期借款的影响

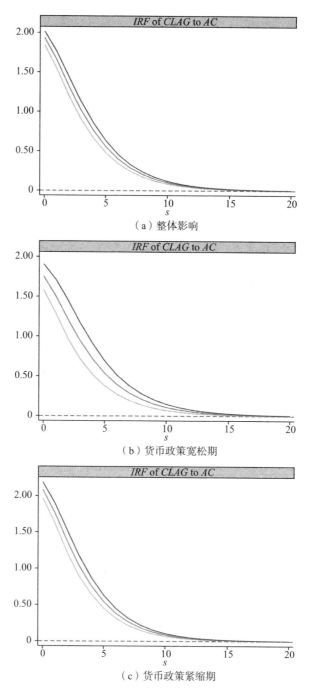

（a）整体影响

（b）货币政策宽松期

（c）货币政策紧缩期

图 6 - 13　不同货币政策期营运资本短期融资对应付款项的影响

6.8　货币政策影响营运资本融资管理的多元回归分析

货币政策与营运资本短期融资比例的面板 VAR 模型分析货币政策对营运资本短期融资比例、短期融资来源结构的影响关系有了初步了解和基本认识。本部分则使用多元回归方法进一步分析货币政策与营运资本融资的关系。以下分析首先将影响营运资本的其他企业特征变量纳入多元回归模型分别使用不同模型和不同货币政策变量进一步分析货币政策对营运资本短期融资比例的影响，并采用 logit 分析方法分析不同货币政策对营运资本融资管理选择的影响。其次，将企业财务决策中两个最重要的变量：现金流稳定性和融资约束纳入分析货币政策影响营运资本融资的分析框架，采用交乘分析方法分析现金流稳定性和融资约束对货币政策与营运资本融资关系的影响。最后，采用交乘分析受到货币政策影响的营运资本不同短期融资项目对营运资本短期融资比例影响的影响差异。

6.8.1　货币政策与营运资本融资管理

对货币政策影响营运资本融资的分析分别采用货币政策连续变量、货币政策分类变量等不同变量进行回归，并对混合回归方法、随机效应模型和固定效应模型进行检验、比较和选择，以增加研究结论的稳健性；同时将因变量营运资本短期融资比例进行分类，采用有序的 logit 分析方法分析货币政策对不同类别营运资本融资管理变化的影响。

6.8.1.1　货币政策对营运资本融资管理的影响：基于货币政策连续变量的分析

（1）回归模型构建。根据前文分析构建检验假设 6.1 的基本模型如式（6-3）所示。

$$CLAG_{it} = \alpha_0 + \alpha_1 MP_t + \alpha_2 SA_{it} + \alpha_3 CAF_{it} + \alpha_4 LEV_{it} + \alpha_5 CIV_{it}$$
$$+ \alpha_6 SALG_{it} + \alpha_7 ASSE_{it} + \alpha_8 ROEG_{it} + \varepsilon_{it} \qquad (6-3)$$

式（6-3）中，i 和 t 分别表示公司和季度，α 为估计参数，ε_{it} 为随机扰动项，其他变量如表6-3所示。回归结果的预期是变量货币政策（MP）的系数显著为正，表明货币政策越宽松，企业使用短期资金来源满足营运资本资金需求的比例越高。

（2）回归模型比较和选择。本章研究样本是包括不同年度和多家公司的季度面板数据，对于面板数据的多元回归方法可以使用混合回归、随机效应模型和固定效应模型，根据样本数据的不同特点，需要选择合适的回归方法，以保证回归结果的无偏性和有效性。因此，在进行多元回归分析之前先对模型进行比较和选择。具体结果如下：

混合回归方法和随机效应模型的比较结果是：Chibar2 = 1485.16，P = 0.00，支持使用随机效应模型。

随机效应模型和固定效应模型的豪斯曼检验结果是：Chi（2）= 1385.03，P = 0.00，支持使用固定效应模型。

混合回归方法和固定效应模型检验结果是：F = 2.23，值 = 0.00，支持使用固定效应模型。

基于以上检验结果，本部分结论以固定效应模型的回归结果为准。

（3）回归结果分析。表6-9是不同模型中货币政策影响营运资本短期融资比例的回归结果比较分析。

表6-9　货币政策影响营运资本融资管理回归分析（货币政策连续变量）

变量	（1）	（2）	（3）
	OLS	RE	FE
MP	-0.300 *** (-5.74)	0.149 *** (5.24)	1.359 *** (5.23)

续表

变量	(1)	(2)	(3)
	OLS	RE	FE
SA	-47.061 *** (-31.40)	-44.556 *** (-29.90)	-43.578 *** (-27.62)
CAF	0.217 *** (17.11)	0.238 *** (13.25)	0.209 *** (11.28)
LEV	1.978 *** (65.72)	1.943 *** (57.95)	1.809 *** (53.71)
CIV	0.058 * (1.91)	0.013 (0.28)	0.110 ** (2.36)
SALG	0.010 *** (5.05)	0.010 *** (5.02)	0.012 *** (5.86)
ASSE	11.960 *** (19.10)	8.821 *** (8.46)	8.433 *** (7.26)
ROEG	0.050 * (1.88)	0.051 ** (2.03)	0.041 * (1.67)
_CONS	10.285 *** (7.65)	4.546 *** (9.60)	-16.701 *** (-4.52)
季度	控制	控制	控制
行业	控制	控制	控制
N	74393	74849	74393
F	93.760	3882.88	72.778
r2_a	0.092	0.076	0.078

注：括号中为 t 值；*、**、*** 表示显著性水平 10%、5%、1%；随机效应模型 F 值一行报告的是 Wald chi2 值。

混合回归结果中货币政策（MP）的系数为 -0.300，并且在 1% 的水平上显著；随机效应模型回归结果中货币政策（MP）的系数为 0.149，并且在 1% 的水平上显著；固定效应模型回归结果中货币政策（MP）的系数为 1.359，并且在 1% 的水平上显著。三个模型同时控制了行业和季度效应，混合回归方法的 r^2 为 0.092，随机效应模型的 r^2 为 0.076，固定效应模型的 r^2 为 0.078。随机效应模型回归结果和固定效应模型回归结果均表明货币政策越宽松，企业营运资本使用短期融资来源的比例越高，本章的假设 6.1 得到进一步验证。

其他变量中，融资约束（SA）的系数均显著为负，现金流（CAF）的系数均显著为正，财务风险（LEV）的系数均显著为正，资本性投资支出（CIV）的系数在随机效应模型回归中不显著，在其他两个模型的回归中均显著为正，营业收入增长率（SALG）的系数显著为正，资产规模（ASSE）的系数均显著为正，净资产利润率增长率（ROEG）的系数在固定效应模型回归中不显著，在其他两个回归中均显著为正。

6.8.1.2 货币政策对营运资本融资管理的影响：基于货币政策分类变量的分析

（1）回归模型构建。为了继续检验假设 6.1 并验证其上述结论的稳健性，构建使用货币政策分类变量的模型如式（6-4）所示。

$$CLAG_{it} = \alpha_0 + \alpha_1 MPP_t + \alpha_2 SA_{it} + \alpha_3 CAF_{it} + \alpha_4 LEV_{it} + \alpha_5 CIV_{it} + \alpha_6 SALG_{it}$$
$$+ \alpha_7 ASSE_{it} + \alpha_8 ROEG_{it} + \varepsilon_{it} \qquad (6-4)$$

式（6-4）中，i 和 t 分别表示公司和季度，α 为估计参数，ε_{it} 为随机扰动项，其他变量如表 6-3 所示；回归结果的预期是变量货币政策（MPP）的系数为正，表明在货币政策宽松期，企业使用短期资金来源满足营运资本资金需求的比例越高。

（2）回归模型比较和选择。本部分使用货币政策分类变量回归分析货币政策对营运资本融资管理的影响，首先对货币政策分类变量下的模型进行比较和选择。

混合回归方法和随机效应模型的比较结果是：Chibar2 = 1594.99，P = 0.00，支持选择随机效应模型。

随机效应模型和固定效应模型的比较结果是：Chi（2）= 1502.01，P = 0.00，支持选择股东效应模型。

混合回归方法和固定效应模型的比较结果是：F = 2.31，P = 0.00，支持选择固定效应模型。

基于以上检验和比较结果，基于货币政策分类变量的回归分析以固定效应模型回归结果为准。

（3）回归结果分析。表6-10使用货币政策分类变量对货币政策与营运资本短期融资比例进行了回归分析。结果可知，混合回归方法中，货币政策期（MPP）变量的系数是0.460，但并不显著；在随机效应模型的回归结果中货币政策期（MPP）变量的系数为0.663，并且在1%的水平上显著；而固定效应模型的回归结果货币政策期（MPP）变量的系数为3.942，并且在1%的水平上显著。

使用不同模型回归混合回归方法的r^2为0.089，随机效应模型的r^2为0.074，固定效应模型的r^2为0.078。支持本研究的假设6.1，与使用货币政策连续变量的回归结果一致，说明结论的稳健性。

表6-10　　货币政策影响营运资本融资管理回归分析（货币政策分类变量）

变量	（1）	（2）	（3）
	OLS	RE	FE
MPP	0.460 (0.98)	0.663 *** (2.80)	3.942 *** (5.23)
SA	-44.855 *** (-31.67)	-44.775 *** (-30.18)	-43.578 *** (-27.62)
CAF	0.218 *** (17.20)	0.235 *** (13.12)	0.209 *** (11.28)
LEV	1.947 *** (65.47)	1.932 *** (57.88)	1.809 *** (53.71)
CIV	0.055 * (1.80)	0.023 (0.50)	0.110 ** (2.36)
SALG	0.011 *** (5.72)	0.009 *** (4.41)	0.012 *** (5.86)
ASSE	11.223 *** (18.25)	9.048 *** (8.67)	8.433 *** (7.26)
ROEG	0.027 (1.05)	0.036 (1.43)	0.041 (1.57)

续表

变量	(1)	(2)	(3)
	OLS	RE	FE
_CONS	5.980 *** (7.74)	2.000 *** (11.95)	1.378 *** (3.36)
季度	控制	控制	控制
行业	控制	控制	控制
N	74393	74849	74393
F	168.956	3770.59	72.778
r2_a	0.089	0.074	0.078

注：括号中为 t 值；＊、＊＊、＊＊＊表示显著性水平 10%、5%、1%；随机效应模型 F 值一行报告的是 Wald chi2 值。

6.8.1.3 货币政策对营运资本融资管理的影响：基于 logit 回归分析

为了进一步分析货币政策对营运资本融资行为的影响，本部分根据第 4 章对营运资本融资管理的划分方法将营运资本融资管理划分为三种类型，即根据营运资本短期融资比例指标将样本分成三组，即小于 33% 的为"稳健型"营运资本融资管理，定义为 3；大于（等于）33% 和小于 66% 的为"适中型"营运资本融资管理，定义为 2；大于（等于）66% 的为"激进型"营运资本融资管理，定义为 1。使用营运资本融资管理类别作为因变量，使用模型（6-3）和模型（6-4），运用有序的 logit 回归方法分析货币政策对营运资本融资管理类型选择的影响。

表 6-11 是使用了货币政策连续变量和连续变量分别进行 logit 回归的结果。

表 6-11   货币政策影响营运资本融资管理的 logit 回归分析

变量	连续变量		分类变量	
	系数	t 值	系数	t 值
MP	－ 0.068 ***	（－35.55）		

变量	连续变量		分类变量	
	系数	t 值	系数	t 值
MPP			− 0.747***	（− 46.98）
CAF	0.464***	（3.59）	0.339***	（2.61）
LEV	− 0.001	（− 0.88）	− 0.003**	（− 1.97）
CIV	− 0.043***	（− 15.59）	− 0.039***	（− 14.25）
SALG	0.038***	（13.38）	0.037***	（13.07）
ASSE	− 0.001***	（− 4.03）	− 0.000*	（− 1.87）
ROEG	− 0.208***	（− 4.04）	− 0.279***	（− 5.40）
C1_CONS	− 0.925***	（− 29.11）	− 0.095***	（− 8.76）
C2_CONS	0.583***	（18.29）	1.427***	（114.95）
季度	控制		控制	
行业	控制		控制	
N	74849		74849	

注：*、**、***表示显著性水平10%、5%、1%。

在使用货币政策连续变量回归的结果中，货币政策（*MP*）的系数为 − 0.068，并且在1%的水平上显著，表明货币政策越宽松，企业越倾向于选择激进的营运资本融资管理，即使用更多的短期资金来源满足营运资本的资金需要；在使用货币政策分类变量的回归结果中，货币政策期（*MPP*）的系数为 − 0.747，并且在1%的水平上显著，与使用货币政策连续变量的结果一致，本研究的假设6.1得到更进一步的验证。

6.8.2 现金流稳定性、货币政策与营运资本融资管理

6.8.2.1 回归模型构建

根据前文的假设和研究目的，本部分构建检验假设6.2的模型如式（6-5）所示。

$$CLAG_{it} = \alpha_0 + \alpha_1 MP_t + \alpha_2 CSD_{it} + \alpha_3 CSD_{it} \times MP_t + \alpha_4 SA_{it} + \alpha_5 CAF_{it}$$
$$+ \alpha_6 LEV_{it} + \alpha_7 CIV_{it} + \alpha_8 SALG_{it} + \alpha_9 ASSE_{it} + \alpha_{10} ROEG_{it} + \varepsilon_{it}$$

$$(6-5)$$

式（6-5）中，i 和 t 分别表示公司和季度，α 为估计参数，ε_{it} 为随机扰动项，其他变量如表 6-3 所示。在回归时同时使用了货币政策的分类变量 MPP，使用 MPP 进行回归时，式（6-5）中的 MP 替换成 MPP。回归结果的预期是 $CSD \times MP$ 系数和 $CSD \times MPP$ 系数均为正，表示货币政策越宽松，企业营运资本短期融资比例越高，而现金流稳定性越差的公司，其营运资本融资管理就越激进。

6.8.2.2 回归结果分析

表 6-12 是使用固定效应模型对现金流稳定性、货币政策与营运资本融资进行回归分析的结果。

表 6-12　　　　现金流稳定性、货币政策与营运资本融资管理回归分析

变量	（1）		（2）	
	系数	t 值	系数	t 值
MP	1.154 ***	（4.42）		
MPP			2.815 ***	（3.53）
$CSD \times MP$	0.204 *	（1.94）		
$CSD \times MPP$			1.897 **	（2.44）
CSD	5.239 ***	（3.05）	7.806 ***	（14.40）
CAF	-40.634 ***	（-26.00）	-40.648 ***	（-26.01）
LEV	0.195 ***	（10.58）	0.195 ***	（10.58）
CIV	1.789 ***	（53.80）	1.789 ***	（53.87）
$SALG$	0.115 **	（2.50）	0.115 **	（2.50）
$ASSE$	0.012 ***	（6.14）	0.012 ***	（6.15）
$ROEG$	9.801 ***	（8.56）	9.797 ***	（8.56）
$\_CONS$	0.014	（0.54）	0.015	（0.57）

续表

变量	（1）		（2）	
	系数	t 值	系数	t 值
季度	控制		控制	
行业	控制		控制	
N	74123		74123	
F	75.906		76.020	
r2_a	0.092		0.092	

注：*、**、***表示显著性水平10%、5%、1%。

结果显示，表6-12中的（1）列是使用货币政策连续变量的回归结果，结果显示货币政策变量（MP）的系数为1.154，并在1%的水平上显著，现金流稳定性和货币政策的交乘项（CSD×MP）的系数为0.204，并且在10%的水平上显著，表明较差的现金流稳定性有助于促进企业使用更多的短期资金来源满足营运资本资金需求。表6-12中的（2）列是使用货币政策分类变量的回归结果，结果显示货币政策变量（MPP）的系数为2.815，并在1%的水平上显著，现金流稳定性和货币政策的交乘项（CSD×MPP）的系数为1.897，并且在5%的水平上显著，与表6-12中的（1）列使用货币政策连续变量的回归结果一致。

两个回归同时控制了行业、年度和季度效应，两个回归的 r^2 均为0.092。本研究的假设6.2得到验证。

6.8.3　融资约束、货币政策与营运资本融资管理

6.8.3.1　回归模型构建

根据前文的假设和研究目的，本部分构建检验假设6.3的模型如式（6-6）所示。

$$CLAG_{it} = \alpha_0 + \alpha_1 MP_t + \alpha_2 SA_{it} \times MP_t + \alpha_3 SA_{it} + \alpha_4 CAF_{it} + \alpha_5 LEV_{it}$$

$$+ \alpha_6 CIV_{it} + \alpha_7 SALG_{it} + \alpha_8 ASSE_{it} + \alpha_9 ROEG_{it} + \varepsilon_{it} \qquad (6-6)$$

式（6-6）中，i 和 t 分别表示公司和季度，α 为估计参数，ε_{it} 为随机扰动项，其他变量如表 6-3 所示。在回归时同时使用了货币政策的分类变量 MPP，使用 MPP 进行回归时，式（6-6）中的 MP 替换成 MPP。回归结果的预期是 $SA \times MP$ 系数和 $SA \times MPP$ 均为负，表示货币政策越宽松，企业营运资本短期融资比例越高，而融资约束程度越强的公司，会抑制营运资本融资管理的激进程度。

6.8.3.2　回归结果分析

表 6-13 是使用固定效应模型对融资约束、货币政策与营运资本融资进行回归分析的结果。

表 6-13　　　　融资约束、货币政策与营运资本融资管理回归分析

变量	（1）		（2）	
	系数	t 值	系数	t 值
MP	1.414 ***	(5.43)		
MPP			4.220 ***	(5.52)
$SA \times MP$	-1.447 ***	(-5.19)		
$SA \times MPP$			-8.434 ***	(-3.38)
SA	-20.249 ***	(-4.33)	-40.879 ***	(-23.11)
CAF	0.209 ***	(11.29)	0.209 ***	(11.26)
LEV	1.813 ***	(53.80)	1.813 ***	(53.84)
CIV	0.112 **	(2.40)	0.112 **	(2.40)
$SALG$	0.012 ***	(5.80)	0.011 ***	(5.78)
$ASSE$	8.451 ***	(7.28)	8.482 ***	(7.30)
$ROEG$	0.041	(1.56)	0.040	(1.54)
$\_CONS$	-17.592 ***	(-4.76)	1.266 ***	(3.08)
季度	控制		控制	
行业	控制		控制	
N	74393		74393	

续表

变量	(1)		(2)	
	系数	t值	系数	t值
F	71.936		71.935	
r2_a	0.078		0.078	

注：*、**、***表示显著性水平10%、5%、1%。

结果显示，表6-13中的（1）列是使用货币政策连续变量的回归结果，结果显示货币政策变量（MP）的系数为1.414，并在1%的水平上显著，现金流稳定性和货币政策的交乘项（SA×MP）的系数为-1.447，并且在1%的水平上显著，表明融资约束抑制了企业使用更多的短期资金来源满足营运资本资金需求；表6-13中的（2）列是使用货币政策分类变量的回归结果，结果显示货币政策变量（MPP）的系数为4.220，并在1%的水平上显著，现金流稳定性和货币政策的交乘项（SA×MPP）的系数为-8.434，并且在1%的水平上显著，与表6-13中的（1）列使用货币政策连续变量的回归结果一致。

两个回归同时控制了行业、年度和季度效应，两个回归的r^2均为0.078。本研究的假设6.3得到验证。

6.8.4 货币政策、营运资本短期融资比例和融资结构

营运资本短期融资来源主要包括短期借款和应付款项，当营运资本短期融资来源面临货币政策冲击时，企业会通过调整营运资本短期融资的不同项目改变营运资本短期融资比例。营运资本短期融资来源项目的调整成本和调整时间存在差异，当面临货币政策冲击时，各项目对营运资本短期融资比例的影响也不同。

本部分借鉴祝继高和陆正飞（2009）[100]的研究方法，首先计算营运资本短期融资来源的两个项目的变化量（DSL、DAC），并将货币政策与

营运资本短期融资来源各项目变化量指标进行交乘，同时放入模型进行回归，分析货币政策对不同项目影响的差异。

6.8.4.1 回归模型构建

本部分的基本检验模型如式（6-7）所示。

$$CLAG_{it} = \alpha_0 + \alpha_1 MP_t + \alpha_2 DSL_{it} + \alpha_3 DAC_{it} + \alpha_4 DSL_{it} \times MP_t$$
$$+ \alpha_5 DAC_{it} \times MP_t + \alpha_6 SA_{it} + \alpha_7 CAF_{it} + \alpha_8 LEV_{it}$$
$$+ \alpha_9 CIV_{it} + \alpha_{10} SALG_{it} + \alpha_{11} ASSE_{it} + \alpha_{12} ROEG_{it} + \varepsilon_{it}$$

$$(6-7)$$

式（6-7）中，i 和 t 分别表示公司和季度，α 为估计参数，ε_{it} 为随机扰动项，其他变量如表6-3所示。

6.8.4.2 回归结果分析

使用固定效应模型和交乘方法进行回归分析的结果如表6-14所示，为了便于比较系数，在回归时先将数据去除个体效应，然后回归并计算标准化系数。

表6-14　　　　货币政策、营运资本短期融资比例与融资项目回归分析

变量	系数	t值	标准化系数
DSL	1.008 ***	(2.99)	0.043
DAC	2.551 ***	(3.12)	0.046
DSL×MP	0.045 **	(2.19)	0.031
DAC×MP	-0.139 ***	(-2.88)	-0.042
MP	-0.059 ***	(-3.40)	-0.012
SA	-44.194 ***	(-34.82)	-0.017
LEV	1.780 ***	(64.35)	0.279
CAF	0.257 ***	(19.67)	0.072
CIV	0.049 *	(1.83)	0.007
SALG	0.010 ***	(5.84)	0.021
ASSE	6.195 ***	(11.61)	0.047

续表

变量	系数	t 值	标准化系数
ROEG	0.038 *	(1.73)	0.006
_CONS	3.265 ***	(11.04)	—
N	72304		
F	452.597		
r2_a	0.070		

注：*、**、*** 表示显著性水平10%、5%、1%。

　　结果显示，*DSL* 的系数为 1.008 并在 1% 的水平上显著，*DSL × MP* 系数为 0.045 并在 5% 的水平上显著，表明宽松的货币政策会使得企业获得更多的短期借款用来满足营运资本资金需要；*DAC* 的系数为 2.551，*DAC × MP* 的系数为 − 0.139，两者均在 1% 的水平上显著，表明货币政策越宽松，商业信用的融资功能降低。表 6 − 14 中的（1）列的 *DSL*、*DSL × MP*、*DAC* 和 *DAC × MP* 的标准化系数与上述结论一致。

　　以上结果表明，货币政策的冲击，企业的短期借款融资受限，对营运资本短期融资来源影响下降，而应付款项的融资作用增加，融资功能显著。本研究的假设 6.4 得到进一步验证。

第 7 章

货币政策影响营运资本
运营效率的实证研究

7.1 引　　言

　　营运资本投资管理和营运资本融资管理是从静态角度考察的营运资本投资和融资的状态，而营运资本运营效率主要是动态角度考察营运资本辅助资本性投资进行价值创造的能力，促进价值以现金的方式尽快流入企业，以支持企业再投资和实现对股东利益的回报。从流动性的角度考察，营运资本运营效率也是企业通过加速收款、延迟付款、降低占用，对流动性进行动态管理，不断提升企业流动性质量的重要手段。

　　营运资本的管理效率和管理效率的评价的核心是现金周转期。现金周转期是企业现金从投入到收回所耗费的时间，时间越长，效率越低。营运资本运营效率提升的方法和管理效率的评价具体体现在存货周转期、应收款项周转期和应付款项周转期，只有降低存货占用、加速收款和保持与供应商良好关系的前提下尽量延期付款，才能降低整个现金周转期，提升营运资本运营效率。高效的营运资本管理不仅可以为企业提供足够的流动性，及时满足降低财务风险的需要，还可以降低营运资本的投资规模，将企业有限资源更多的配置在资本性投资中，提升企业价值创造能力。货币政策作为重要的宏观经济调控政策和主要的宏观流动性管理工具对企业的生产经营活动产生影响。货币政策的调整影响营运资本占用水平、改善企业上下游其他关联企业的经营环境，进而影响企业的营运资本运营效率。

本章主要使用单变量差异检验、PVAR模型、多元回归方法研究货币政策对营运资本融资管理效率的影响并进行实证检验和分析。

本章的创新体现在，较为全面和深入的研究了货币政策对营运资本运营效率的影响程度和影响路径，并提供了稳健性的实验证据，有助于更好的认识和理解货币政策对企业日常经营管理的影响；将现金流稳定性和融资约束两个重要的公司财务变量纳入分析框架，研究其对货币政策与营运资本运营效率的影响作用；使用不同的实证方法对以上问题进行反复证明，结论具有稳健性。

本章余下的内容包括：7.2 理论分析与研究假设；7.3 样本与数据；7.4 变量设计和计算方法；7.5 描述性分析；7.6 单变量比较分析；7.7 货币政策影响营运资本运营效率的 PVAR 模型分析；7.8 货币政策影响营运资本运营效率的多元回归分析。

7.2　理论分析与研究假设

7.2.1　货币政策与营运资本运营效率

货币政策是调控宏观经济的主要手段之一，通过影响企业的融资和投资对企业产品市场的竞争力和经营绩效产生重要影响，进而影响企业现金回收的速度。

货币政策影响营运资本运营效率的主要途径是：

（1）货币政策改善了企业的流动性状况。宽松的货币政策有助于企业获得更多的信贷资金，改善企业的流动状况，企业拥有更多的流动性可以促进企业更好地开展经营活动，增强参与市场竞争的能力，实施有力的促销手段，扩大销售规模，实现更好的业绩增长；货币政策越宽松，企业获得外部资金的规模上升，而资金的成本下降，企业获得的价值剩余更大，更有动力增加投资、扩大规模和加速运营速度。米什金（2011）对货币政策影响企业产出的路径进行了全面深入的研究，指出货币政策通过利率、贷款、资产负债表、投资机会和信息等途径影响企业投资和产出，宽松的货币政策有助于企业降低成本、获得更多的贷款、股票价格上涨，促进企业投资、产出增加和销售收入上升，现金流的回收速度加快和规模提高[142]。程正中和张绪通（2015）通过研究货币政策对房地产企业的影响发现，宽松的货币政策有助于降低企业成本，提升企业营业收入，促进企业加快资产的周转速度，降低周转期[143]。

（2）货币政策通过改善市场需求增加企业销售业绩，加速企业产品周转。货币政策宽松期，伴随的是市场需求的增加和购买力的增强，拉动企业存货周转加速和尽快收回货款，降低整个营运资本周转时间。货币政策改变了消费者拥有的可支配收入水平及对未来收入变化的预期，进而影响其消费能力、消费意愿和购买能力。当货币政策紧缩时，消费能够任意支配的收入降低并且降低未来收入增长的预期，导致当前的消费意愿和购买力降低，使得企业销售下降，收入降低，营运资本运营效率下降（冯建和王丹，2013）[142]。

基于以上分析，提出本研究的假设7.1。

假设7.1 相对于货币政策紧缩期，货币政策宽松期营运资本运营效率更好，货币政策越宽松，营运资本现金周转期越低。

7.2.2　企业特征差异、货币政策与营运资本运营效率

7.2.2.1　现金流稳定性、货币政策与营运资本运营效率

现金流是公司投资理论的核心概念。现金流的多少是公司投资决策方法：折现现金流方法中决定投资项目取舍的重要因素。现金流的稳定性程度对于降低财务风险和化解财务困境具有决定性的作用。较差的现金流稳定性无法满足企业偿付要求，使得原本隐形的财务风险逐步显现，进而发生财务危机。现金流尤其是经营活动现金流在公司财务决策和公司治理中作为考察风险管理的主要因素，备受重视。20世纪70年代以后，现金流更是作为描述企业价值创造能力和风险高低的变量（汪平，2008）[151]。

根据现金持有的掠夺理论（Bolton & Scharfstein，1990），企业拥有良好现金流能够增加企业在产品市场的竞争能力，实施价格竞争、开拓市场和建立良好的供应商与客户关系等掠夺性的市场竞争战略[152]。曾义（2014）研究发现企业拥有良好的现金持有能够帮助企业获得产品市场的竞争优势[153]。

良好的现金流稳定性提高企业的财务灵活性，企业持有现金的交易性动机增强，企业更多的专注于经营活动，提升运营效率。现金流稳定相较高的企业，其风险较低，具有良好的市场地位和竞争能力，有能力追求更加高效的营运资本运营效率，降低营运资本周转期，尤其是可以更多地享受供应商提供的商业信用，延期支付供应商货款，实施更加高效的存货管理，降低库存；而现金流稳定性比较差的企业，其风险较高，在市场中的竞争地位较低，往往需要依靠提供正的净商业信用维持正常的运营活动，无法实施更有效率的存货管理，存货周转期提高。从营利性角度来说，稳定性较低的现金流表明企业的营利能力差，越高的营运资本运营效率只能带来价值损失，甚至会导致破产。

基于以上分析，提出本研究的假设7.2。

假设 7.2　相对于货币政策紧缩期，货币政策宽松期企业的营运资本现金周转期更低，但较差的现金流稳定性会导致营运资本现金周转期提高。

7.2.2.2　融资约束、货币政策与营运资本运营效率

现有的大量研究融资约束对企业影响的文献主要关注融资约束对企业主要财务政策如投资、融资和分配行为，而融资约束对企业生产经营的影响则关注较少。

在融资约束企业中，资金来源有限，对于存货、应收款项等营运资本的投资规模受到其他资本投资项目的影响，发生固定资本投资、创新投资与营运资本投资之间的资金争夺现象（刘康兵，2012；鞠晓生等，2013；Fazzari & Petersen，1993）[11,12,123]，存货投资的降低削弱了企业的经营能力，应收款项的降低使得企业市场竞争手段减少，从而降低了企业营运资本周转绩效。格特勒和吉尔克里斯特（1993）研究发现受货币政策影响，融资约束较大的小规模企业销售收入的下降高于大规模企业[135]。

面临较强融资约束的企业，在市场竞争中容易遭遇竞争对手掠夺式的定价，产品竞争力和市场占有率下降（Bolton & Scharfstein，1990）[152]；在一些外向型企业，融资约束会使得企业出口竞争力下降，产品出口持续的时间降低和出口目的地减少（黎日荣，2016）[154]；曼诺娃（Manova，2013）研究发现融资约束会直接影响企业产品出口的流转率[155]。

基于以上分析，提出本研究的假设 7.3。

假设 7.3　相对于货币政策紧缩期，货币政策宽松期企业的营运资本现金周转期更低，但融资约束程度的提高，使得营运资本现金周转期提高。

7.2.3　货币政策、营运资本运营效率与不同项目管理效率

对于营运资本不同项目管理效率对营运资本现金周转期的影响差异

研究始于金特里和李（1990），他们在吉特曼（1974）、理查兹和劳克林（1980）等提出的现金周转期方法基础上根据每个过程占用的资金情况，将其设置为每个过程的权数计算出加权的现金周转期，更加准确的测度营运资本的周转绩效[76]；而王竹泉等（2007）更是开创性的认识到营运资本不同项目对整体营运资本运营效率的影响差异，指出营运资本不同项目具有不同作用和管理目的，传统营运资本运营效率的分类过于简单，无法准确计算不同项目对营运资本周转效率的影响。他们构建了基于渠道的营运资本运营效率评价指标，注重分析不同类别的营运资本项目对营运资本运营效率的影响差异[4]。

根据本书对营运资本运营效率评价指标的计算方法，不同营运资本项目的管理效率对营运资本现金周转期的影响同样存在差异。存货周转期反映的是存货从原材料经历加工到制成品整个过程的变化所经历的时间，这个过程主要发生在企业内部，受制于企业生产效率和管理能力的影响；应收款项周转期反映的是被客户占用的资金从形成到收回所经历的时间，这个过程发生在企业同客户的交易关系中，主要受到企业市场地位和销售政策的影响；应付款项周转期反映企业占用供应商的资金从形成到偿还所经历的时间，这个过程发生在企业同供应商之间交易关系中，同样受到企业与供应商市场地位的比较和博弈，以及企业应付款管理政策。从不同项目的约束条件来说，存货受到的约束条件最少，而应收款项和应付款项的管理效率不仅取决于企业自身的管理政策，更重要的是会受到客户和供应商的博弈能力影响。因此，就存货、应收款项和应付款项的管理效率对营运资本现金周转期的影响差异比较来说，当面临货币政策冲击时，受到约束条件最少的存货对营运资本现金周转期的影响要低于其他两个项目的影响，三者之间的影响作用存在差异。应付款项和应收账款作为商业信用，具有替代融资功能（Petersen & Rajan，1996）[67]。货币政策作为影响企业融资最重要的宏观政策因素，对应付款项和应收款项管理效率的影响要大于存货。

基于以上分析，提出本研究的假设7.4。

假设 7.4 受货币政策影响，营运资本不同项目的周转期对营运资本现金周转期产生不同的影响，从经营管理的约束角度来说，存货周转期对营运资本现金周转期的影响最小；从发挥融资作用角度来说，货币政策导致的应付款项和应收款项的周转期对营运资本现金周转的影响变化最大。

7.3　样本与数据

7.3.1　样本选择

本章实证研究资料与第 5 章和第 6 章一致，使用中国上市公司季度财务报告数据，而中国上市公司财务报告季度报告自 2003 年才可以获得。因此，本章研究的样本期为 2003 年 1 季度至 2015 年 4 季度。研究的基础样本为中国沪深 A 股主板和创业板上市公司，对样本做了以下筛选：（1）删除了金融行业上市公司；（2）被 ST 等处理公司被处理时期的观测值。行业分类使用中国证监会 2015 年 4 季度对上市公司的行业分类结果，在此基础上根据行业业务相近程度做了一定程度的合并，形成了 21 个行业类别。所有样本年度和行业分布如表 5 - 1 和表 5 - 2 所示。

7.3.2　数据来源和处理

中国上市公司数据来自 CCER 金融数据库，货币政策数据来自于中国人民银行网站。数据使用 Excel 和 Stata 软件处理。考虑到本研究样本期跨越的年度长，样本行业和企业差异大，为了减少极值的影响，对除了货币政策变量以外的其他连续型变量进行上下各 5% 的 Winsorize 处理。

7.4 变量设计和计算方法

7.4.1 营运资本运营效率变量

本部分继续使用营运资本周转期评价方法，分别计算存货周转期指标、应收款项周转期指标、应付款项周转期指标，以及基于以上三个指标计算的营运资本现金周转期指标评价企业营运资本运营效率。

（1）存货周转期。存货周转期是指存货从存货取得到存货形成制成品销售所经历的时间，用于反映存货的经营效率。其基本计算方法是先使用本期平均存货除以年平均营业收入计算周转率，然后使用365除以周转率计算得到。为了消除季节数据存在的季节效应，将 t 年 j 季度存货周转期减去 $t-1$ 年 j 季度的存货周转期的变化额作为营运资本融资规模变量，以下其他指标均采用这种方法消除季度效应。

（2）应收款项周转期。应收款项包括应收账款、应收票据和预付款项，应收款项周转期是指应收款项从形成到回收所经历的时间，用以反映应收款项的管理效率。其基本计算方法是先使用平均应收款项除以年营业收入均值计算周转率，然后使用365除以周转率计算得到。使用与存货周转期指标相同的方法消除季度效应。

（3）应付款项周转期。应付款项包括应付账款、应付票据和预收账款，应付款项周转期是指应付款项从形成到偿还所经历的时间，用以反映企业占用供应商资金的时间。其基本计算方法是先使用平均应付款项除以年营业收入均值计算周转率，然后使用365除以周转率计算得到。使用与存货周转期指标相同的方法消除季度效应。

（4）营运资本现金周转期。现金周转期是指从存货取得、经过制造和产成品销售到收回现金所经历的时间，是综合反映企业经营效率的重要指标。其基本计算方法是存货周转期与应收款项周转期的合计减去应付款项周转期。

7.4.2 货币政策变量

本部分沿用前文的货币政策变量定义和计算方法。选择同比季度 $M2$ 增长率作为货币政策指标。同时，根据吴晓灵（2009）关于货币政策松紧程度的定义[147]，借鉴陆正飞和杨德明（2011）[70]的做法，根据 $M2$ 同比季度增长率 – （ CPI 同比季度增长率 + GDP 同比季度增长率）的值判定货币政策的松紧程度，超过（等于）均值的期间为货币政策宽松期，低于均值的期间为货币政策紧缩期。

7.4.3 其他变量

（1）盈利能力。使用现金流比例测度企业的价值创造能力。其计算方法是经营活动产生的现金流量净额除以资产总计，并采用与存货周转期指标相同的方法消除季度效应。持有一定的现金流有助于企业获得产品市场竞争优势，开展具有掠夺性的市场活动，提升营运资本经营效率，降低营运资本现金周转期。

（2）财务风险。使用资产负债率作为企业财务风险的代理变量。其计算方法是负债合计除以资产总计，并采用与存货周转期指标相同的方法消除季度效应。财务风险越大的公司，会通过加速营运资本运营效率，增加流动性的回收和持有，以降低隐形财务风险转化为现行财务风险的可能性。

（3）固定资产比例。使用固定资产净值除以资产总计计算，并采用与存货周转期指标相同的方法消除季度效应。固定资产投资比例越大，表明企业的潜在经营风险越高，企业需要加快营运资本周转，尽快回收资本性投资，降低经营风险。

（4）行业营业收入增长率。使用本期样本企业所在行业营业总收入减去上期营业总收入的差额除以上期营业总收入，并采用与存货周转期指标相同的方法消除季度效应。行业营业收入的增长变化代表着企业所在行业的竞争环境和发展前景，行业营业收入增长越快会带动行业内企业销售的增长，进而提高营运资本运营效率。

（5）净资产利润率增长率。使用本期归属于母公司所有者的净利润减去上期归属于母公司所有者的净利润的差额除以上期归属于母公司所有者的净利润，并采用营运资本投资比例指标计算方法消除季度效应。利润率的增长率代表企业的投资机会和投资前景，利润率增长的越快表明企业面临良好的发展机会，促使企业加快营运资本周转，提升营运资本运营效率。

（6）现金流稳定性。使用每家公司每年经营活动产生的现金流量净额的标准差。现金流是公司财务的核心概念，有不同内涵和范围。企业估值中常常使用自由现金流（free cash flow）、企业资本预算中评价投资项目时使用现金流增量，企业日常经营中的现金流则包含现金流入和现金流出等。本研究在使用现金流量变量研究的问题时企业在不同投资项目上的决策问题，更偏向于投资问题研究，因此使用经营性现金流净额指标。现金流的稳定性是测度企业风险投资项目风险的主要变量。本章将现金流稳定性作为调节变量，考察拥有不同现金流稳定性的企业，其营运资本管理行为的差异。

（7）融资约束。借鉴德洛克和皮尔斯（2010）计算融资约束程度的方法计算融资约束指数，其基本公式为 $-0.737 \times size + 0.043 \times size^2 - 0.04 \times age$，其中 $size$ 为公司规模，用总资产替代，age 为公司样本期年度减去成立年度。融资约束是影响企业经营竞争力的重要因素，本章将融资约束作为调节变量，考察拥有不同融资约束的企业，其营运资本运营效率的差异。

变量的定义和计算方法如表 7-1 所示。

表 7 – 1   变量定义及计算方法

变量名称	变量符号	计算方法
存货周转期	DIO	平均存货÷（平均营业收入÷365）
应收账款周转期	DSO	平均应收款项÷（平均营业收入÷365）
应付账款周转期	DPO	平均应付款项÷（平均营业收入÷365）
现金周期	DWC	存货周转期＋应收款项周转期－应付款项周转期
货币政策	MP	M2 同比增长率
货币政策期	MPP	根据 M2 同比季度增长率－（CPI 同比季度增长率＋GDP 同比季度增长率）值，超过（等于）均值的期间为宽松期记为1，低于均值的期间为紧缩期记为0
盈利能力	CAF	现金流比例：经营活动产生的现金流量净额÷资产总计
财务风险	LEV	资产负债率：负债合计÷资产总计
固定资产比例	FIAS	固定资产净值÷资产总计
行业营业收入增长率	INSA	(t 期行业营业总收入－t－1 期行业营业总收入）÷t－1 期行业营业总收入
净资产利润率增长率	ROEG	(t 期归属于母公司所有者的净利润－t－1 期归属于母公司所有者的净利润）÷t－1 期归属于母公司所有者的净利润
现金流稳定性	CSD	每家公司每年经营活动产生的现金流量净额的标准差，使用货币资金进行标准化
融资约束	SA	采用德洛克和皮尔斯（2010）方法计算

注：本章所有表格均是笔者根据样本资料自行制作。

7.5 描述性分析

7.5.1 营运资本运营效率变量和控制变量描述性统计

表 7 – 2 是对样本期内主要变量消除季节性效应后的描述性统计。

表7-2 营运资本运营效率变量和控制变量描述性统计

变量	平均数	标准差	最小值	p25	p50	p75	最大值	观测值
DIO	6.69	83.59	-179.31	-23.11	1.63	31.73	217.38	74558
DSO	13.83	100.54	-195.01	-16.53	0.94	27.29	309.38	74558
DPC	12.57	84.91	-165.58	-19.13	3.73	34.89	237.81	74558
DWC	9.21	150.74	-334.54	-39.99	1.50	48.43	404.90	74558
CAF	0.06	5.32	-10.82	-2.92	0.00	2.99	11.18	77964
LEV	1.23	6.55	-12.14	-2.52	1.03	5.07	14.59	77964
FIAS	-2.61	10.87	-31.84	-4.48	0.00	0.85	18.07	77964
INSA	0.26	14.49	-52.69	-4.23	-0.09	4.45	76.21	74642
ROEG	-0.06	3.18	-7.59	-1.15	0.00	1.01	7.40	74642
CSD	18.18	1.25	16.04	17.26	18.09	19.03	20.69	89557
SA	0.03	0.11	-0.21	-0.03	0.01	0.06	0.57	87119

结果显示，存货周转期的（DIO）的均值为6.69天，最大值达到217.28天，最小值仅为-179.31天，标准差为83.59；应收款项周转期（DSO）的均值为13.83天，最大值达到309.38天，最小值仅为-195.01天，标准差为100.54；应付款项周转期（DPO）的均值为12.57天，最大值达到237.81天，最小值仅为-165.58天，标准差为84.91；营运资本总的周转期（DWC）的均值为9.21天，最大值达到404.90天，最小值仅为-334.54天，标准差为150.74。仅从上述数据的表征特征可以看出，应收款项和应付款项的周转期变化相近，中国企业间使用商业信用进行融资的特征明显。

7.5.2 货币政策变量描述性统计

本章使用的货币政策变量与表5-5相同。即52个季度中国广义货币供应量（$M2$）季度同比增长率均值为16.27%，最大值达到

29.30%，最低的增长率为 11.60%；居民消费价格指数（*CPI*）季度同比增长率均值为 2.74%，最大增长率为 8.03%，最小值为 - 1.53%；国内生产总值（*GDP*）季度同比增长率平均为 10.25%，最大增长率为 15%，最小增长率为 6.40%；根据 *M2* - （*CPI* + *GDP*）计算的 *MPP* 值，均值为 0.37%，最大值为 1%，最小值为 0；52 个季度中有 26 个季度为货币政策紧缩期，26 个季度为货币政策宽松期。

7.6　单变量比较分析

为了从数据上考察营运资本运营效率的表征特点及其差异，本部分对货币政策宽松期和货币政策紧缩期的不同营运资本运营效率变量的特征进行描述性分析，并使用统计检验方法检验其差异。单变量的比较分析同时选择使用去除季节效应的变化指标、不同季度的总量指标及不同季度的环比变化指标。

7.6.1　货币政策与营运资本运营效率分析：去除季节效应指标

表 7 - 3 对不同货币政策期间去除了季节效应的营运资本运营效率变量的平均数和中位数进行差异检验。

表 7 - 3　　　　　不同货币政策期营运资本运营效率指标差异检验

变量	宽松期		紧缩期		平均数差异检验	中位数差异检验
	平均数	中位数	平均数	中位数		
DIO	0.29	- 1.59	9.82	3.09	14.65 ***	19.45 ***
DSO	9.90	- 0.31	15.76	1.75	7.47 ***	15.31 ***

变量	宽松期		紧缩期		平均数 差异检验	中位数 差异检验
	平均数	中位数	平均数	中位数		
DPO	12.98	3.58	12.36	3.81	-0.94	1.24
DWC	-3.08	-5.45	15.23	4.58	15.61 ***	22.80 ***
存货周转期	269.94	128.62	268.59	127.24	-0.53	-1.30
应收款项周转期	237.19	152.94	254.48	167.54	10.18 ***	11.35 ***
应付款项周转期	225.25	142.71	228.62	141.60	2.10 **	-0.65
现金周转期	297.98	150.84	321.64	175.92	8.20 ***	13.18 ***
D 存货周转期	-18.01	-27.08	-27.97	-31.39	-5.50 ***	-7.65 ***
D 应收款项周转期	-4.66	-35.41	-15.83	-44.15	-6.31 ***	-12.44 ***
D 应付款项周转期	-2.46	-30.93	-15.03	-35.75	-7.74 ***	-9.32 ***
D 现金周转期	-19.50	-33.67	-30.13	-45.47	-4.40 ***	-11.28 ***

注： ** 、*** 分别表示显著性水平10% 和1% ；存货周转期、应收款项周转期、应付款项周转期、现金周转期等变量的值是未进行季节效应处理的值；D 存货周转期、D 应收款项周转期、D 应付款项周转期、D 现金周转期等指标值是未进行季节效应处理值的一阶差分。

结果显示，货币政策宽松期存货周转期（*DIO*）的同比变化平均数和中位数分别为0.29 天和 -1.59 天，货币政策紧缩期分别为9.82 天和3.09 天，不同货币政策期间存货周转期的平均数和中位数均在1% 的水平上存在显著差异，货币政策紧缩期存货周转期明显放慢；货币政策宽松期应收款项周转期（*DSO*）的同比变化平均数和中位数分别为9.90天和 -0.31 天，货币政策紧缩期分别为15.76 天和1.75 天，不同货币政策期间应收款项周转期（*DSO*）的平均数和中位数均在1% 的水平上存在显著差异，货币政策紧缩期应收款项周转期明显放慢；货币政策宽松期应付款项周转期（*DPO*）的同比变化平均数和中位数分别为12.98天和3.58 天，货币政策紧缩期分别为12.36 天和3.81 天，不同货币政策期间应付款项周转期（*DPO*）的平均数和中位数的差异并不显著；货币政策宽松期营运资本现金周转期（DWC）的同比变化平均数和中位数分别为 - 3.08 天和 - 5.45 天，货币政策紧缩期分别为 15.23 天和 4.58 天，不同货币政策期间营运资本现金周转期（DWC）的平均数和中位数均在 1% 的水平上存在显著差异，货币政策宽松期营运资本现金周转期明显加快。

图 7 - 1 对货币政策与去除了季节效应的营运资本运营效率指标进行了描述分析。

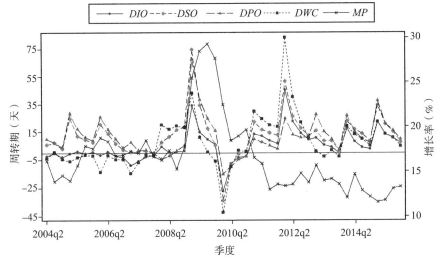

图 7 - 1　货币政策与营运资本运营效率分析（去除季节效应指标）①

结果显示，47 个季度期间中有 29 个季度的存货周转期（DIO）变化与货币政策（MP）变量之间呈现相反的变化，两者的相关系数为 - 0.02，并且在 1% 的水平显著；有 24 个季度之间的应收款项周转期（DSO）变化与货币政策（MP）变量之间呈现相反的变化，两者的相关系数为 - 0.003，但并不显著；有 22 个季度的应付款项周转期（DPO）

---

①　本章所有图形均是笔者根据样本资料自行制作。

变化与货币政策（*MP*）变量之间呈现相反的变化，两者的相关系数为0.02，并且在1%的水平上显著；有27个季度之间的营运资本现金周转期（*DWC*）变化与货币政策（*MP*）变量之间呈现相反的变化，两者的相关系数为 -0.03，并且在1%的水平上显著。

以上分析与本研究的假设7.1预期一致。

7.6.2 货币政策与营运资本运营效率分析：总量指标

表7-3对不同货币政策期间营运资本运营效率总量指标的平均数和中位数进行了差异检验。结果显示，货币政策宽松期存货周转期的平均数和中位数分别为269.94天和128.62天，货币政策紧缩期分别为268.59天和127.24天，不同货币政策期间存货周转期的平均数和中位数的差异并不显著；货币政策宽松期应收款项周转期平均数和中位数分别为237.19天和152.94天，货币政策紧缩期分别为254.48天和167.54天，不同货币政策期间应收款项周转期的平均数和中位数均在1%的水平上存在显著差异，货币政策紧缩期应收款项周转期明显放慢；货币政策宽松期应付款项周转期平均数和中位数分别为225.25天和142.71天，货币政策紧缩期分别为228.62天和141.60天，不同货币政策期间应收款项周转期的平均数的差异在5%的水平显著，但中位数差异并不显著，平均数差异表明货币政策紧缩期，企业会延长货款支付；货币政策宽松期营运资本现金周转期的平均数和中位数分别为297.98天和150.84天，货币政策紧缩期分别为321.64天和175.92天，不同货币政策期间营运资本现金周转期的平均数和中位数均在1%的水平上存在显著差异，货币政策宽松期营运资本现金周转期明显缩短。与本章假设7.1的预期一致。

图7-2对货币政策与营运资本运营效率总量指标进行了描述分析。

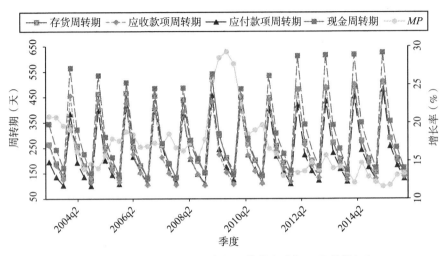

图 7 - 2　货币政策与营运资本运营效率分析（总量指标）

结果显示，51 个季度期间中有 27 个季度的存货周转期与货币政策（MP）变量之间呈现相反的变化，两者的相关系数为 - 0.002，但不显著；有 27 个季度的应收款项周转期与货币政策（MP）变量之间呈现相反的变化，两者的相关系数为 - 0.002，但不显著；有 27 个季度的应付款项周转期与货币政策（MP）变量之间呈现相反的变化，两者的相关系数为 - 0.02，但不显著；有 27 个季度的营运资本现金周转期与货币政策（MP）变量之间呈现相反的变化，两者的相关系数为 - 0.002，也不显著。总量指标与货币政策的相关关系的方向与本研究预期的一致，但是都不显著，与总量数据存在的季节性效应有很大关系。

7.6.3　货币政策与营运资本运营效率分析：环比变化指标

表 7 - 3 对不同货币政策期间营运资本运营效率的环比变化指标的平均数和中位数进行了差异检验。结果显示，货币政策宽松期存货周转期环比变化的平均数和中位数分别为 - 18.01 天和 - 27.08 天，货币政策紧缩期分别为 - 27.97 天和 - 31.39 天，不同货币政策期间存货周转

期环比变化的平均数和中位数的差异均在 1% 的水平上显著；货币政策
宽松期应收款项周转期平均数和中位数分别为 −4.66 天和 −35.41 天，
货币政策紧缩期分别为 −15.83 天和 −44.15 天，不同货币政策期间应
收款项周转期环比变化的平均数和中位数均在 1% 的水平上存在显著差
异；货币政策宽松期应付款项周转期环比变化的平均数和中位数分别为
−2.46 天和 −30.93 天，货币政策紧缩期分别为 −15.03 天和 −35.75
天，不同货币政策期间应收款项周转期环比变化的平均数的差异均在
1% 的水平上显著；货币政策宽松期营运资本现金周转期环比变化的平
均数和中位数分别为 −19.50 天和 −33.67 天，货币政策紧缩期分别为
−30.13 天和 −45.47 天，不同货币政策期间营运资本现金周转期环比
变化的平均数和中位数均在 1% 的水平上存在显著差异。

　　图 7−3 对货币政策与营运资本运营效率总量指标进行了描述分析。

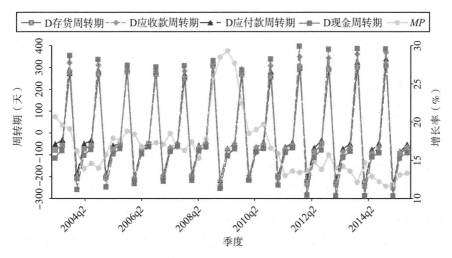

图 7−3　货币政策与营运资本运营效率分析（环比变化指标）

　　结果显示，50 个季度期间中有 26 个季度的存货周转期环比变化与
货币政策（MP）变量之间呈现相反的变化；有 26 个季度之间的应收款
项周转期环比变化与货币政策（MP）变量之间呈现相反的变化；有 26

个季度之间的应付款项周转期环比变化与货币政策（MP）变量之间呈现相反的变化；有 26 个季度之间的营运资本现金周转期环比变化与货币政策（MP）变量之间呈现相反的变化。受环比变化数据存在的季节性效应影响，营运资本运营效率的环比指标与货币政策的相关关系系数检验均不显著。

7.7　货币政策影响营运资本运营 效率的 PVAR 模型分析

7.7.1　货币政策与营运资本运营效率

本部分使用面板向量自回归模型（PVAR）分析货币政策对企业营运资本运营效率的影响，其主要步骤包括模型构建和模型选择、模型冲击函数计算、脉冲响应分析等。

7.7.1.1　模型构建和模型选择

营运资本周转效率除了受企业自身因素影响以外，整个行业的经营环境也是影响营运资本周转的重要因素，行业增长的竞争程度和增长机会影响行业内企业的销售业绩和营业收入。因此，本章使用面板型分析货币政策与营运资本运营效率之间的关系时引入企业所在行业的影响，使用行业销售收入的增长率作为整个行业的经营环境的代理变量。

（1）PVAR 模型构建。根据货币政策、行业销售增长率与营运资本运营效率之间的关系，本部分构建 PVAR 模型如式（7-1）所示。

$$x_{it} = \beta x_{it-1} + f_i + u_t + \varepsilon_{it} \tag{7-1}$$

式（7-1）中，x_{it} 表示所有的 PVAR 模型变量，包括货币政策（MP）、行业销售增长率（$INSA$）和营运资本现金周转期（DWC）；f_i 表示公司固定效应；u_i 表示时间效应；ε_{it} 表示随机扰动项；β 表示 3×3 的系数矩阵。

（2）PVAR 模型选择。根据 VAR 模型选择规则进行 VAR 模型滞后阶数的选择。其选择结果如表 7-4 所示。

表 7-4　　货币政策与营运资本运营效率 PVAR 模型滞后阶数选择

Lag	AIC	BIC	HQIC
1	25.017	26.033	25.330
2	24.941	25.999	25.268
3	24.917	26.018	25.258
4	24.716	25.862	25.072
5	24.615	25.809 *	24.982 *
6	24.594 *	25.839	24.986

注：* 标注的是最优的滞后阶数。

表 7-4 栏货币政策与营运资本运营效率关系 PVAR 模型滞后阶数的选择结果，结果显示 AIC 信息标准建议选择滞后 6 阶，BIC 信息标准和 HQIC 信息标准均建议选择滞后 5 阶，根据 BIC 和 HQIC 优于 AIC 的原则，后文的冲击反应函数和脉冲反应图选择滞后 5 阶。

7.7.1.2　PVAR 模型冲击反应函数

表 7-5 估计的是 5 阶滞后期的面板 VAR 模型冲击反应函数结果。

表 7-5　　　　货币政策与营运资本运营效率冲击反应函数

变量	MP		INSA		DWC	
	系数	t 值	系数	t 值	系数	t 值
L.MP	1.157 ***	(195.40)	0.391 ***	(10.17)	-0.973 ***	(-3.73)
L.INSA	-0.007 ***	(-11.37)	-0.081 ***	(-13.23)	0.085 *	(1.83)
L.DWC	0.000 ***	(8.05)	-0.001	(-1.24)	0.558 ***	(81.38)
L2.MP	-0.174 ***	(-22.31)	-0.191 ***	(-4.26)	-1.590 ***	(-4.17)
L2.INSA	-0.004 ***	(-7.66)	-0.027 ***	(-5.67)	-0.037	(-0.91)

273

续表

变量	MP		INSA		DWC	
	系数	t 值	系数	t 值	系数	t 值
L2. DWC	− 0.000 ***	（ − 7.33）	0.002 ***	（3.36）	0.029 ***	（4.45）
L3. MP	− 0.020 ***	（ − 3.02）	− 0.251 ***	（ − 6.53）	2.441 ***	（6.35）
L3. INSA	− 0.013 ***	（ − 17.63）	0.068 ***	− 16.29	− 0.107 **	（ − 1.97）
L3. DWC	0.000	（ − 0.02）	− 0.002 **	（ − 2.54）	− 0.001	（ − 0.10）
L4. MP	− 0.292 ***	（ − 66.91）	0.159 ***	（3.840）	− 2.371 ***	（ − 6.28）
L4. INSA	0.001 ***	（3.12）	− 0.398 ***	（ − 47.87）	− 0.028	（ − 0.76）
L4. DWC	0.001 ***	（7.06）	0.001 *	（1.76）	− 0.215 ***	（ − 25.01）
L5. MP	0.292 ***	（66.84）	− 0.265 ***	（ − 9.33）	− 1.896 ***	（ − 6.24）
L5. INSA	0.001 **	（2.33）	− 0.111 ***	（ − 18.38）	0.048	（1.12）
L5. DWC	− 0.000 ***	（ − 3.71）	0.002 ***	（3.29）	0.088 ***	（12.77）
	N = 57887；AIC = 24.594；BIC = 25.809；HQIC = 24.982					

注：* 、** 、*** 分别表示显著性水平10% 、5% 、1% 。

结果显示，在营运资本运营效率（DWC）模型中，滞后1期、2期、4期和5期的货币政策对营运资本现金周转期的影响显著为负，但滞后3期的影响显著为正。本研究的假设7.1得到初步验证。

7.7.1.3 PVAR 模型脉冲反应图

通过绘制 VAR 模型的脉冲反应图分析货币政策与营运资本运营效率之间的关系。本部分的脉冲反应图是使用蒙特卡洛模拟1000 次模拟冲击后的结果，冲击反应图的横轴表示冲击反应的季度期数，纵轴表示冲击反应的程度，在冲击反应程度为0 的地方为纵向横线，三条线的中间一条线为脉冲反应曲线，两面的线为置信区间5% ~95% 。

图7 - 4 是货币政策（MP）对营运资本现金周转期（DWC）的影响脉冲反应图，可以看出，当货币政策受到一个标准差的冲击时，货币政策对营运资本现金周转期产生负向影响，这种影响大约会持续5 个季度期，5 期以后会逐渐恢复到正常水平，与本研究的假设7.1 一致。图7 - 5 是行业销售增长率（INSA）对营运资本现金周转期（DWC）的影

响脉冲反应图，可以看出行业销售增长率对营运资本现金周转期产生1个季度期的负向冲击，但是并不显著。

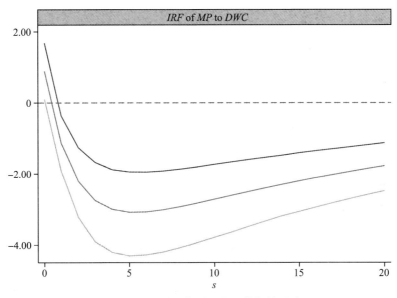

图7-4　货币政策对现金周转期的影响

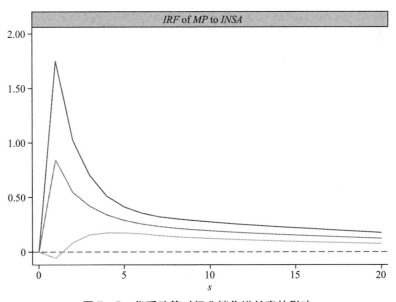

图7-5　货币政策对行业销售增长率的影响

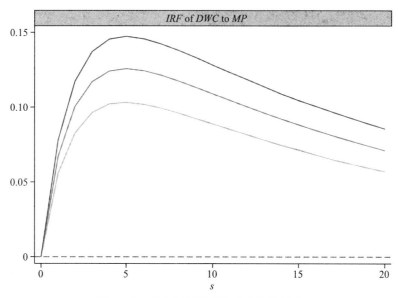

图 7 - 6　现金周转期对货币政策的影响

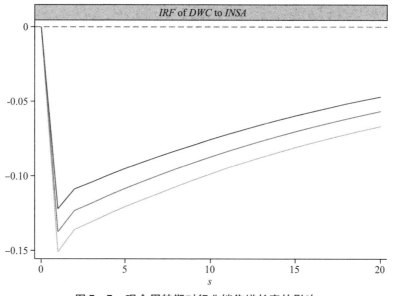

图 7 - 7　现金周转期对行业销售增长率的影响

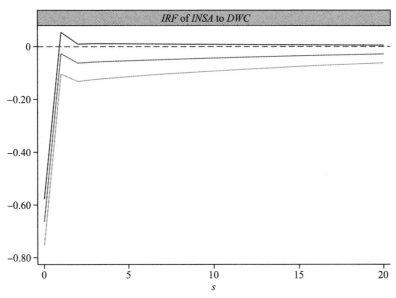

图7-8 行业销售增长率对现金周转期的影响

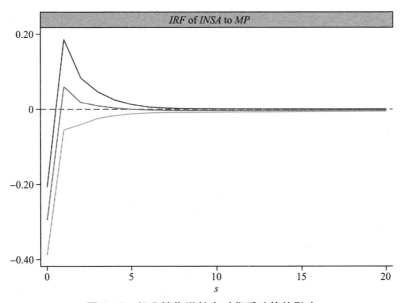

图7-9 行业销售增长率对货币政策的影响

7.7.2 货币政策、营运资本运营效率与不同项目管理效率

7.7.2.1 模型构建和模型选择

本部分继续使用 PVAR 模型分析营运资本现金周转期（DWC）与存货周转期（DIO）、应收款项周转期（DSO）和应付款项周转期（DPO）之间的关系，并区分不同货币政策期分析货币政策对它们之间关系的影响差异。

（1）PVAR 模型构建。本部分构建 PVAR 模型如式（7-2）所示。

$$x_{it} = \beta x_{it-1} + f_i + u_t + \varepsilon_{it} \tag{7-2}$$

式（7-2）中，x_{it} 表示所有的 PVAR 模型变量，包括营运资本现金周转期（DWC）、存货周转期（DIO）、应收款项周转期（DSO）和应付款项周转期（DPO）；f_i 表示公司固定效应；u_i 表示时间效应；ε_{it} 表示随机扰动项；β 表示 4×4 的系数矩阵。

（2）PVAR 模型选择。表 7-6A 栏是营运资本现金周转期（DWC）与存货周转期（DIO）、应收款项周转期（DSO）、应付款项周转期（DPO）关系的面板 VAR 模型滞后阶数选择结果，结果显示 AIC 信息标准和 BIC 信息标准和 HQIC 信息标准均建议选择滞后 1 阶。

表 7-6　　　　　营运资本运营效率与不同项目管理
效率 PVAR 模型滞后阶数选择

A栏　　DWC 与 DIO、DSO、DPO 关系模型			
Lag	AIC	BIC	HQIC
1	45.187 *	46.543 *	45.606 *
2	45.200	46.612	45.637
3	45.205	46.674	45.660

B栏 *DWC* 与 *DIO*、*DSO*、*DPO* 关系模型（货币政策宽松期）			
1	45.575	48.207 *	46.261 *
2	45.268 *	48.275	46.438
3	45.526	49.033	46.694
C栏 *DWC* 与 *DIO*、*DSO*、*DPO* 关系模型（货币政策紧缩期）			
1	44.983	47.069 *	45.641 *
2	45.074	47.347	45.795
3	44.971 *	47.462	45.764

注：＊标注的是最优的滞后阶数。

表7－6B栏是货币政策宽松期营运资本现金周转期（*DWC*）与存货周转期（*DIO*）、应收款项周转期（*DSO*）、应付款项周转期（*DPO*）关系的面板 VAR 模型滞后阶数选择结果，结果显示 AIC 信息标准建议选择滞后2阶，BIC 信息标准和 HQIC 信息标准均建议选择滞后1阶，根据 BIC 和 HQIC 优于 AIC 的原则，后文的冲击反应函数和脉冲反应图选择滞后1阶。

表7－6C栏是货币政策紧缩期营运资本现金周转期（*DWC*）与存货周转期（*DIO*）、应收款项周转期（*DSO*）、应付款项周转期（*DPO*）关系的面板 VAR 模型滞后阶数选择结果，结果显示 AIC 信息标准建议选择滞后3阶，BIC 信息标准和 HQIC 信息标准均建议选择滞后1阶，根据 BIC 和 HQIC 优于 AIC 的原则，后文的冲击反应函数和脉冲反应图选择滞后1阶。

7.7.2.2 PVAR 模型冲击反应函数

表7－7是营运资本现金周转期（*DWC*）与存货周转期（*DIO*）、应收款项周转期（*DSO*）、应付款项周转期（*DPO*）冲击反应函数。

表7-7   营运资本运营效率与不同项目管理效率冲击反应函数

变量	全样本		货币政策宽松期		货币政策紧缩期	
	系数	t值	系数	t值	系数	t值
DIO 模型						
L. DIO	0.537 ***	(74.91)	0.545 ***	(40.64)	0.518 ***	(56.95)
L. DSO	-0.095 ***	(-12.80)	-0.091 ***	(-6.69)	-0.102 ***	(-10.66)
L. DPO	-0.007	(-1.00)	0.019	(1.52)	-0.008	(-0.90)
L. DWC	0.052 ***	(9.58)	0.048 ***	(4.86)	0.055 ***	(7.97)
DSO 模型						
L. DIO	-0.074 ***	(-6.93)	-0.070 ***	(-3.72)	-0.082 ***	(-5.79)
L. DSO	0.489 ***	(45.20)	0.501 ***	(27.11)	0.470 ***	(33.10)
L. DPO	0.008	(0.74)	0.031 *	(1.76)	0.016	(1.16)
L. DWC	0.073 ***	(8.91)	0.069 ***	(4.93)	0.075 ***	(6.89)
DPO 模型						
L. DIO	0.036 ***	(4.36)	0.043 ***	(2.92)	0.030 ***	(2.73)
L. DSO	0.051 ***	(6.02)	0.059 ***	(3.97)	0.036 ***	(3.31)
L. DPO	0.513 ***	(61.37)	0.536 ***	(36.63)	0.501 ***	(45.98)
L. DWC	-0.048 ***	(-7.73)	-0.058 ***	(-5.33)	-0.044 ***	(-5.27)
DWC 模型						
L. DIO	0.106 ***	(6.95)	0.073 ***	(2.69)	0.102 ***	(5.19)
L. DSO	0.070 ***	(4.79)	0.028	(1.12)	0.084 ***	(4.50)
L. DPO	-0.230 ***	(-15.66)	-0.162 ***	(-6.30)	-0.228 ***	(-12.10)
L. DWC	0.519 ***	(45.42)	0.554 ***	(28.11)	0.499 ***	(33.73)
N	69010		19163		42463	
AIC	45.187		45.268		44.971	
BIC	46.543		48.207		47.069	
HQIC	45.606		46.261		45.641	

注：*、**、***分别表示显著性水平10%、5%、1%。

不区分货币政策期的系数分析可知，在不同项目周转期模型中，现金周转期（DWC）对不同项目的影响大小依次是：应收款项周转期（DSO）、存货周转期（DIO）和应付款项周转期（DPO）；在现金周转期模型中，对现金周转期（DWC）影响大小依次是：存货周转期（DIO）、应付款项周转期（DPO）和应收款项周转期（DSO）。

区分不同货币政策期的系数分析可知，在不同项目周转期模型中，当货币政策趋于宽松时，现金周转期（DWC）对存货周转期（DIO）的影响下降最大，对应收款项周转期（DSO）的影响下降次之，但对应付款项周转期（DPO）的影响上升；在现金周转期模型中，当货币政策趋于宽松时，各项目对现金周转期（DWC）的影响均下降，下降的程度大小依次是：应付款项周转期（DPO）、应收款项周转期（DSO）和存货周转期（DIO）。

7.7.2.3　PVAR 模型脉冲反应图

本部分的脉冲反应图是使用蒙特卡洛模拟 1000 次模拟冲击后的结果，冲击反应图的横轴表示冲击反应的季度期数，纵轴表示冲击反应的程度，在冲击反应程度为 0 的地方为纵向横线，三条线的中间一条线为脉冲反应曲线，两面的线为置信区间 5%～95%。

图 7 - 10（a）、图 7 - 10（b）和图 7 - 10（c）是存货周转期对营运资本现金周期的冲击反应图和不同货币政策期的存货周转期对营运资本现金周期的冲击反应图。结果可以看出，当存货周转期受到一个标准差的冲击时，存货周转期对营运资本现金周转期产生正向影响，这种影响大约会持续 1 个季度期，1 期以后会逐渐恢复到正常水平；在货币政策紧缩期存货周转期对营运资本现金周转期的影响小幅增加，并且存货周转期对营运资本现金周转期变化的解释准确度上升。

图 7 - 11（a）、图 7 - 11（b）和图 7 - 11（c）是应收款项周转期对营运资本现金周期的冲击反应图和不同货币政策期的应收款项周转期对营运资本现金周期的冲击反应图。结果可以看出，当应收款项周转期受到一个标准差的冲击时，应收款周转期对营运资本现金周转期产生正向影响，这种影响大约会持续 1 个季度期，1 期以后会逐渐恢复到正常

水平；不同货币政策期应收款项周转期对营运资本现金周转期的影响没有显著差别，但在货币政策紧缩期，应收款项周转期对营运资本现金周转期变化的解释准确度上升。

图 7 - 12（a）、图 7 - 12（b）和图 7 - 12（c）是应付款项周转期对营运资本现金周期的冲击反应图和不同货币政策期的应付款项周转期对营运资本现金周期的冲击反应图。结果可以看出，当应付款项周转期受到一个标准差的冲击时，应收款项周转期对营运资本现金周转期产生负向影响，这种影响大约会持续 1 个季度期，1 期以后会逐渐恢复到正常水平；在货币政策紧缩期应付款项周转期对营运资本现金周转期的影响大幅降低，并且应付款项周转期对营运资本现金周转期变化的解释准确度小幅上升。

综上分析，从影响程度上看，各项目对营运资本现金周转期的影响大小依次是：应收款项周转期、应付账款周转期和存货周转期。货币政策由紧缩变为宽松时，应付款项的影响上升程度最大，而存货周转期和应收款项周转期的影响下降。与本章的假设 7.4 预期基本一致。

图 7 - 13（a）、图 7 - 13（b）和图 7 - 13（c）是营运资本现金周期对存货周转期的冲击反应图和不同货币政策期的营运资本现金周期对存货周转期的冲击反应图。结果可以看出，营运资本现金周转期对存货周转期产生正向影响，这种影响的程度在不同货币政策期并无显著变化，只是营运资本现金周转期对存货周转期变化的解释准确度小幅上升。

图 7 - 14（a）、图 7 - 14（b）和图 7 - 14（c）是营运资本现金周期对应收款项周转期的冲击反应图和不同货币政策期的营运资本现金周期对应收款项周转期的冲击反应图。结果可以看出，营运资本现金周转期对应收款项周转期产生正向影响，这种影响的程度在不同货币政策期并无显著变化，只是营运资本现金周转期对应收款项周转期变化的解释准确度小幅上升。

图 7 - 15（a）、图 7 - 15（b）和图 7 - 15（c）是营运资本现金周期对应付款项周转期的冲击反应图和不同货币政策期的营运资本现金周期对

应付款项周转期的冲击反应图。结果可以看出，营运资本现金周转期对应付款项周转期产生负向影响，这种影响的程度在货币政策紧缩期上升，并且营运资本现金周转期对应付款项周转期变化的解释准确度小幅上升。

综上分析，从影响程度上看，不考虑货币政策影响时，营运资本现金周转期对各项目的影响大小依次是：存货周转期、应收款项周转期和应付账款周转期。货币政策由紧缩变为宽松时，对应收款项的影响上升，对应收款项周转期的影响下降，而对存货周转期的影响几乎没有变化。与本章的假设7.4预期基本一致。

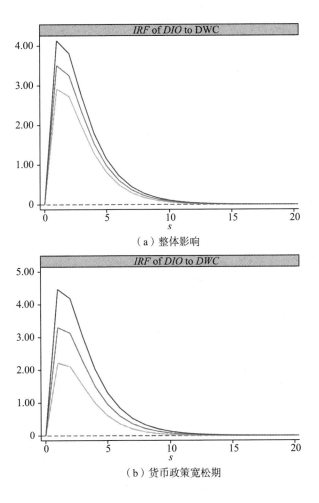

（a）整体影响

（b）货币政策宽松期

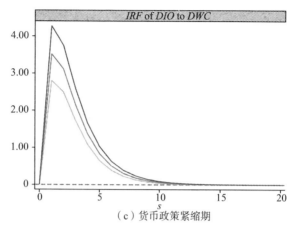

（c）货币政策紧缩期

图 7 – 10　不同货币政策期存货周转期对现金周期的影响

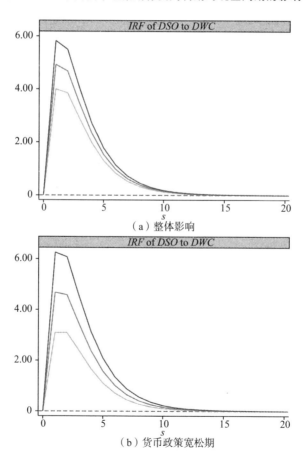

（a）整体影响

（b）货币政策宽松期

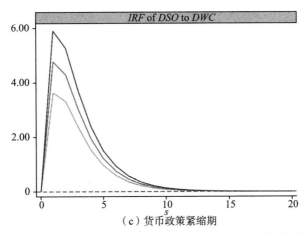

（c）货币政策紧缩期

图7-11 不同货币政策期应收款项周转期对现金周期的影响

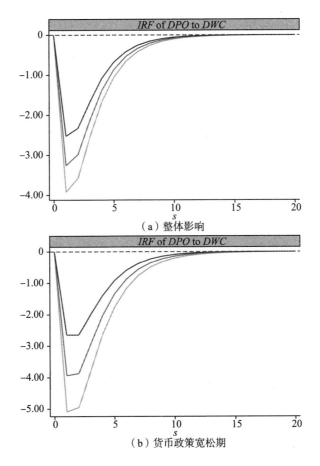

（a）整体影响

（b）货币政策宽松期

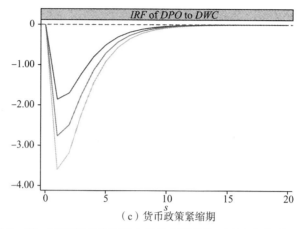

（c）货币政策紧缩期

图 7 - 12　不同货币政策期应付款项周转期对现金周期的影响

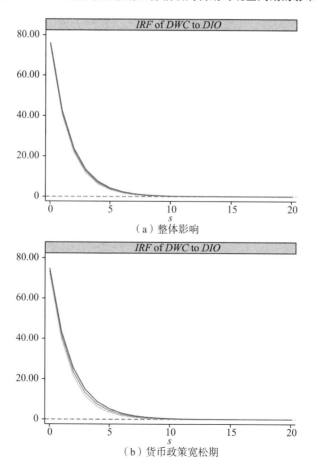

（a）整体影响

（b）货币政策宽松期

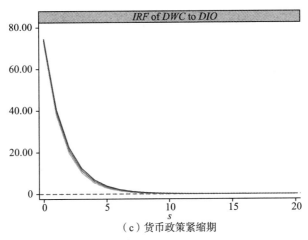

（c）货币政策紧缩期

图7－13　不同货币政策期现金周转期对存货周转期的影响

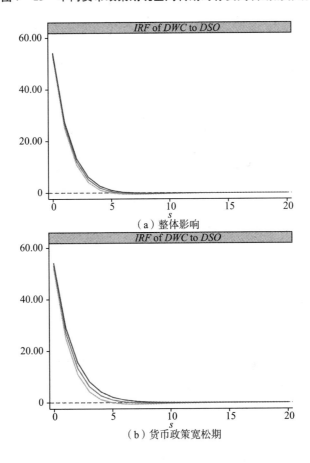

（a）整体影响

（b）货币政策宽松期

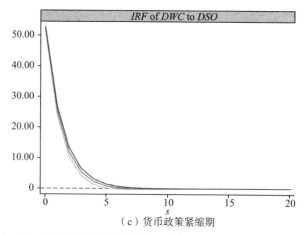

（c）货币政策紧缩期

图 7 - 14　不同货币政策期现金周转期对应收款项周转期的影响

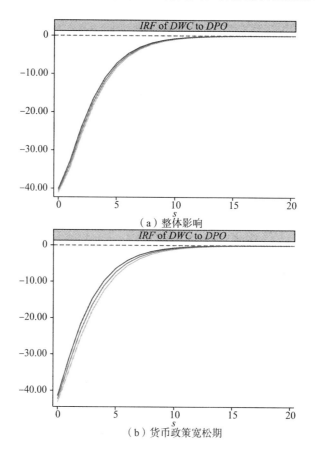

（a）整体影响

（b）货币政策宽松期

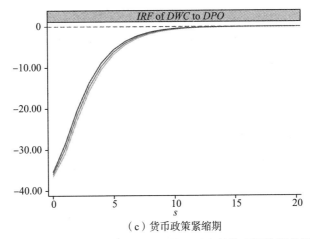

（c）货币政策紧缩期

图7－15　不同货币政策期现金周转期对应付款项周转期的影响

7.8 货币政策影响营运资本运营效率的多元回归分析

通过使用面板向量自回归模型（PVAR）分析，对货币政策影响营运资本运营效率的基本情况有了基本了解和认识。本部分则使用多元回归方法进一步分析货币政策与营运资本运营效率的关系。以下分析首先将影响营运资本运营效率的其他企业特征变量纳入多元回归模型，并加入时间和行业因素，分别使用不同模型和不同货币政策变量进一步分析货币政策对营运资本运营效率的影响；其次，将企业财务决策中两个最重要的变量：现金流稳定性和融资约束纳入分析货币政策影响营运资本融资的分析框架，采用交乘分析方法分析现金流稳定性和融资约束对货币政策与营运资本运营效率关系的影响；最后，采用交乘分析方法分析受货币政策影响时，存货周转期、应收款项周转期和应付款项周转期对营运资本周转期影响的差异。

7.8.1 货币政策与营运资本运营效率

对货币政策影响营运资本运营效率的分析分别采用货币政策连续变量、货币政策分类变量等不同变量进行回归，并对混合回归方法、随机效应模型和固定效应模型进行检验、比较和选择，以增加研究结论的稳健性。

7.8.1.1 货币政策对营运资本运营效率的影响：基于货币政策连续变量的分析

（1）回归模型构建。根据前文研究假设构建检验假设 7.1 的基本模型如式（7-3）所示。

$$DWC_{it} = \alpha_0 + \alpha_1 MP_t + \alpha_2 MP_t^2 + \alpha_3 CAF_{it} + \alpha_4 LEV_{it}$$
$$+ \alpha_5 FIAS_{it} + \alpha_6 INSA_{it} + \alpha_7 ROEG_{it} + \varepsilon_{it} \qquad (7-3)$$

式（7-3）中，i 和 t 分别表示公司和季度，α 为估计参数，ε_{it} 为随机扰动项，其他变量如表 7-3 所示；回归结果的预期是变量货币政策（MP）变量的系数显著为负，表明货币政策越宽松，企业营运资本周转速度越快，现金周转期越低。

（2）回归模型比较和选择。根据本章数据特点，为了保证回归结果的无偏性和有效性，在进行多元回归分析之前先对模型进行比较和选择。具体结果如下：

混合回归方法和随机效应模型的比较结果是：只加入 MP 变量时得到的 Chibar2 = 1160.42，P = 0.00，同时加入 MP 和 MP^2 时得到的 Chibar2 = 1137.02，P = 0.00，支持使用随机效应模型。

随机效应模型和固定效应模型的豪斯曼检验结果是：只加入 MP 变量时得到的 Chi（2）= 150.10，P = 0.00，同时加入 MP 和 MP^2 时得到的 Chi（2）= 127.23，P = 0.00，支持使用固定效应模型。

混合回归方法和固定效应模型检验结果是：只加入 MP 变量时得到的 F = 2.20，值 = 0.00，同时加入 MP 和 MP^2 时得到的 F = 2.19，值 = 0.00，支持使用固定效应模型。

基于以上检验结果，本部分结论以固定效应模型的回归结果为准。

（3）回归结果分析。表7－8是不同模型货币政策连续变量影响营运资本现金周转期的回归结果比较分析。

表7－8　　　　货币政策与营运资本运营效率回归

分析（货币政策连续变量）

变量	（1）	（2）	（3）	（4）	（5）	（6）
	OLS	OLS	RE	RE	FE	FE
MP	－2.964 *** （－5.11）	12.012 *** （5.00）	－2.905 *** （－5.83）	12.223 *** （6.24）	－2.798 *** （－5.60）	12.551 *** （6.39）
MP^2		－0.430 *** （－6.17）		－0.434 *** （－7.70）		－0.440 *** （－7.79）
CAF	－2.832 *** （－25.00）	－2.827 *** （－24.96）	－2.847 *** （－17.97）	－2.841 *** （－17.95）	－2.874 *** （－18.00）	－2.869 *** （－17.99）
LEV	－1.107 *** （－11.50）	－1.106 *** （－11.50）	－1.164 *** （－7.22）	－1.164 *** （－7.23）	－1.215 *** （－7.23）	－1.216 *** （－7.24）
FIAS	－0.341 *** （－5.60）	－0.381 *** （－6.26）	－0.371 *** （－4.53）	－0.413 *** （－5.00）	－0.411 *** （－4.95）	－0.454 *** （－5.43）
INSA	－0.083 * （－1.71）	－0.053 （－1.09）	－0.085 ** （－2.10）	－0.055 （－1.36）	－0.087 ** （－2.15）	－0.056 （－1.40）
ROEG	－3.451 *** （－16.28）	－3.491 *** （－16.48）	－3.434 *** （－14.22）	－3.475 *** （－14.38）	－3.407 *** （－14.05）	－3.449 *** （－14.21）
_CONS	104.215 *** （6.02）	20.259 （1.02）	52.395 *** （4.39）	－76.211 *** （－3.80）	44.941 *** （5.44）	－85.471 *** （－4.79）
季度	控制	控制	控制	控制	控制	控制
行业	控制	控制	控制	控制	控制	控制
N	74557	74557	74557	74557	74557	74557
F	59.437	58.288	1126.10	1148.75	54.296	52.293
r2_a	0.035	0.035	0.035	0.036	0.029	0.030

注：括号中为t值；＊、＊＊、＊＊＊表示显著性水平10%、5%、1%；随机效应模型F值一行报告的是Wald chi2值。

混合回归方法中单独加入货币政策（MP）变量时，其系数为 -2.964，并且在1%的水平上显著；同时加入货币政策（MP）变量及其二次项（MP²）时，MP 的系数变为 0.430，MP² 的系数为 12.012，两者均在1%的水平上显著。

随机效应模型回归的结果显示，单独加入货币政策（MP）变量时，其系数在1%的水平上显著为 -2.905；同时加入货币政策（MP）变量及其二次项（MP²）时，MP 的系数在1%的水平上显著为 -0.434，MP² 的系数在1%的水平上显著为 12.223。

固定效应模型回归的结果显示，单独加入货币政策（MP）变量时，其系数在1%的水平上显著为 -2.798；同时加入货币政策（MP）变量及其二次项（MP²）时，MP 的系数在1%的水平上显著为 -0.440，MP² 的系数在1%的水平上显著为 12.551。

三个模型的结果均表明，随着货币政策越来越宽松，企业的营运资本现金周转期一开始呈现不断上升趋势，当货币政策宽松到一定程度时，即广义货币供应量同比增长率达到14.26%时，企业的营运资本现金周转期开始下降，货币政策与营运资本现金周转期呈现倒"U"形关系。

三个模型同时控制了行业和季度效应，混合回归方法的 r^2 为 0.035，随机效应模型的 r^2 为 0.035 和 0.036，固定效应模型的 r^2 为 0.029 和 0.030。本研究的假设7.1得到进一步的验证。

7.8.1.2 货币政策对营运资本运营效率的影响：基于货币政策分类变量的分析

（1）回归模型构建。为了继续检验假设7.1并验证其稳健性，构建使用货币政策分类变量的模型如式（7-4）所示。

$$DWC_{it} = \alpha_0 + \alpha_1 MPP_t + \alpha_2 CAF_{it} + \alpha_3 LEV_{it}$$
$$+ \alpha_4 FIAS_{it} + \alpha_5 INSA_{it} + \alpha_6 ROEG_{it} + \varepsilon_{it} \qquad (7-4)$$

式（7-4）中，i 和 t 分别表示公司和季度，α 为估计参数，ε_{it} 为随机扰动项，其他变量如表7-3所示；回归结果的预期是变量货币政策期（MPP）变量的系数显著为负，表明在货币政策宽松期，企业营运资本周转速度越快，现金周转期越低。

（2）回归模型比较和选择。在使用货币政策分类变量进行回归之前依然先执行模型选择检验和选择，其结果如下：

混合回归方法和随机效应模型的比较结果是：Chibar2 = 1130.63，P = 0.00，支持使用随机效应模型。

随机效应模型和固定效应模型的豪斯曼检验结果是：Chi（2）= 98.52，P = 0.00，支持使用固定效应模型。

混合回归方法和固定效应模型检验结果是：F = 2.18，值 = 0.00，支持使用固定效应模型。

基于以上检验结果，本部分结论以固定效应模型的回归结果为准。

（3）回归结果分析。表 7 - 9 是不同模型中货币政策分类变量影响营运资本现金周转期的回归结果比较分析。

表 7 - 9　　　　　货币政策与营运资本运营效率回归
分析（货币政策分类变量）

变量	（1）	（2）	（3）
	OLS	RE	FE
MPP	-4.416 （-1.31）	-4.392 * （-1.68）	-4.366 * （-1.66）
CAF	-2.845 *** （-25.11）	-2.859 *** （-18.03）	-2.886 *** （-18.06）
LEV	-1.108 *** （-11.52）	-1.167 *** （-7.24）	-1.219 *** （-7.25）
FIAS	-0.367 *** （-6.00）	-0.398 *** （-4.87）	-0.437 *** （-5.27）
INSA	-0.088 * （-1.82）	-0.090 ** （-2.23）	-0.092 ** （-2.26）

续表

变量	(1)	(2)	(3)
	OLS	RE	FE
ROEG	-3.441^{***} (-16.23)	-3.425^{***} (-14.18)	-3.397^{***} (-14.01)
_CONS	15.803^{***} (2.92)	12.170 (1.30)	6.207^{*} (1.66)
季度	控制	控制	控制
行业	控制	控制	控制
N	74557	74557	74557
F	59.216	1118.37	53.840
r2_a	0.034	0.035	0.029

注：括号中为 t 值；*、**、*** 表示显著性水平10%、5%、1%；随机效应模型 F 值一行报告的是 Wald chi2 值。

混合回归结果中货币政策期（MPP）变量的系数为 -4.416，但不显著；随机效应模型回归结果中货币政策期（MPP）变量的系数为 -4.392，并且在10%的水平上显著；固定效应模型回归结果中货币政策期（MPP）变量的系数为 -4.366，并且在10%的水平上显著。三个模型同时控制了行业和季度效应，混合回归方法的 r^2 为 0.034，随机效应模型的 r^2 为 0.035，固定效应模型的 r^2 为 0.029。三个不同模型的回归结果均表明货币政策越宽松，企业营运资本周转期越低，本研究的假设 7.1 得到进一步验证。

7.8.2 现金流稳定性、货币政策与营运资本运营效率

本部分继续引入现金流稳定性变量，分析其对货币政策与营运资本运营效率关系的影响。

7.8.2.1　回归模型构建

根据前文的假设和研究目的，本部分构建检验假设 7.2 的模型如式（7-5）所示。

$$DWC_{it} = \alpha_0 + \alpha_1 MPP_t + \alpha_2 CSD \times MPP_{it} + \alpha_3 CSD_{it} + \alpha_4 CAF_{it}$$

$$+ \alpha_5 LEV_{it} + \alpha_6 FIAS_{it} + \alpha_7 INSA_{it} + \alpha_8 ROEG_{it} + \varepsilon_{it} \qquad (7-5)$$

式（7-5）中，i 和 t 分别表示公司和季度，α 为估计参数，ε_{it} 为随机扰动项，其他变量如表 7-3 所示。在回归时同时使用了货币政策的分类变量 MPP，使用 MPP 进行回归时，式（7-5）中的 MP 替换成 MPP。回归结果的预期是 $CSD \times MP$ 系数和 $CSD \times MPP$ 系数均为正，表示货币政策越宽松，企业营运资本短期营运资本现金周转期越低，而现金流越稳定的公司，其营运资本周转速度放慢，营运资本现金周转期提高。

7.8.2.2　回归结果分析

表 7-10 是使用固定效应模型对现金流稳定性、货币政策与营运资本现金周转期进行回归分析的结果。

表 7-10　现金流稳定性、货币政策与营运资本运营效率回归分析

变量	(1)		(2)	
	系数	t 值	系数	t 值
MP	-3.119***	(-5.75)		
MPP			-6.631**	(-2.17)
CSD × MP	0.313*	(1.84)		
CSD × MPP			7.207*	(1.96)
CSD	0.567	(0.07)	2.649	(0.88)
CAF	-2.937***	(-18.52)	-2.951***	(-18.58)
LEV	-1.142***	(-6.73)	-1.146***	(-6.76)
FIAS	-0.406***	(-4.88)	-0.435***	(-5.25)
INSA	-0.091**	(-2.23)	-0.098**	(-2.40)

续表

变量	(1)		(2)	
	系数	t 值	系数	t 值
ROEG	-3.255***	(-13.68)	-3.242***	(-13.64)
_CONS	45.071***	(4.98)	2.068	(0.47)
季度	控制		控制	
行业	控制		控制	
N	73222		73222	
F	48.642		48.533	
r2_a	0.030		0.029	

注：*、**、***表示显著性水平10%、5%、1%。

结果显示，表7-10中（1）列是使用货币政策连续变量的回归结果，结果显示货币政策变量（MP）的系数为-3.119，并在1%的水平上显著，现金流稳定性和货币政策的交乘项（CSD×MP）的系数为0.313，并且在10%的水平上显著，表明受货币政策越宽松，营运资本现金周转期越低，但现金流稳定性越差，风险提高，企业营运资本运营管理周转速度降低，现金周转期提高；表7-10中（2）列是使用货币政策分类变量的回归结果，结果显示货币政策变量（MPP）的系数为-6.631，并在1%的水平上显著，现金流稳定性和货币政策的交乘项（CSD×MPP）的系数为7.207，并且在10%的水平上显著，与表7-10中（1）列使用货币政策连续变量的回归结果一致。

两个回归的r^2分别为0.030和0.029，本研究的假设7.2得到验证。

7.8.3 融资约束、货币政策与营运资本运营效率

本部分使用融资约束变量，分析其对货币政策与营运资本运营效率关系的影响。

7.8.3.1　回归模型构建

根据前文的假设和研究目的，本部分构建检验假设7.3的模型如式（7-6）所示。

$$DWC_{it} = \alpha_0 + \alpha_1 MPP_t + \alpha_2 SA \times MPP_{it} + \alpha_3 SA_{it} + \alpha_4 CAF_{it}$$
$$+ \alpha_5 LEV_{it} + \alpha_6 FIAS_{it} + \alpha_7 INSA_{it} + \alpha_8 ROEG_{it} + \varepsilon_{it} \quad （7-6）$$

式（7-6）中，i 和 t 分别表示公司和季度，α 为估计参数，ε_{it} 为随机扰动项，其他变量如表7-3所示。在回归时同时使用了货币政策的分类变量 MPP，使用 MPP 进行回归时，式（7-6）中的 MP 替换成 MPP。回归结果的预期是 $SA \times MP$ 系数和 $SA \times MPP$ 系数均为正，融资约束越大，企业经营能力和竞争能力降低，导致营运资本运营效率降低。

7.8.3.2　回归结果分析

表7-11是使用固定效应模型对融资约束、货币政策与营运资本现金周转期进行回归分析的结果。

表7-11　　融资约束、货币政策与营运资本运营效率回归分析

变量	（1）		（2）	
	系数	t值	系数	t值
MP	-3.030***	（-6.05）		
MPP			-4.711*	（-1.71）
SA×MP	3.740**	（2.19）		
SA×MPP			37.201**	（2.47）
CSD	-55.216**	（-2.01）	-7.868	（-0.96）
CAF	-2.865***	（-17.97）	-2.877***	（-18.03）
LEV	-1.298***	（-7.79）	-1.304***	（-7.84）
FIAS	-0.385***	（-4.67）	-0.421***	（-5.12）
INSA	-0.084**	（-2.02）	-0.090**	（-2.16）
ROEG	-3.307***	（-13.37）	-3.292***	（-13.31）

变量	（1）		（2）	
	系数	t 值	系数	t 值
_CONS	48.724 ***	(5.86)	6.255	(1.46)
季度	控制		控制	
行业	控制		控制	
N	73168		73168	
F	47.364		46.865	
r2_a	0.029		0.029	

注：＊、＊＊、＊＊＊表示显著性水平10%、5%、1%。

表7-11中（1）列是使用货币政策连续变量的回归结果，结果显示货币政策（MP）变量的系数为 -3.030，并在1%的水平上显著，现金流稳定性和货币政策的交乘项（$SA \times MP$）的系数为3.740，并且在1%的水平上显著；表7-11中（2）列是使用货币政策分类变量的回归结果，结果显示货币政策（MPP）变量的系数为 -4.711，并在10%的水平上显著，现金流稳定性和货币政策的交乘项（$SA \times MPP$）的系数为37.201，并且在5%的水平上显著，与（1）列使用货币政策连续变量的回归结果一致。

两个回归的 r^2 均为0.029，本研究的假设7.3得到验证。

7.8.4　货币政策、营运资本运营效率及不同项目管理效率

营运资本周转的过程包括存货的周转、应收款项的周转和应付款项的周转，三者周转的速度直接构成了营运资本周转的速度。货币政策冲击对存货周转、应收款项周转和应付款项周转产生了不同的影响，进而对整体的营运资本运营效率影响产生差异。

本部分借鉴祝继高和陆正飞（2009）[101]的研究方法，首先计算存货

周转期、应收款项周转期和应付款项周转期的变化量（$DDIO$、$DDSO$、$DDPO$），并将货币政策与各项目变化量指标进行交乘，同时放入模型进行回归，分析货币政策对不同项目影响的差异。

7.8.4.1 回归模型构建

检验假设 7.4 的模型如式（7-7）所示。

$$
\begin{aligned}
DWC_{it} = {} & \alpha_0 + \alpha_1 MP_t + \alpha_2 DDIO_{it} + \alpha_3 DDSO_{it} + \alpha_4 DDPO_{it} + \alpha_5 DDIO_{it} \times MP_t \\
& + \alpha_6 DDSO_{it} \times MP_t + \alpha_7 DDPO_{it} \times MP_t + \alpha_8 CAF_{it} + \alpha_9 LEV_{it} \\
& + \alpha_{10} FIAS_{it} + \alpha_{11} INSA_{it} + \alpha_{12} ROEG_{it} + \varepsilon_{it}
\end{aligned}
\qquad (7-7)
$$

式（7-7）中，i 和 t 分别表示公司和季度，α 为估计参数，ε_{it} 为随机扰动项，其他变量如表 7-3 所示。

7.8.4.2 回归结果分析

使用固定效应模型和交乘方法进行回归分析的结果如表 7-12 所示，为了便于比较系数，在回归时先将数据去除个体效应，然后回归并计算标准化系数。

表 7-12　货币政策、现金周转期与不同项目周转期回归分析

变量	系数	t 值	标准化系数
$DDIO$	0.413 ***	(14.13)	0.225
$DDSO$	0.477 ***	(18.59)	0.315
$DDPO$	-0.170 ***	(-5.54)	-0.095
$DDIO \times MP$	0.001	(0.70)	0.011
$DDSO \times MP$	-0.002	(-1.39)	-0.022
$DDPO \times MP$	-0.004 **	(-2.01)	-0.034
MP	-0.117	(-0.91)	-0.003
CAF	-1.649 ***	(-17.20)	-0.060
LEV	-1.649 ***	(-17.20)	-0.043
$FIAS$	-1.015 ***	(-12.44)	-0.004
$INSA$	-0.048	(-1.05)	0.003

续表

变量	系数	t 值	标准化系数
ROEG	0.035	(1.00)	− .064
_CONS	− 2.931 ***	(− 18.54)	—
N		71503	
F		1207.228	
r2_a		0.168	

注：＊、＊＊、＊＊＊表示显著性水平10%、5%、1%。

结果显示，*DDIO* 的系数为 0.413，*DDSO* 的系数为 0.477，*DDPO* 的系数为 − 0.170，三者均在 1% 的水平上显著；*DDIO × MP* 的系数为 0.001，*DDSO × MP* 的系数为 − 0.002，但两者的系数均不显著，*DDPO × MP* 的系数为 − 0.004，在 5% 的水平上显著。

以上结果表明，货币政策的冲击，不同营运资本项目周转期对营运资本现金周转期的影响存在显著差异。货币政策期的变化导致应付款项对营运资本周转期影响的变化最显著，其他两个项目应收款项的影响大于存货。本研究的假设 7.4 得到进一步验证。

第8章

研究结论与政策建议

8.1 研究结论

本书基于中国货币政策环境，全面系统的研究了货币政策对企业营运资本投资管理、营运资本融资管理和营运资本运营效率的影响。主要研究结论如下：

（1）已有文献将营运资本投资管理、融资管理和运营效率纳入统一分析框架对企业流动性进行研究的很少。

通过文献研究发现，已有研究从企业现金角度关注企业流动性，对流动性管理范畴的定义狭窄，需要将营运资本管理作为企业流动性管理的主要内容和手段，关注营运资本投资、营运资本融资和营运资本运营效率对企业流动性管理的影响。现有研究主要关注了营运资本对财务风险的影响，使人们产生营运资本管理就是为了降低风险的错觉和片面认识，忽视了营运资本对企业价值创造的影响，需要将企业价值创造能力对营运资本管理的约束纳入研究范围，关注营运资本决策在降低财务风险和提高企业价值创造能力两个目标中间的权衡及其对营运资本管理的影响。货币政策是宏观流动管理工具，是企业财务理论研究的逻辑起点和研究框架的重要组成部分，对于微观企业流动性管理的影响研究没有受到重视，需要将营运资本投资管理、营运资本融资管理和营运资本运营效率纳入统一框架，从整体上研究营运资本对流动性管理的影响和意义，研究外部流动性冲击对企业流动性管理行为的影响。

（2）营运资本投资管理趋于稳健，宽松的货币政策会导致营运资本投资管理激进，其激进程度在不同企业表现不同。

中国上市公司营运资本投资比例偏高，但执行"激进型"营运资本投资管理的比例低于其他国家公司。行业之间营运资本投资差异显著。货币政策通过改变企业价值创造和财务风险的均衡状态影响营运资本投资管理。货币政策越宽松，企业的营运资本投资比例趋于下降，越倾向于选择激进的营运资本投资管理；在货币政策影响下现金流稳定性越差将导致企业营运资本投资比例的进一步降低，而融资约束程度越高有助于抑制企业营运资本投资比例的进一步降低；货币政策调整对营运资本投资比例的影响首先冲击的是现金，其次是其他项目的调整。在货币政策宽松期企业价值创造对营运资本投资的解释能力更强，企业更重视降低营运资本投资，将资源配置在价值创造能力更强的其他资本项目中，货币政策紧缩期财务风险对营运资本变化的解释能力更强，企业更倾向于提升营运资本投资比例，从而降低财务风险。

（3）营运资本融资管理偏向于激进，宽松的货币政策会促使激进程度提高，其程度因企业特征存在差异。

中国公司使用流动负债融资满足营运资本需求的程度偏高，但2006年后呈现下降趋势；执行"稳健型"营运资本融资管理的比例低于其他国家公司，执行"适中型"营运资本融资管理的比例高于其他国家公司，执行"激进型"营运资本融资管理的比例较高；不同行业的企业使用营运资本短期融资的比例平均都在90%以上。货币政策通过改变企业的融资环境对企业融资的风险和成本产生影响，进而影响企业营运资本融资管理。货币政策越宽松，企业的营运资本融资使用短期资金的比例趋于上升，越倾向于选择激进的营运资本融资管理。现金流稳定性越差，会导致企业使用短期资金融资的比例进一步增加，采用更加激进的营运资本融资管理，融资约束程度越强，会使得企业使用短期资金融资的比例降低，抑制企业激进的营运资本融资管理。相对于货币政策宽松期，在货币政策紧缩期短期借款对营运资本短期融资的影响降低，而应付款项对营运资本短期融资的影响上升。

（4）公司现金周转期较高，营运资本运营效率受货币政策影响显著，这一影响在不同企业存在差异。

中国公司营运资本运营效率相对较差并呈现"W"形变化趋势。大部分行业的公司现金周转期超过了 100 天。货币政策通过影响企业的融资约束和需求约束对企业营运资本运营效率产生影响。货币政策越宽松，企业的营运资本现金周转期趋于下降，但现金流稳定性越差，会导致企业营运资本现金周转期延长，融资约束程度越强，会使企业市场竞争能力下降，抑制企业进行更积极的营运资本周转管理，导致营运资本现金周转期上升。存货、应收款项和应付款项管理效率对营运资本周转期的影响存在差异，货币政策通过存货周转期对现金周转期的影响比其他项目小。

8.2　研究局限和需要进一步研究的问题

（1）营运资本政策在不同行业中的表现是存在差异的，本书第 3 章对不同行业营运资本政策描述统计分析也说明了这一点，那么货币政策对不同行业的营运资本决策行为的影响是否存在显著差异在本书中无法深入探讨，但在实证研究部分，不同模型的回归中控制了行业影响，回归结果也发现部分行业的虚拟变量系数较为显著，这表明行业对营运资本政策具有重要影响。与此类似的问题是处在不同地区的企业，其市场化水平和金融发展水平不同，货币政策对营运资本的影响程度可能也会存在很大差异。这些问题需要在未来研究予以关注。

（2）宏观经济政策中不同政策的相互关系和交织影响复杂，不可避免的对企业营运资本产生错综复杂的影响，但 2000 年以来中国的市场化改革是处在不断推进的过程中，而本书的样本期又跨度很长，其他经济政策无法像货币政策一样可以找到一个较为准确的变量（广义货币供应量）作为政策变量纳入研究模型进行研究，因此在实证研究中不能很好地分离出其他宏观政策影响。在未来的研究中将尝试样本期的变换，更好的控制和分离其他宏观因素对营运资本政策影响，使得货币政策影响营运资本政策的结论更加稳健。

（3）本书文献综述部分注意到信息技术、供应链关系等新的变化对营运资本管理带来影响，这些因素是否也会对货币政策与营运资本政策之间的关系产生影响呢？限于数据可得性的考虑，本书无法对这一疑问进行实证探索。在企业流动性获得方面值得注意的现象还包括：近年来出现的商业保理模式及其他非正规渠道融资，均会对企业流动性管理和营运资本政策产生一定替代或互补影响，进而影响企业财务风险管控行为和货币政策与企业营运资本管理的关系，这也是未来研究需要关注和探索的问题。

（4）内生性货币政策理论指出货币需求是由于投资者预期所创造而非央行可以主动调整的。该理论指出企业家信心和预期决定其对未来投资收益的预测，信心的提升有助于投资者投资，投资的增加提高了对生产要素的需求，进而增加对货币的需求。因此在货币政策影响营运资本的实证研究中是否会存在营运资本政策对货币政策调控的影响，进而可能产生的内生性问题需要在以后的研究中重视。虽然已有多篇文献研究结论指出中国的货币政策是一个外生变量，不具备内生的条件（杨旭和冯兆云，2012；陈达飞和贾璐熙，2015）[156,157]，营运资本投资变量与融资变量对货币政策的影响不显著或者不具有实质性的影响，但是随着利率市场化改革目标的完成，货币政策与微观市场主体互动关系的紧密，货币政策调控的内生性问题必须引起足够的重视。

8.3 政策建议

（1）从营运资本投资管理、融资管理和运营效率三个方面进行高效的企业流动性管理。

本书的研究结论显示货币政策对企业营运资本投资管理、融资管理和运营效率均会产生显著的影响，并且在不同特征的企业其影响的程度不同。因此，要改变过去对企业流动性管理的片面认识，重视营运资本融资管理和运营效率在流动性管理中的作用。重视企业持有的流动性管理，注重持有流动结构的优化；建立良好的外部流动性补充渠道，合理使用外部资金；提升营运资本的运营效率，从动态上支持和降低企业持有流动性和降低对外部资金的依赖。

（2）将货币政策影响纳入企业管理决策，实施有效的营运资本管理决策。

我国市场化改革的不断加快和深入，随着我国利率市场化改革目标的完成，货币政策调控将彻底实现以间接调控工具为主的货币政策体系，货币政策通过什么样的传导机制影响市场主体成为货币政策当局重视关注的新问题。以流动性管理为目标的营运资本管理要充分考虑货币政策的影响，在营运资本管理紧密相关的防范风险、供应链关系管理、资本性投资资源配置等决策中纳入宏观流动性管理要素。

（3）营运资本管理的决策和研究应该与其他财务政策紧密结合。

本书基于营运资本投资管理、融资管理和运营效率的研究可以发现，营运资本作为企业财务管理的内容与其他财务政策密不可分，而且对其他政策产生重要影响，营运资本的流动性特点是诱发企业风险的关键点。就营运资本本身的决策和研究来说要改变过去营运资本管理只重视流动资产的管理观念，不仅要重视营运资本的投资管理，更要重视营运资本融资决策和运营效率对企业流动性管理的影响。将营运资本管理与公司投资政策、融资管理紧密结合，把营运资本投资管理和融资管理与其他财务决策相结合，制定企业科学的公司财务政策。

参 考 文 献

［1］Stiglitz J E. Another century of economic science ［J］. The Economic Journal，1991，V101（404）：134 – 141.

［2］李心合. 公司财务学理论的创新与发展路径 ［J］. 财务研究，2015（1）：12 – 24.

［3］中国经济网. 周小川：利率市场化已经基本完成 ［EB/OL］. http：//www. ce. cn/cysc/newmain/yc/jsxw/201603/20/t20160320_9639644. shtml，2006 – 03 – 20.

［4］王竹泉，逄咏梅，孙建强. 国内外营运资金管理研究的回顾与展望 ［J］. 会计研究，2007（2）：85 – 90.

［5］埃里克·班克斯. 流动性风险——企业资产管理和筹资风险 ［M］. 诸韵译. 北京：经济管理出版社，2011：3.

［6］韦志华，郭海. 中国货币政策传导渠道效应分析 ［J］. 金融发展评论，2013（1）：99 – 105.

［7］盛松成，吴培新. 中国货币政策的二元传导机制——"两中介目标，两调控对象"模式研究 ［J］. 中国高等学校学术文摘·经济学，2008（10）：37 – 51.

［8］梁骞，汪波，朱博文. 中国货币政策传导机制研究 ［J］. 天津大学学报：社会科学版，2015（5）：406 – 411.

［9］饶品贵，姜国华. 货币政策、信贷资源配置与企业业绩 ［J］. 管理世界，2013（3）：12 – 22.

［10］连玉君，彭方平，苏治. 融资约束与流动性管理行为 ［J］.

金融研究，2010（10）：158 – 171.

［11］刘康兵.融资约束、营运资本与公司投资：来自中国的证据［J］.复旦学报：社会科学版，2012（2）：43 – 53.

［12］鞠晓生，卢获，虞义华.融资约束、营运资本管理与企业创新可持续性［J］.经济研究，2013（1）：4 – 16.

［13］曾义.营运资本能够平滑公司资本性投资吗？——基于产权性质和金融发展的经验证据［J］.中央财经大学学报，2015（2）：60 – 68.

［14］姜国华，饶品贵.宏观经济政策与微观企业行为——拓展会计与财务研究新领域［J］.会计研究，2011（3）：9 – 18.

［15］Brigham E F，Houston J F. Fundamentals of financial management［M］. Stanford：Cengage Learning，1972：689.

［16］王竹泉，张先敏.基于渠道管理的营运资金管理绩效评价体系设计［J］.财会月刊：会计版，2012（13）：11 – 13.

［17］Groth J C. The operating cycle：risk，return and opportunities［J］. Management Decision，1992，V30（4）：3 – 12.

［18］贝斯利·布里格姆.金融学原理（第2版英文影印版）［M］.北京：北京大学出版社，2003：765.

［19］王彦超.金融抑制与商业信用二次配置功能［J］.经济研究，2014（6）：86 – 99.

［20］纽曼.新帕尔格雷夫货币金融大辞典（第二卷）［M］.北京：经济科学出版社，2000：574 – 575.

［21］彭兴韵.流动性、流动性过剩与货币政策［J］.经济研究，2007（11）：58 – 70.

［22］中国人民银行货币政策分析小组.2006年第三季度货币政策执行报告［R］.北京：中国人民银行，2006：1 – 2.

［23］Gryglewicz S. A theory of corporate financial decisions with liquidity and solvency concerns［J］. Journal of Financial Economics，2011，V99

（2）：365 - 384.

［24］Accounting Research Bulletin No. 43. Restatement and revision of accounting research bulletins, American Institute of Accountants, 1953：20.

［25］李秋茹. 营运资本和企业投资——来自机械上市公司的流动性约束的检验［J］. 财会通信, 2010（6）：80 - 83.

［26］钱雪松, 杜立, 马文涛. 中国货币政策利率传导有效性研究：中介效应和体制内外差异［J］. 管理世界, 2015（11）：11 - 28.

［27］干胜道. 财务理论研究［M］. 大连：东北财经大学出版社, 2011：128.

［28］汪平. 财务理论（修订版）［M］. 北京：经济管理出版社, 2008：257.

［29］Rajan R G, Zingales L. Financial dependence and growth［J］. Social Science Electronic Publishing, 1996, V88（3）：559 - 586.

［30］Sharpe W F. Capital asset prices：a theory of market equilibrium under conditions of risk［J］. Journal of Finance, 1964, V19（3）：425 - 442.

［31］M D. Does working capital management affect profitability of Belgian firms?［J］. Journal of Business Finance and Accounting, 2003, V30（3 - 4）：573 - 588.

［32］Schwetzler B, Reimund C. Valuation effects of corporate cash holdings：evidence from Germany［J］. Working Paper, Ssrn Electronic Journal, 2003.

［33］Mathuva D M. The influence of working capital management components on corporate profitability：a survey on Kenyan listed firms［J］. Research Journal of Business Management, 2010, V4（1）：1 - 11.

［34］Nazir M S, Afza T. Impact of aggressive working capital management policy on firms' profitability［J］. IUP Journal of Applied Finance, 2009, V15（8）：19.

［35］ Kaddumi T A, Ramadan I Z. Profitability and working capital management: the Jordanian case ［J］. International Journal of Economics and Finance, 2012, V4（4）: 217 – 227.

［36］ Vahid T K, Mohsen A K, Mohammadreza E. The impact of working capital management policies on firm's profitability and value: evidence from IRANIAN companies ［J］. International Research Journal of Finance and Economics, 2012, V88（3）: 155 – 192.

［37］ 汪平, 闫甜. 营运资本、营运资本政策与企业价值研究——基于中国上市公司报告数据的分析 ［J］. 经济与管理研究, 2007（3）: 27 – 36.

［38］ Tahir M, Anuar M B A. The determinants of working capital management and firms' performance of textile sector in Pakistan ［J］. Quality and Quantity, 2016, V50（2）: 605 – 618.

［39］ Aktas N, Croci E, Petmezas D. Is working capital management value-enhancing? Evidence from firm performance and investments ［J］. Journal of Corporate Finance, 2015, V30（1）: 98 – 113.

［40］ Knight W D. Working capital management: satisficing versus optimization ［J］. Financial Management, 1972, V1（1）: 83 – 88.

［41］ Baumol W J. The transactions demand for cash: an inventory theoretic approach ［J］. The Quarterly Journal of Economics, 1952, V66（4）: 545 – 556.

［42］ Tobin J. The interest-elasticity of transactions demand for cash ［J］. Review of Economics and Statistics, 1956, V38（3）: 241 – 247.

［43］ Miller M H, Orr D. A model of the demand for money by firms ［J］. Quarterly Journal of Economics, 1966, V80（3）: 413 – 435.

［44］ Beaver W H. Market prices, financial ratios and prediction of failure ［J］. Journal of Accounting Research, 1968, V6（2）: 179 – 192.

［45］ 戴鹏. 对营运资本的概念分析 ［J］. 财会月刊: a 会计, 2001

（8）：6-7.

［46］常叶青．海尔零营运资本管理战略的实践与启示［J］．财务与会计，2006（24）：24-26.

［47］王金梁．试析"零营运资金"在企业财务管理中的运用［J］．东北财经大学学报，2004（2）：84-86.

［48］Baños-Caballero S, García-Teruel P J, Martínez-Solano P. Working capital management in SMES［J］．Accounting and Finance，2010，V50（3）：511-527.

［49］Peles Y C, Schneller M I. The duration of the adjustment process of financial ratios［J］．Review of Economics and Statistics，1989，V71（3）：527-32.

［50］吴娜．经济周期，融资约束与营运资本的动态协同选择［J］．会计研究，2013（8）：54-61.

［51］John J Hampton, Cecilia L Wagner. Working capital management［M］．New York：Wiley，1989.

［52］范霍恩，瓦霍维奇．财务管理基础（第13版）［M］．刘曙光译．北京：清华大学出版社，2009：216-217.

［53］刘怀义．营运资本管理政策影响因素实证研究［J］．南开经济研究，2010（3）：105-115.

［54］Modigliani F, Miller M H. The cost of capital, corporation finance and the theory of investment［J］．The American Economic Review，1958，V48（3）：261-297.

［55］胡志刚．商业保理在供应链管理中的角色和意义——基于H商业保理公司的商业实践［J］．中国总会计师，2016（7）：42-43.

［56］陈晓红．中小企业商业保理存在的问题及对策分析［J］．商业会计，2016（2）：70-72.

［57］吴娜，韩传模．营运资本管理策略激进度研究——基于中国上市公司的经验证据［J］．现代管理科学，2010（3）：13-15.

[58] Morris J R. On corporate debt maturity strategies [J]. The Journal of Finance, 1976, V31 (1): 29 – 37.

[59] Myers S C. Determinants of corporate borrowing [J]. Journal of Financial Economics, 1977, V5 (2): 147 – 175.

[60] Hart O, Moore J A. Debt seniority: an analysis of the role of hard claims in constraining management [J]. American Economic Review, 1995, V85 (3): 567 – 585.

[61] 朱晓. 营运资本筹资战略政策影响因素分析——基于新疆上市公司的经验数据 [J]. 新疆财经大学学报, 2015 (1): 47 – 54.

[62] H. 肯特·贝克, J. 克莱·辛格尔顿, E. 西奥多·法伊特. 公司财务中的调查研究——沟通财务理论与实践的桥梁 [M]. 汪平, 邹颖等译. 北京: 经济管理出版社, 2013: 123 – 125.

[63] 孙莹, 王竹泉, 张先敏等. 中国上市公司营运资金管理调查: 2014 [J]. 会计研究, 2015 (12): 67 – 76.

[64] Besley S, Brigham E F. Essentials of managerial finance [M]. Mason: Thomson South – Western, 2008: 524.

[65] Meltzer A H. Mercantile credit, monetary policy, and size of firms [J]. The Review of Economics and Statistics, 1960, V42 (4): 429 – 437.

[66] Petersen M A, Rajan R G. Trade credit: theories and evidence [J]. Review of Financial Studies, 1997, V10 (3): 661 – 691.

[67] 刘民权, 徐忠, 赵英涛. 商业信用研究综述 [J]. 世界经济, 2004, 27 (1): 66 – 77.

[68] Fabbri D, Menichini A M C. Trade credit, collateral liquidation, and borrowing constraints [J]. Journal of Financial Economics, 2010, V96 (3): 413 – 432.

[69] 陆正飞, 杨德明. 商业信用: 替代性融资, 还是买方市场? [J]. 管理世界, 2011 (4): 6 – 14.

[70] 陈继勇, 刘骐豪. 商业信用对银行信贷影响的实证研究 [J].

财贸研究，2015（4）：88 – 95.

[71] 吴争程，陈金龙. 货币政策，市场地位与企业商业信用 [J]. 金融理论与实践，2014（9）：6 – 11.

[72] 耿建新，谢清. 关于设置与考核应付账款周转率指标的建议 [J]. 会计研究，2013（11）：38 – 44.

[73] Gitman L J. Estimating corporate liquidity requirements：a simplified approach [J]. Financial Review，1974，V9（1）：79 – 88.

[74] Richards V D，Laughlin E J. A cash conversion cycle approach to liquidity analysis [J]. Financial Management，1980，V9（1）：32 – 38.

[75] Gentry J A，Lee H W. A weighted cash conversion cycle [J]. Fm the Journal of the Financial Management Association，1990，V19（1）：90 – 99.

[76] Shin H H，Soenen L. Efficiency of working capital management and corporate profitability [J]. Financial Practice and Education，1998，V8（2）：37 – 45.

[77] Ramachandran A，Janakiraman M. The relationship between working capital management efficiency and EBIT [J]. Managing Global Transitions，2009，V7（1）：61 – 74.

[78] Kasiran F W，Mohamad N A，Chin O. Working capital management efficiency：a study on the small medium enterprise in Malaysia [J]. Procedia Economics and Finance，2016，V35（1）：297 – 304.

[79] 李心合. 营运资金管理的重心转移：从资金到营运 [J]. 财务与会计：理财版，2013（2）：11 – 13.

[80] 张先敏. 供应链管理与经营性营运资金管理绩效：影响机理与实证检验 [D]. 青岛：中国海洋大学，2013.

[81] 王秀华，王竹泉，秦书亚. 供应链核心企业营运资金管理绩效的情境研究 [J]. 财会月刊，2013（7）：3 – 7.

[82] 孙莹，刘青鸾，陈晓辉. 营运资金需求量影响因素类比研究

[C].2012 营运资金管理高峰论坛论文集.青岛：中国海洋大学，2012：139－150.

[83] Howorth C，Westhead P. The focus of working capital management in UK small firms [J]. Management Accounting Research，2003，V14 (2)：94－111.

[84] Hill M D，Wayne K G，Highfield M J. Net operating working capital behavior：a first look [J]. Financial Management，2010，V39 (2)：783－805.

[85] Haron R，Nomran N M. Determinants of working capital management before，during，and after the global financial crisis of 2008：evidence from Malaysia [J]. Journal of Developing Areas，2016，V50 (5)：461－468.

[86] Moussawi R，Laplante M，Kieschnick R. Corporate working capital management：determinants and consequences [J]. Social Science Electronic Publishing，2006，V58 (4)：365－386.

[87] 张敦力，黄永华，叶继英.高管背景特征与营运资金管理效率的实证研究——来自中国纺织服装业上市公司的证据 [J].财政监督，2012 (35)：16－19.

[88] Wang L，Li Y. Effects of working capital management on company value under different competitive strategies [J]. Metallurgical and Mining Industry，2015，V7 (4)：122－131.

[89] 夏江英，汪丽.不同竞争战略下建筑企业营运资金管理政策的激进度研究 [J].建筑经济，2015，36 (6)：117－120.

[90] Filbeck G K，Krueger M. T. Analysis of working capital management results across industries [J]. American Journal of Business，2005，V20 (2)：11－20.

[91] 刘翰林.营运资金需要量与行业因素——基于上证 180 指数成分股的实证研究 [J].杭州电子科技大学学报：社会科学版，2006

（3）：81 – 85.

［92］周文琴，孟全省，邱威 . 我国中小企业上市公司营运资本结构的实证分析［J］. 安徽农业科学，2007，35（31）：10071 – 10072.

［93］王治安，吴娜 . 营运资本管理行业差异及其影响因素［J］. 财会月刊，2007（26）：3 – 6.

［94］Wadhwa S, Kanda A, Bhoon K S, et al. Impact of supply chain collaboration on customer services level and working capital［J］. Global Journal of Flexible Systems Management, 2006, V7（1）：27 – 35.

［95］隋敏 . 社会资本对营运资金管理的影响机理研究［J］. 中南财经政法大学学报，2013（5）：88 – 94.

［96］Knauer T, Wöhrmann A. Working capital management and firm profitability［J］. Journal of Management Control, 2013, V24（1）：77 – 87.

［97］Love I, Preve L A, Sarria – Allende V. Trade credit and bank credit：evidence from recent financial crises［J］. Journal of Financial Economics, 2005, V83（2）：453 – 469.

［98］张淑英 . 宏观经济形势与企业营运资金需求动态调整研究［J］. 产经评论，2015（4）：133 – 147.

［99］于博，吴娜 . 货币政策、异质效应与房地产企业投资效率——附加营运资本平滑效应的实证分析［J］. 经济体制改革，2014（3）：166 – 170.

［100］祝继高，陆正飞 . 货币政策、企业成长与现金持有水平变化［J］. 管理世界，2009（3）：152 – 158.

［101］蔡卫星，曾诚，胡志颖 . 企业集团、货币政策与现金持有［J］. 金融研究，2015（2）：114 – 130.

［102］朱鸿伟，周明佳 . 银行体制市场化、营运资本与企业绩效［J］. 工业技术经济，2014（12）：133 – 142.

［103］Cull R, Xu L C, Zhu T. Formal finance and trade credit during china's transition［J］. Journal of Financial Intermediation, 2009, V18（2）：

173－192.

[104] 李燕，刘志学. 戴尔的敏捷物流管理模式［J］. 中国物流与采购，2006（6）：54－55.

[105] 陈艳. 经济危机、货币政策与企业投资行为——基于中国上市公司数据［J］. 经济与管理研究，2012（11）：88－94.

[106] 靳庆鲁，孔祥，侯青川. 货币政策、民营企业投资效率与公司期权价值［J］. 经济研究，2012（5）：96－106.

[107] 朱新蓉，李虹含. 货币政策传导的企业资产负债表渠道有效吗——基于2007～2013中国数据的实证检验［J］. 金融研究，2013（10）：15－27.

[108] 王先柱，金叶龙. 货币政策能有效调控房地产企业"银根"吗？——基于财务柔性的视角［J］. 财经研究，2013（11）：69－79.

[109] 饶品贵，姜国华. 货币政策对银行信贷与商业信用互动关系影响研究［J］. 经济研究，2013（1）：68－82.

[110] 黄志忠，谢军. 宏观货币政策、区域金融发展和企业融资约束——货币政策传导机制的微观证据［J］. 会计研究，2013（1）：63－69.

[111] 滑冬玲. 货币政策对企业生产效率的影响：不同所有制企业的对比分析［J］. 管理世界，2014（6）：170－171.

[112] 周守华，等. 财务管理理论前沿专题［M］. 北京：中国人民大学出版社，2013：12.

[113] 埃里克·班克斯. 流动性风险——企业资产管理和筹资风险［M］. 诸韵译. 北京：经济管理出版社，2011：4，9.

[114] 王汀汀，施秋圆，张漫春. 中小企业债务期限结构及其影响因素研究——基于生命周期的视角［J］. 中央财经大学学报，2015，1（5）：64－70.

[115] 余明桂，潘红波. 政府干预、法治、金融发展与国有企业银行贷款［J］. 金融研究，2008（9）：1－22.

［116］Giannetti M, Burkart M, Ellingsen T. What you sell is what you lend? Explaining trade credit contracts ［J］. Review of Financial Studies, 2004, V24 (4823): 1261 – 1298.

［117］王竹泉, 马广林. 分销渠道控制: 跨区分销企业营运资金管理的重心 ［J］. 会计研究, 2005 (6): 28 – 33.

［118］Wernerfelt B. A resource-based view of the firm ［J］. Strategic Management Journal, 1984, V5 (2): 171 – 180.

［119］欧谨豪, 刘雪辉. 财务新视角下的企业财务竞争力研究 ［J］. 金融经济: 理论版, 2006 (12): 178 – 179.

［120］杨轶. 三维财务竞争力指数评价研究 ［D］. 武汉: 武汉理工大学, 2009.

［121］阎俊. 企业财务竞争力指数评价研究 ［D］. 大连: 辽宁大学, 2014.

［122］张俊瑞. 资产结构、资产流动性与企业价值研究 ［M］. 西安: 西安交通大学出版社, 2012: 15.

［123］Fazzari S M, Petersen B C. Working capital and fixed investment: new evidence on financing constraints ［J］. Rand Journal of Economics, 1993, V24 (3): 328 – 342.

［124］王秀华, 王竹泉. 营运资金与企业价值的情境研究——一项基于资源冗余视角的经验性证据 ［J］. 山西财经大学学报, 2012 (6): 78 – 85.

［125］郑凌云. 公司流动性期权定价研究 ［D］. 广州: 暨南大学, 2007.

［126］Morris J R. The role of cash balances in firm valuation ［J］. Journal of Financial and Quantitative Analysis, 1983, V18 (4): 533 – 545.

［127］Bhattacharya, Sudipto and G. W. Gallinger, Value, capital structure, and liquidity: a simulation ［A］. Advances in working capital management ［C］. Kim, Y. H. and V. Srinivasan, ed., Jai Press, Inc. 1988:

156 - 178.

[128] Diamond D W. Debt maturity structure and liquidity risk [J]. Quarterly Journal of Economics, 1991, V106 (3): 709 - 737.

[129] 郭田勇. 中国货币政策体系的选择 [M]. 北京: 中国金融出版社, 2006: 17.

[130] Holmström B, Tirole J. Liquidity and risk management [J]. American Economic Review, 2007, V97 (2): 193 - 197.

[131] 毛付根. 多元化经营的陷阱——巨人集团失败的财务分析 [J]. 财务与会计, 2000 (2): 17 - 20.

[132] 胡育蓉, 朱恩涛, 龚金泉. 货币政策立场如何影响企业风险承担——传导机制与实证检验 [J]. 经济科学, 2014 (1): 39 - 55.

[133] 钱仁汉, 崔强, 王丽娜等. 稳健的货币政策下企业资金需求及满足情况调查 [J]. 改革与开放, 2011 (7): 31 - 33.

[134] Gertler M, Gilchrist S. The role of credit market imperfections in the monetary transmission mechanism: arguments and evidence [J]. Scandinavian Journal of Economics, 1993, V95 (1): 43 - 64.

[135] Gertler M, Gilchrist S. Monetary policy, business cycles and the behavior of small manufacturing firms [J]. Quarterly Journal of Economics, 1994, V109 (2): 309 - 340.

[136] 郭丽虹, 金德环. 企业投资与企业的流动性——基于中国制造业的面板数据分析 [J]. 财经研究, 2007, 33 (3): 123 - 133.

[137] 贺京同, 范若滢. 宽松货币政策、产权性质与企业非效率投资 [J]. 中国经济问题, 2015 (5): 95 - 108.

[138] Ge Y, Qiu J. Financial development, bank discrimination and trade credit [J]. Journal of Banking and Finance, 2007, V31 (2): 513 - 530.

[139] Kohler M, Britton E, Yates A. Trade credit and the monetary transmission mechanism [J]. Working Paper, Ssrn Electronic Journal, 2013.

［140］Eljelly A M A. Liquidity-profitability tradeoff：An empirical inves-tigation in an emerging market［J］. International Journal of Commerce and Management，2004，V14（2）：48 – 61.

［141］米什金. 货币金融学（第9版）［M］. 郑艳文，荆国勇译. 北京：中国人民大学出版社，2011：549 – 561.

［142］冯建，王丹. 货币政策紧缩、资产配置与企业绩效［J］. 宏观经济研究，2013（6）：21 – 28.

［143］程正中，张绪通. 货币政策对房地产企业经营绩效影响研究［J］. 会计之友，2015（7）：69 – 73.

［144］John K，Litov L，Yeung B. Corporate governance and risk-taking［J］. The Journal of Finance，2008，V63（4）：1679 – 1728.

［145］郭田勇. 中国货币政策体系的选择［M］. 北京：中国金融出版社，2006：67.

［146］吴晓灵. 货币政策回归适度宽松是今后中国经济平稳发展的需要——解读数量宽松的货币政策和适度宽松的货币政策［J］. 银行家，2009（9）：10 – 13.

［147］Smith K. Profitability versus liquidity tradeoffs in working capital management. In：K. V. Smith. Readings on the management of working capital［M］. St Paul：West Publishing Company，1980：549 – 562.

［148］连玉君. 中国上市公司投资效率研究［M］. 北京：经济管理出版社，2009：80.

［149］段云，国瑶. 政治关系、货币政策与债务结构研究［J］. 南开管理评论，2012，15（5）：84 – 94.

［150］袁卫秋，汪立静. 货币政策，信息披露质量与商业信用融资［J］. 云南财经大学学报，2016（1）：121 – 131.

［151］汪平. 财务理论（修订版）［M］. 北京：经济管理出版社，2008：386.

［152］Bolton P，Scharfstein D S. A theory of predation based on agency problem in financial contracting ［J］. American Economic Review，1990，V80（1）：93 – 106.

［153］曾义. 我国上市公司现金持有竞争效应研究 ［D］. 石河子：石河子大学，2014.

［154］黎日荣. 融资约束、生产率与企业出口竞争力 ［J］. 国际经贸探索，2016，32（5）：4 – 19.

［155］Manova K. Credit constraints，heterogeneous firms，and international trade ［J］. Review of Economic Studies，2008，V80（2）：711 – 744.

［156］杨旭，冯兆云. 对我国货币供给内生性与外生性问题的再探讨——基于联立方程回归的实证研究 ［J］. 财经问题研究，2012（12）：52 – 59.

［157］陈达飞，贾璐熙. 从后凯恩斯主义货币内生理论谈货币政策的出路 ［J］. 南方经济，2015（5）：28 – 39.

后　　记

本书是在我博士论文的基础上修改完成的。营运资本问题在许多研究会计和公司财务的人看来是一个非常简单的问题，在公司财务理论和财务管理实践中并没有受到应有的重视，理论研究与实践发展严重脱节。博士学习期间，我的导师汪平教授鼓励我可以深入、系统的对营运资本问题进行研究，还专门在一次公司财务的专题课上抽出时间就营运资本与资本成本的关系问题进行交流，后来我们一起合作撰写了一篇有关营运资本研究的论文。这篇论文虽然没有发表，但却引发了我对营运资本研究的兴趣。在博士论文选题期间，我从流动性管理的视角提出了要研究货币政策与营运资本政策的问题，获得了汪老师的支持和鼓励。

博士论文研究和写作的过程的确非常艰难和辛苦。首先是面对可谓"汗牛充栋"的营运资本研究文献，如何在其中发现研究基础和梳理前人研究的基本观点；其次是对营运资本问题的研究如何又能在这个所谓"简单"中进行深化。这些问题始终萦绕在我的脑海中。在博士论文研究期间我还围绕营运资本问题撰写了一些论文，并有幸发表在《软科学》《中央财经大学学报》等 CSSCI 源刊上。现在回头翻阅我的博士论文和这些发表的小文章，发现其中存在一些错误，在本书中也进行了修正。

博士论文的成稿和博士学业的顺利完成要特别感谢我的导师汪平教授，如父亲一般的严格要求和殷切期盼，开启了我对学术研究的美好向往，老师对学术研究的孜孜以求，对学术品质的高标准使我颇受启发和感动。羞愧于学习能力的不足，没有在老师指引的方向上取得令人满意的成绩。但这将成为我未来教职生涯的宝贵财富，我将把这份精神作为自己工作的指引，并传递给我的学生。汪老师在公司理财学领域的学术视野、理论著述培养了我对这一领域的兴趣和热爱，也坚定了我在这一领域继续学习和探索的信心。同时也要向首都经济贸易大学会计学院的各位任课老师表示最崇高的敬意，感谢老师们的辛勤工作和无私奉献，为我们提供了良好的学习机会和研究条件。

考博和读博是我人生的重大转变，要特别感谢我之前供职单位安徽财经大学统计与应用数学学院的领导和同事，特别是姚金琢书记、李超老师等给予我工作和学习的鼓励、帮助和支持。同时要感谢目前供职单位绍兴文理学院商学院的领导和同事为我工作和生活的转换、适应提供许多的帮助和支持。

在首都经济贸易大学的三年博士学业生涯令我难忘，也是我人生中最为难得的一段经历。有无数个早出晚归的日子，有夹杂着焦虑和欣喜的复杂体验，但也有些许的牵挂和歉疚……。特别感谢父母的牵挂和无私帮助。感谢我的爱人李月月女士对家庭和孩子教育的付出。我会在未来的工作中继续保持刻苦钻研的学习态度，真诚待人，踏实做事，铭记老师们的教导，努力工作，不断进步。

限于水平和经验有限，诚恳的希望读者对书中存在的不足和错误批评指正。

魏　刚
2018 年 5 月 1 日于浙江绍兴